文春文庫

高倉健、その愛。

小田貴月

文藝春秋

高倉健、その愛。

全力で生きていないと
見えない風景があるんです

――高倉健――

「僕のこと、書き残してね」この言葉が本書執筆につながった

自宅のお気に入りのチェアーで台本に目を通す

序章　僕のこと、書き残してね――高倉健からの宿題

　高倉が亡くなる二年くらい前のこと。

「これ、読んでおいて」と、一冊の本を渡されました。

　タイトルは、『愛と哀しみのルフラン』（講談社）。著者は、作詞家の岩谷時子さん。越路吹雪さんのマネージャーを三十年近くつとめた岩谷さんが、越路さんの三回忌にあわせて、思い出を綴（つづ）られた本でした。

　付箋が貼られたページには、高倉の心の琴線に触れた箇所に、いつものように赤鉛筆で印がつけられていました。

〈一人の俳優が育って行くためには、多くの優れた才能を持つ人々との出会いが大切である〉

　この行には三重丸。そして、

〈十代の終わりから五十代半ばの短い生を終えるまで、彼女は舞台人であったために負わねばならない、人並以上の悲しみや苦しみを背負ってきた。しかし彼女は、健気にもそれを乗り越え、持って生まれた才能と、人生でのさまざまな体験を糧にして、多くの人々の前で歌い演じながら、その生命を削ってきた〉

の〈その生命を削ってきた〉は赤い二重丸で囲まれていました。

数日後、読み終えたことを知らせると、高倉はやや改まった面持ちで言い出しました。

「僕は、貴（私の本名。正しくは「たか」ですが、高倉は「たかし」と呼びました）より先に死ぬよ、多分……。順序から言えば、先だろ。そしたら……、僕のこと、書き残してね。僕のこと一番知ってるの、貴だから」

野鳥が甲高くひと鳴きして、間が生まれました。日常の会話に込められた、人生の最終章への覚悟。いずれ高倉がこの世から消えていくことになる、人としての運命を改めてつきつけられ、さらに、予想外の宿題を課せられた私は、何ともいえず落ち着かない日々を過ごしたのを覚えています。

あのときの言葉通り、高倉は私より先に二〇一四（平成二十六）年十一月十日、旅立っていきました。

以来、法的手続きに忙殺され、時間に追い越されないよう走り続けるうち、一年、そしてまた一年が瞬く間に過ぎていきました。そしていよいよ、高倉が言い残した宿題にとりかかりました。

事務所や倉庫から引き揚げた二百個以上の資料ボックスには、東映入社時の社員証にはじまり、映画俳優となってからの五十八年間の記録が保存されていました。ファンの方から贈られたスクラップアルバムや、任俠映画の前売りチケット、映画の原作本に挟まれた手書きメモ、『南極物語』のロケ時のものと思われる現地の地図、レストランのナプキンまで、なかなかユニークでした。

この膨大な資料の一つひとつの言葉に触れるうち、高倉と過ごした十七年間の思い出が、まざまざと甦ってきました。


高倉は、形に縛られるのが嫌いで、自分の心に正直でいたい人。

肩書で人を見ることを良しとせず、心のまなざしを大切にしていました。

天真爛漫で、ガラスの心をあわせもつ天邪鬼な少年。

寡黙で饒舌……。

「ありがとう」の代わりは、はにかんだ表情の「バ・カ・ヤ・ロー」。

人が喜ぶ姿を見るのが大好き。

好きなものは好き、嫌いなものは嫌い。

一切において、「早いのが嬉しいよ！」が口癖。

人見知りで好奇心旺盛、抜群の記憶力と集中力の持ち主で、自分にないものを吸収しようとする努力を、生涯惜しみませんでした。

私の心に今も刻まれる言葉を振り返りながら、触れることが叶わなくなった実像を、綴りました。人生を愛しんだその想いを、お伝えできれば幸いです。

目次

序章　僕のこと、書き残してね――高倉健からの宿題　9

第1章　高倉健への旅のはじまり

映画俳優の高倉と申します――香港での出逢い　18
行ってらっしゃい。後ろを見て！――パシフィックホテルにて　20
その縁のあった人は、とても好いていた人でした――深夜の国際電話　23
いろんな人と出逢いました。でも、今は独りです――伴奏者への覚悟　29
病人は僕なんだからね。頼むよ――最期の日々に　33
僕はもう、高倉健なんだよね――炭鉱地帯に生まれて　39
僕は死んでたかもしれないんだ――米軍機の機銃掃射を受けて　44
幸せは海の向こうにある――アメリカへの憧れ　49
俳優失格って宣告された――ニューフェイス時代の反骨心　53
ご飯をとれば香港、ハワイは風だね――幻の海外移住計画　58

第2章　時を綯う――寄り添った日々

サプリメントの店を出そうかと思ったんだ――〝薬屋健さん〟と呼ばれて 65
食事中は急かされたくない――食卓八か条 68
お母さんはすごかった――鰻を食べない理由 74
飽きるまで、これにして――グリーンサラダ、季節のフルーツ添え 76
よく焼きね！ よく焼きだよ！――生魚は苦手 81
今日は〝ペコリン〟！――高倉流空腹度数 88
〝森の仲間たち〟もいいね――人生最後の食事は？ 91
ホケキョも上手くなるもんなんだね――庭の鳥たちとの会話 93
夏は、暑いから夏なんだよ！ バカ――大好きなショートパンツの季節 96
あいつらだけは、許しちゃおけない！――気分はゴルゴ13 100
骨格を褒められたのは初めてだよ――自宅でのストレッチメニュー 103
不審者と思われたみたい――夜のウォーキング事件 108
聞き取りにくかったら、必ず言ってね――滑舌自主トレ 111
僕は、デリケートなんだから――独自の体調管理術 114
どこかで脅かしてみてよ――シャックリに悩まされて 118
精神性が籠められた美術品なんだ――心静かに行う刀の手入れ 121
迷ってるときが一番幸せ――理想郷への移住を夢見て 126
時を綯う 64

猛烈に血が騒ぐんだよ――武道とボクシングが大好きで　128
大変そうな仕事を喜んでやる――闘牛に夢中　132
信号の前で先頭に止まるな――運転の心得　138
やっぱりこれじゃないな。変えよう！――お洒落のこだわり　141
ファスナーの開け閉めは、命にかかわる――ダウンジャケットに一家言あり　145
ひと手間かかってるのが贅沢なんだ――ワッペン・アプリケ好き　149
さりげないのがいい――フレグランスの香らせ方　152

第3章　言葉の森――作品、共演者、監督のこと

ああいうのがスターっていうんだよ――片岡千恵蔵、萬屋錦之介、石原裕次郎　164
芝居なんかするどこじゃなかった――『八甲田山』の真実　169
台詞が飛んでしまいました――『八甲田山』の驚き　175
僕は極地俳優――『南極物語』の苛酷　180
我が往く道は精進にして、忍びて終わり悔いなし――江利チエミさんの死　187
気づいたら、テントがないんだよ――『南極物語』二度の遭難劇　190
僕はマスコミに殺されたことがあるからね――エイズ死報道への怒り　201
まるで、泣き虫健ちゃんだな――涙腺(るいせん)ゆるみっぱなしの『鉄道員(ぽっぽや)』　208

生きるために……、俳優になって……――『鉄道員(ぽっぽや)』受賞スピーチ　215
ドキュメンタリーを撮ってみたいね――『ホタル』出演の序章　219
僕にとって第二の敗戦だ――東日本大震災と遺作『あなたへ』　227
蹴りを入れられた気がする――被災地の少年の写真　231
黒澤さんの映画に出てたら、僕の人生は違ってた――幻に終わった映画出演　239
ぶん殴ってやめてやろうと思った――内田吐夢(とむ)監督の〝愛のしごき〟　248
女優よりはるかに女っぽかった――マキノ雅弘監督の教え　251
重たい雪で、息ができなかった――転機となった『網走番外地』　259
勝ちゃんは神経が細やか。豪快に振る舞ってるだけ――夢の共演　262
スタントマンなし、命綱もなし――アンチ・ヒーローを演じて　264
落ちる場所が違っていたら、死んでたかもね――『神戸国際ギャング』での違和感　267
鬘(かつら)は似合うと思えない――断れなかった『四十七人の刺客』　273
勝新太郎って役者をご紹介します――『ブラック・レイン』出演秘話　276
降りるって言ったんだ――『ザ・ヤクザ』譲れなかった礼節　285
恥ずかしいくらい何もわかっていなかった――アルドリッチ監督への反省　290
桟橋が人だかりになって、軍隊が出動したんだ――中国での熱烈歓迎　295
日本は完全に置いていかれてるって思った――世界に通用する監督とは？　300
最初の印象がひどかった――連続テレビドラマへの違和感　309

不器用ですから…… ——初めて明かされるCMの舞台裏 315

第4章 Takakura's Favorite Movies 327

哀愁 ローマの休日 エデンの東 お熱いのがお好き 太陽がいっぱい
ひまわり ゴッドファーザー タクシードライバー ロッキー
スタンド・バイ・ミー ショーシャンクの空に マディソン郡の橋
インビクタス／負けざる者たち……

樹影澹 あとがきにかえて 352

高倉健 年譜 366

第1章　高倉健への旅のはじまり

映画俳優の高倉と申します ――香港での出逢い

　その日、私はフリーライターとして、仕事で香港麗晶酒店(リージェントホテル)（当時）を訪れていました。女性誌の〝美しくなる旅〟という連載の取材でした。

　午前中、併設されたスパの取材を終え、担当者にホテル内の有名中華レストラン「麗晶軒(ライチーヒン)」に案内していただきました。

　開店前でしたが、すでにテーブルを囲んでいるお客様が見えました。和(なご)やかな雰囲気で談笑している中に、〝高倉健さん〟が座られているのがわかりました。そのような場に、カメラ機材を持って入ることは憚(はばか)られたので、レストランをいったん出て、ドアの外で待つことにしました。ネームヴァリューのある方への、最低限のマナーと感じたからです。

　幸いにも担当者の方は、このホテルを頻繁に利用していた高倉さんと親しく、事情を説明してくださり、私たちは隅のテーブルで食事をいただくことになりました。

　デザートが終わりかけたころ、私たちのテーブルに高倉さんが近づいてきましたが、あまりに突然で、皆、席を立つ機を逸してしまいました。

「あっ、お座りのままで」と手で示され、「映画俳優の高倉と申します」と一礼。

「今日は、お気遣いいただいて、どうもありがとうございました。良い仕事を続けられて下さい。では失礼します」

と、再び会釈し、去っていかれました。

これが、高倉との出逢いです。すれ違いに近いものでした。同席していた誰もが名乗ることすらできない、あっという間の出来事でした。

そのあと、担当の方が「少し失礼しますね」と高倉さんを追うように、私たちのテーブルを離れました。そして戻るなり、「これ、高倉様からお預かりしました」と、その場にいた全員に、高倉さんの名刺が手渡されました。

紙を横使いに、〝高倉健〟と名前だけを朱色のインクで鮮やかに浮き上がらせたものでした。

一九九六（平成八）年三月半ばのことでした。

それにしても、国外でさえ、あれほど気を遣われていたら、いつ気を休めているのでしょう、と感じたことを覚えています。

と同時に、私は高倉さんの眼差しの奥にある〝何か〟がひっかかりました。

草原や乾いた樹間を通り抜けたあと、気づかぬうちに自分の服や髪にちょこんと残された、小さな種子や葉のように……。

行ってらっしゃい。後ろを見て！――パシフィックホテルにて

帰国後、高倉さんに、香港でのお気遣いに対するお礼をしたため、この時の掲載誌を送りました。

ほどなくお返事をいただきました。高倉さんの著書『あなたに褒められたくて』（集英社）と、イタリアを旅した記事が掲載された雑誌「CLASS X」（「太陽」一九九六年四月号臨時増刊）とともに。

その記事のテーマは「天使の訪れる朝」。NHKドラマの撮影を終えた数か月後、イタリア中部トスカーナ地方の小さな田舎町を旅しながら、心の内を吐露していました。

記事の冒頭に「……何で俳優という仕事を続けているんですかねえ……。自分でどうしてもやりたくって始めた仕事じゃないのに……。マキノ雅弘監督がかつて『人ってね、真似ではなく本当に別の人間に変わりたいという願望を一生持ち続けて生きていくんだよ』、そう仰ってました。そういう想いを持ち続けて、人はこの娑婆をあくせく生きていくんでしょうね。俳優という仕事はそういう人間の願望の現れなのかもしれないですね……」と書かれていました。

私は実のところ、〝高倉健〟という俳優の活躍を、詳しく知りませんでした。

私の観る映画は洋画ばかりだったこともあり、高倉さんの東映時代の作品は、テレビでも観たことがありませんでした。十二歳のとき、テレビで映画『八甲田山』（一九七七年）のＣＭが盛んに流れてはいましたが、印象に残ったのは、北大路（欣也）さんの「天は、ワレワレヲ、見放したぁー」という強烈な台詞ばかり。〝高倉健〟とはっきりわかったのは、『南極物語』（一九八三年）の予告編で、ヴァンゲリスの曲をＢＧＭに「タロー、ジロー」と氷原で犬を抱きしめている姿でした。

この記事を読んで、〝高倉健〟の結婚、離婚など、俳優のキャリア以外のことにも初めて接しました。そして記事の終盤で、以前、旅先で買い求めた、嘆きの天使のブロンズ像に触れ、「泣いている天使だけだとなかなか幸せになれないんじゃないかと、最近になって思いましてね。今、微笑む天使を探しているんですが、なかなか出逢えませんねえ」と語っていました。この言葉から、タイトルに「天使」が付けられた理由がわかりました。

〝幸せになれない〟というリアルで感傷的な表現に、人生への愁いを感じました。

その後、旅先から出す絵葉書に、〈ただ今、微笑みの天使、捜索中です〉と、その都度、状況を書き添えるようになりました。

高倉さんからの返事は、〈天使の心配をして頂き、ありがとうございます。女性の貴方が精力的に海外でのお仕事をされていることに驚かされます〉。こんな何気ない遣り取りが、一年近く続きました。

やがて私は、立ち上がったばかりの衛星放送の放送局から声をかけていただきました。体調が思わしくなかったために敬遠していた、テレビ番組のプロデューサーとしての仕事を再開したのです。

早速、三週間ほどのイラン取材が決まり、高倉さんに報告すると、いつものワープロ文字が打たれた手紙の余白に手書きで〈イランについて話しがあります。時間のあるときお電話下さい〉とあり、携帯電話番号が添えられていました。連絡できたのは出発間際でした。

「イランは、『ゴルゴ13』という映画の撮影で行きましたが、イスラム圏ですから、女性には厳しい制約があります。スタッフと一緒でしょうけど、充分に注意を払って仕事をしてください。以上です」というシリアスな助言を頂きました。

一九九七（平成九）年四月、出発の朝。私は、品川のホテルパシフィック東京（当時）から成田行きエアポート・リムジンに乗りました。バスが動き始めてすぐ、私の携帯電話が鳴りました。高倉さんからでした。

「はい」と出ると、「行ってらっしゃい。後ろを見て！」。振り返ると、ホテルの駐車スペースに停められていた車から、高倉さんが敬礼のポーズをとっていました。私はバスの窓際で、二度、三度、頭を下げました。

その縁のあった人は、とても好いていた人でした

――深夜の国際電話

イランの首都テヘランに入った夜。ホテルのレストランで現地コーディネーターと夕食をとっていると、「お電話です」と呼び出しがありました。

レストランにあった電話の受話器を取ると、高倉さんからでした。テヘランでの宿泊先を伝えていたことを思い出し、恐縮の至りでした。

「無事に着かれましたか？」

「チェックインしましたが、部屋の準備ができていなかったので、先に夕食をとっているところです。ご心配ありがとうございます」

と電話を切りました。このあと、時折、翌日の簡単なスケジュールと、次のホテルに着く予定時間を伝えると、旅を案じる電話やＦＡＸをいただくようになりました。

イスファハンという街で私が泊まったホテルには、『ゴルゴ13』（一九七三年）の撮影時に高倉さんも宿泊していたため、当時を懐かし気に話してくれました。

「僕はイスファハンでのロケの間、シャー・アッバス（当時）のスイートルームに泊まっていて、部屋の前でガードしてくれてたボーイさんがいて、まだ少年に見えましたね。

ホテルに着いた初日、彼に、少しまとまったチップを渡したんです。そうしたら、僕がホテルに戻ると、どこにいても一目散に駆けつけて、あれこれ世話を焼いてくれました。もう、片時も離れるもんかって感じでしたよ（笑）」

　また〝僕と縁のあった人〟という表現で、プライベートな話をされました。

「『ゴルゴ13』の撮影前の思い出は僕の人生のなかでも、鮮明なんです。十月に撮影に入る前、半年くらいずっと海外を旅してたんです。多かったのはロサンゼルス。

　僕は、その二年前、縁のあった人と、別れた（離婚）んです。

　その縁のあった人は、とても好いていた人でした。でも、時が経つにつれて……。それでも、縁は切れないと思っていたんです。ある日、その縁のあった人の弁護士から紙が届けられて、それでお終いでした。

　以来、僕は紙を信じなくなりました。本当に気持ちが通じ合っていれば、むしろ紙なんかいらないだろう、紙に縛られるもんかって、頑なになりました。大切なのは、心だって。生意気にそんなことを思いました。今日は一方的に長くなって（話して）すみません。続きは、また」

　高倉さんからは、このあとさらに踏み込んだ話が続きました。私は戸惑いながら、聞き役に徹しました。

「すぐに帰ってきなさい!!」

現地ではほとんど車両移動で、一日に三〇〇キロ、時には五〇〇キロ動く日も少なくありませんでした。テヘラン、コム、ヤズド、イスファハン、ペルセポリス、シラーズ……。街を離れると道路事情は極端に悪くなり、舗装されていない、灯りもない、山越えの道をひたすら進みました。

カスピ海沿岸のラームサルへ向かう日は、テヘランでの撮影を午前中に終え、日のあるうちに峠越えができるよう願いつつ、山道を進みました。しかし、そんなときに限って、エンジントラブルが発生。それまで、私は通訳を介して、「何だか変な音と臭いがするから、明るいうちにチェックしたほうがいいんじゃない」と何度も訴えましたが、ドライバーはニコニコしながら、マイペースを貫いていました。

上り坂にさしかかって、馬力がなく、後ずさりするようになってからようやく、車を道路脇に止め、修理を始めました。すでに日が暮れていました。スタッフは皆、海外ロケで様々なアクシデントを乗り越えてきた強者ばかり。ジタバタしても始まらないことを知っているので、明るく振る舞ってくれました。

ここでいよいよ、私のロケの必需品、自称〝ドラえもんバッグ〟の出番となりました。最少限でしたが、薬や現地調達した非常食用クッキーやキャンディーが役立ちました。とはいえ、一時間たち、もうすぐ二時間……。水が心もとなくなりかけ、グゥー、グゥーとお腹も鳴りはじめました。もしかしたら、このまま車中で夜を明かすことになる。山賊という二文字が頭をかすめるような場所でも、冷静さを失わないように努めました。

予定より五時間遅れでホテルに到着できたときには、翌日の仕事のことで頭がいっぱいでした。

この後も、ホテルが当日、急に変更されたり、ホテルの電話回線が不安定で、ＦＡＸが送れないといった問題が出はじめていました。ようやく電話が通じた日、

「こんなに心配しているのに、どうして連絡できないんですか！　日本とは事情が違うんです、すぐに帰ってきなさい‼」

と、高倉さんから物凄い勢いで怒鳴られました。私は連日の睡眠不足もあり、

「今の状態で、職場放棄はできません。私は高倉さんとは違います。高倉さんならお帰りになることができるのでしょうけれど、私は仕事を終えるまでは帰れないんです。私が責任者なんです」

やや理性を欠いた物言いになりました。

「わかりました！　好きにしてください」

と、一方的に電話が切られて以来、高倉さんからの連絡はありませんでした。割り切れませんでしたが、気持ちを切り替え、残りの日々を乗り越えるしかありませんでした。

「もう二度と、イランに行って欲しくありません」

イランの女性には、頭につけるヒジャブ（スカーフ）と、身体を覆うチャドルが必須ですが、観光客はヒジャブだけで許されていたはずでした。通訳からも「ここは、外国人観光客が多いですから、ジーンズでも大丈夫です」といわれ、ヒジャブとジーンズで動き回っていたら、ヒップラインが出ているという理由で、秘密警察の車に押し込まれそうになりました。

あとから聞くと、顔立ちから現地の女性と勘違いされたとのこと。以来、安全策で急遽現地で購入したチャドルを着ましたが、動きが制約されるストレスは想像以上でした。

帰国前日、役人による、私たちが撮影した映像のチェックが済み、同時に帰国手続きの再確認をしました。すると、エクセス（超過手荷物）の認可どころか、そもそも出発前、イラン大使館を通じて手配済みだったはずのイラン航空のフライトチケットが、とれていないことが判明。ここから、日本との時差を睨みながらの交渉となりました。

スタッフ全員の帰国便の手配が済んだとき、私のエネルギーは完全に尽きていました。最終日に用意されたのは、イランに到着した日にテヘランで宿泊したホテルでした。シングルベッドにシャワーブース、腕一抱えほどの小ぶりのガラステーブルに椅子が設えてあるシンプルな部屋。ドアを閉め、ヒジャブとチャドルを脱ぎました。

その後は、しばらく放心状態で荷造りもできず、ただ椅子にへたり込み、ガラス窓から見える高層ビルの風景を、ぼんやり眺めていました。

どの土地にいても毎日、聞こえてきたアザーン（一日五回行われる、イスラム教信者への礼拝の呼びかけ）をはじめ、イランでの濃密な体験の一つひとつを噛みしめました。

高倉さんという並外れたエネルギーの持ち主を、戸惑いながら受け止めた、イランの旅が終わろうとしていました。

その時、ドアの下から封筒が差し込まれました。高倉さんからのＦＡＸでした。〈無事、テヘランに戻られましたか。長い間、ほんとうに長い間、自分がさがし求めてた「微笑の天使」にやっと今日、気づきました。鳥肌がたちました。何時になってもいいですから、コレクトコールを下さい〉と書かれていました。


「もしもし、聞こえてますか？」

十日ぶりの高倉さんの声は、低く穏やかでした。私は、「はい」とひとこと。

「僕が大きな声を出してしまったこと、反省してます。貴方の言ったことは、正しいと思います。でも僕が大きな声を出したのは、本当に、心配だったからです。もう二度と、イランに行って欲しくありません。続きの話は、日本でできますか？」

部屋に入ってすぐは、遠くに小さく見えていた満月が、心なしか大きくなっていました。

いろんな人と出逢いました。でも、今は独りです

――伴奏者への覚悟

　帰国後、高倉と真剣に向き合いました。

　顔が知られ、名前が知られ、行動がつぶさに筒抜けになる現実を、楽しめる性格ではないこと。逃げ場のなさに疲れたときは、有名人として扱われない海外に出て、自分を取り戻そうとしていたこと。

「僕は、仕事以外では目立たずに過ごすのが好きなんです」という言葉に、〝高倉健〟ではない別人格、小田剛一（おだごういち）を見た思いがしました。

　伴奏者（そして伴走者）になれまいか――。

　時を綯（な）う覚悟のまえに、他愛もないほどスケールの小さな私の人生を伝えました。

　私にもかつて寄り添った人がいたこと、わずかな期間、女優などの表の仕事を経験し、テレビ番組にも出演したが、その後は制作者として、国外で過ごす時間が長かったこと、その経験を元に本を出版したこと、などです。

　そして、私の〝貴（たか）〟（本名）という名前のエピソードも加えました。親が役所に出生届を提出しに行った時、受付で〝たかし〟と読まれて、一時的に性別が男だったことで

す。

「それ、面白いね！」。以来、高倉からの呼び名は、〝たかし〟になりました（高倉が旅立ってから、〝貴月〟と表わすようになりました）。

「僕も、いろんな人と出逢いました。でも、今は独りです」

　高倉からの返事はシンプルでした。

　人生の終りに笑顔を持っていく！　そう目ざしている私は、岐路に立ったとき、後悔のないよう道を選んできました。海外で「ホールドアップ！」と脅されたり、移動中の車が崖から転落寸前となるなど、安心、安全とはほど遠い日々を送っていて、人生は一度きりを肝に銘じてきたからでもあります。

　ですが、高倉への一歩は、地図のない山に入山記録を残さず、単独登攀に臨むようなもの。迷路あり、行き止まりあり、判断を誤れば、遭難、滑落するかもしれない大きな決断でした。

　高倉からのリクエストはたった一つ、「化粧をしないでください」でした。「仕事場（撮影）で綺麗な方々に囲まれるので、普段は、できるだけほっとしていたいから」というのが理由でした。

　それまで増補しながら更新していた私のパスポートを、期限が切れたあと、高倉が亡くなるまで申請しなかったのは、私なりの退路の絶ち方でした。〝目立たずに過ごしたい〟という希望に副い、高倉とは国内外の旅はもちろん、一緒に外食すらしたことはありませんでした。

一度きりの散歩

ですが生前に一度だけ、病院からの帰り道に、高倉と一緒に東京の駒沢オリンピック公園を歩いたことがありました。高倉が、「家に帰るまえに、ちょっと歩きたいなぁ」と望んだからです。この時は病院の送迎をして下さった方がいらしたので、二人きりではありませんでしたが……。

高倉が車を降りるとき、私はいつものように車中で待っているつもりでしたが、高倉が「今日は残らないでいいよ、気持ちよさそうだから一緒に歩こうよ」と誘ってくれました。

少し長引いた入院で、足の筋力が落ちていた高倉を支えられるように、後ろについて歩調を合わせました。二〇一四（平成二十六）年七月のことです。

「この辺りのマンション、緑がいっぱいで気持ちいいだろうね。いい物件があったら見に行きたいね」

と、前向きな気持ちに包まれながら共に歩いた、最初で最後、一度きりの二人の散歩でした。

高倉との出逢いと別れを想うとき、私はこの言葉が浮かびます。

〈そのために自分が生まれてきたと思える生き方を、他をかえりみないで、徹底的に探究する〉

（須賀敦子『遠い朝の本たち』より）

病人は僕なんだからね。頼むよ　――最期の日々に

「早く、帰ろうね」

高倉が入院するために、最後に自宅を後にしたとき、私の運転する車の助手席でつぶやいた言葉です。

二〇一四年十一月十日、夜明け前。高倉は、病院のベッドで最期を迎えました。

高倉を看取り、張り詰めていた緊張が解けぬままでしたが、看護師さんから「ご一緒になさいますか」と声をかけていただき、一緒に体を清め、そして身支度を整えました。

病院のご配慮で、高倉の亡骸（なきがら）を夜まで病室で見守ることができました。室温を低く保つ必要から、部屋は冷え切っており、私自身も、現身（うつしみ）と幽身（かくりみ）の狭間を漂うような、初めての体験のなかにありました。

看護師さんが退室なさり、独り残された病室は、検査機器の電子音が消え、自分の息づかいが聞こえるほどの静寂に包まれていました。

空は、暗いまま。

高倉の穏やかな顔を見つめながら、「わたしは、お役に立てたでしょうか」。

悲し気な顔にならないよう努め、心の対話をはじめていました。

こんなに静かなら……、どんな小さな声でも聞き取れるのに……。

高倉の顔を目に焼き付けたい。

そう思えば思うほど、涙のレンズがすべての風景を滲ませていきました。

「死んだふりはもういいですから、また、大きな声で笑ってくれませんか。『バカヤロー！　早く気が付けよ』って、目を開けてもいいんですよ」

と頬に手を添えると、まだ温かでした。

運び入れていた荷物の片づけなど、しなければならないことが山ほど思い浮かびますが、何から手をつけてよいのかさえ、わかりません。最後の力を振り絞り、ベッドの横に重たいソファを移動させ、ありったけの毛布を頭からかぶり、十日前の再入院以来、初めてゆっくり腰を下ろしました。

自分を見失わないように、深呼吸を一つ、そしてまたひとつ繰り返しました。緊張が和らいだのか、病室で過ごしたあれこれが、浮かんでは朧になっていきました。

できる限り自宅で過ごしたいという高倉の希望に副うため、病室を確保したまま、入退院を繰り返した日々。初めて病室に入ったこの年の四月、窓の外に見える鈴懸の大きな葉は鮮やかな新緑でした。入院中は、早朝の検温に始まり、投薬、さまざまなチェックのため、担当医や看護師さんの出入りがやむことはまれで、扉の外でも常に人が行き来していたこと……。

繰り返された入院のたび、高倉を守るため、片時も気を抜かず泊まり込みで看病しました。高倉の不安を取り除きたい一心で、お互いの顔が見えるよう、できる限りベッドの傍から離れないでいたこと。私はその合間合間にだけ眠り、食事をし、トイレに行っていたこと。

悪性リンパ腫の特徴的な症状のひとつ、寝汗に対処するため、数時間ごとに寝ている状態の背中に片腕を差し入れ、上半身を起こす中腰での動きに、疲労がとれることはありませんでした。そんな時、私がベッドから起き上がるために、「トリャ！」という掛け声をかけると、高倉が満面の笑みで「ホーッ、逞しい！」と返してくれたこと。

ある日、病室で高倉から「僕は、この病気で死ぬのかな」と、他人事のように明るく振る舞いながら、独り言とも私への問いかけともとれる言葉を投げかけられ、黙って笑顔を返すしかなかったこと。

締め付けられるような悲しみのために、運転が困難になるほどの胃痛に襲われた私に「病人は僕なんだからね。頼むよ」と、苦笑いされたこと。「眠れない……」そう言いながら、深夜ベッドに腰かけていた高倉に気づき、その横に座り、背中をさすり続けたこと。満月を見ながら、帰宅したら真っ先に食べたいものが何かを聞いたこと……。

病の進行を受け入れながら、精一杯、寄り添いました。

そんな私を見守ってくれていた鈴懸の葉がすっかり色づいていることを、朝陽が気付かせてくれました。

高倉が現世を離れた初めての晨でした。

時計の針が示していた三時四十三分

夜を待って、高倉と一緒に自宅に戻りましたが、朦朧と覚醒の波が交互に打ち寄せ、地に足がつかないままでした。ふと、一階のキッチンの壁に掛けてある電波時計が止まっていることに気づきました。最後の入院前に電池交換したばかりだったのに？　と思いながら二階に上がり洗面室に行くと、正面に置いてあった電波式腕時計も、時を止めていたのです。それは、高倉が外出前、自分の腕時計の時刻合わせに使っていた、相棒のような存在でした。

針が示していたのは、三時四十三分。高倉を看取った最期の刻――。

これが、高倉の天翔り（人の霊が、空を飛ぶこと）のサインであることを、私は確信していました。

「俳優は、家にいちゃ仕事にならない。いつだって旅の支度を万全にして、外に出てかなきゃ仕事にならないんだよ。だから、戦い（仕事）から戻ったとき、自分を解放できる場所が家なんだ。

僕は、今まで贅沢に作られた家をたくさん見てきたと思うけど、僕にとっての贅沢さは、何よりも居心地の良さ。広さとか調度品じゃない。

まず、外からの視線を完全に避けられて、日向ぼっこできる庭と暖炉があること。待っててくれる人がいること。ＨＯＵＳＥをＨＯＭＥにするのが、人の〝気〟なんだよ」

高倉は、家の居心地に特別な想いがありました。

四月の病院での検査の時、病室に着くなり「早く、帰るぞ！」と、私に小声ながら、きっぱりと言いました。「ここにお座り下さい」と看護師さんに促された椅子に腰を降ろしたのもつかの間、採血後、注射針が抜かれた途端、「もう、（帰っても）いいですか」と、高倉はすぐに立ち上がろうとしました。この時の、担当医や看護師さんが笑いをこらえていた様子が忘れられません。

時を止めた時計を眺めながら、思いました。

〝私が出迎えていただくのは初めてのことですね〟と。

1965（昭和40）年に発行されたパスポート。〝Goichi Oda〟とサインされている

僕はもう、高倉健なんだよね
——炭鉱地帯に生まれて

「もう本名より、高倉健の方がすっかり長くなっちゃったね。僕はもう、高倉健なんだよね」と、自宅の居間で、沈みゆく夕陽を眺めながら、高倉がつぶやきました。

遺作『あなたへ』（二〇一二年）を撮り終えた八十一歳の春のことでした。

本名、小田剛一。一九三一（昭和六）年二月十六日、九州筑豊、現在の福岡県中間市の炭鉱地帯に生まれました。お母様からは〝タケちゃん〟、学友からは〝ゴウちゃん〟と呼ばれ、パスポートには、Ｇｏｉｃｈｉ　Ｏｄａとサインしていました。

「僕は生まれてすぐ、脱腸で死にかけたんだって。僕の家には、若いお手伝いさんが何人かいて、昔の家は寒いから、僕のお腹に湯たんぽみたいなものを当ててくれたらしいんだよね。それが熱すぎたんだろうね。赤ん坊は泣くしかできないだろう、ギャアギャア泣き続けていたらしい。お母さんがいつもと様子が違うって気づいて、すぐ病院に連れていったら、脱腸になってたって。泣き過ぎなのか、熱すぎなのか、どっちにしても脱腸はひどいよね」

その後も、幼年期は身体は弱かったといいます。

「町にあった映画館の入り口で、『おっだで～す』って、大声出して友達何人かと一緒に、タダで中に入っていってたんだよね、いつも」

剛一少年が生まれ育った中間市は、明治時代から炭鉱町として栄えていました。当時、お父様は炭鉱会社の労務管理の仕事を任されていて、大勢の労働者の顔役でした。

剛一少年は〝小田さんちの次男坊〟でした。戦前は若いお手伝いさんにかこまれ、学校の送り迎えには人がつき、中国出身のハウスボーイが何人もいるという家庭に育ちました。

「映画館に顔パスで入るだろ。忍者映画とかチャンバラ映画が終わって、館内が明るくなると、今度はチャンバラごっこがはじまる。映画のあとで興奮してるから、座席の間を走り回って、もうしたい放題だよね。

でも、一度だけ、知らない男の人からいきなりゴツ～ンって頭を殴られて、すごい衝撃で、その場にうずくまったことがあったなあ。目から火が出るっていうだろ、あれだよ。拳骨(げんこつ)に中指の第二関節を突き立てたやつだった。他に友達が何人もいたのに、完全に僕だけ狙われた感じだった。小田んとこの子供って、知っててやったんだね」

と、少々痛みを伴う思い出も懐かしんでいました。

「喧嘩はしょっちゅうだったよ」

「その頃は特に、炭鉱に勢いがあって金になるから、人がどんどん集まってきた。筑豊の人間は、〝川筋〟って呼ばれて荒っぽい独特の気風だから、喧嘩はしょっちゅうだったよ。殺す、殺される、殺しに行くって、大人がわぁわぁ怒鳴り合ってる。

　そして、朝になると、道端にしょっちゅうむしろがかけてあってこんもりしてるから、あぁ死んでるんだって。荒っぽいを通りこしてるよな。喧嘩の仲裁に入って腕がなくなっちゃったとか、いろんな人が出入りしてた。『花と龍』ってあの世界。知らないよねえ」

　高倉は任侠映画に出ることについて、テレビのインタビューで、このように話していました。

「おふくろはすごく悲しんだんだよね。アレ（任侠映画）を。入れ墨みたいな格好をやったりするの。でも、僕の中にはとってもあるんですよ。あの血が、血がですね。品のいい京都とかで生まれて育っていたら、とてもヤクザものはできていないでしょうね」

（ＮＨＫ「クローズアップ現代」二〇〇一年五月）

　おできができやすくて、お腹が弱い虚弱体質児。小学二年のときには、肺浸潤にかかりました。肺結核の初期症状のことです。感染を避けるため、剛一少年は伯母の家の離れに隔離され、一年にわたる療養生活が始まりました。

　その間、お母様は生きた鰻を毎日手に入れ、自分で捌いて、身は蒲焼にし、肝と血は葡萄酒に混ぜて飲ませ、骨は焼いて煙を吸わせたそうです。

「お母さんは、学校でお花とかお茶を教えてて、帰ってきてから、自分で全部やってくれたんだよ。この子を死なせるもんかって、丈夫になって欲しかったんだよね。

僕のほかに三人も小さい子を抱えてたのに、文句もこぼさず偉いと思った。僕は昼間、誰もいなくなると、歴史ものの本ばっかり読んでた。見つかると怒られるから、こっそり。

その時、本をたくさん読んだおかげで、漢字に強くなったね。学校に戻ったとき、みんな何でこの漢字を知らないんだろうって思えたほど」

と当時を振り返っていました。

「僕のなかの唯一の法律」

「娯楽はラジオ。『怪談宋公館』（原作・火野葦平）ってラジオドラマを強烈に覚えてる。二日に分けて放送されてた。中国・広東市にある宋公館っていう屋敷が舞台で、そこの主人が、妾や使用人を殺しては、死体を地下の防空壕の壁に塗りこめてしまう幽霊屋敷の話。殺された人たちが夜な夜な化けて出てくるわけ。

お母さんには、ラジオは夜八時半までっていわれたんだけど、『怪談宋公館』は九時からだったから、見つからないように音を小さくしてね。こそこそしながら、話の中身にドキドキして。体温が上がったらどうしようって心配しながらだったから、印象が強い。もう、音源なんて残ってないだろうけど、あれはもう一度聞いてみたいなぁ」

剛一少年は、少年期のもっとも多感な時期に、お母様からの強い愛情を一身に受けました。

「病気で休んでたときに、兄妹四人いるのに、自分がお母さんを独り占めしてたんじゃないかって後ろめたさがある。でも、絆（きずな）ができたとは思う。

東京にでて、大学時代は荒れててね。ある人に対して、もう我慢できない、今日こそは仕返ししてやろうって思った日に、ふっとお母さんの顔が浮かんだんだ。

その頃は、身体を鍛えてて体力も十分あったから、大変なことになるだろうなって。（刑務所に）入れられるようなことになったら、お母さんが悲しむに違いない……。それで踏みとどまれたんだよね。僕のなかの唯一の法律だね。

スイッチが入っちゃって危ないってときは何度もあったけど、一線を越えなかったのは、お母さんのおかげ。それが絆だろうね。子供の頃に生まれた絆って、何よりも強いって思えたね」

僕は死んでたかもしれないんだ
——米軍機の機銃掃射を受けて

　初恋は、八歳か九歳のころ。肺浸潤の療養が終わり、復学と同時に遠賀(おんが)郡中間町（当時）の中間小学校から隣町の本城(ほんじょう)小学校に転校して、二年生をやり直したときでした。

「担任が小田先生って、同じ苗字だったんだよ。若い女の先生。その先生がやめることになった、結婚するっていって。転校生の僕に、優しくしてくれてたのに、急に見放されたような気がして、寂しくなって『お前なんか、早くどっかにいきない』って先生に向かって大声出した。天邪鬼なんだよ。

　先生は、優しくしてた僕が反抗的になったんで、廊下に立たせた。僕は当時、朝礼で校庭に並ばされると貧血で倒れるほどだったから、そのときもふらふらって倒れたらしい。

　気がついたら、小田先生に抱きかかえられてた。なんかいい匂いがして、ゆりかごみたいな感じって思ってた。先生の身体と一緒にゆさゆさ揺らされてる感じ、わかる？このまま、先生にどこにも行ってほしくないと思って、しばらく抱きかかえられたまま、気がつかないふりをし続けたんだ」

　小田先生が結婚され、剛一少年が映画俳優になってからも、親しくお手紙のやりとりが続きました。

「みんな洟垂れ」

　剛一少年は、太平洋戦争が始まった十歳のとき、家族とともに遠賀郡香月町（現・北九州市八幡西区香月）に疎開し、池田小学校へ転校しました。

「そのあたりのガキどもは、背嚢って肩から背負う布製の鞄に、足元は下駄かズック靴。でも僕は転校前と同じ、革のランドセルと革靴姿だったから、そんなのおかしいって学校帰りに同級生に取り囲まれるんだよね。僕は背だけはひょろひょろっと伸び始めてたけど、まだひ弱だったから、大勢に囲まれて小突かれたら、抵抗しようがなかった。香月にはあんまりいい思い出がない。

　あの時代、もれなく全員、洟垂らしててね（笑）。しかも、青っ洟。（鼻の下を指して）この辺にたら〜って。水っ洟じゃなくて、青っ洟って重たいやつ。戦時中で、食料がどんどん配給になって、決まった分しか手に入らないから、栄養失調だったんじゃないかな。その洟を洋服の腕のところでこすり取る、こう腕を捻ってね。だから、いつもそこだけテッカテカに光ってるの。今じゃ、みかけないよね。

　キッタナイんだけど、みんなと同じことしてないと仲間に入れてもらえないから、腕のところで鼻拭いてテカテカにさせて学校から戻ると、お母さんがきれいに洗濯しちゃうんだよ。苛められるからそのままにしておいてくれ、とは意地でも言いたくなくて、『何できれいにしちゃうんだ！　そのままにしておいてって言ったじゃないか！』って文句いうしかないんだよ。その繰り返し。

仲間として認められると、そこいらの子だけが秘密にしている、縄張りみたいなところに連れてってくれて、周りの木の実とか果物を『これは食っていい』とか、『これはやめとけ』って教えてもらって食べてた。『内緒だからな』とか言われてね。そうやって、ばい菌とかへの抵抗力がついて、逞しくなったんだろうな」

剛一少年が本城小学校に通っている頃、親戚には召集令状が届けられ、米軍の空襲も激しくなっていきました。東筑中学に入学すると、兵隊になるための「教練」が必須となり、教官には退役軍人が派遣されていました。

「校庭に整列させられて、出来の悪い生徒は否応なく殴られるんだ。何でそんなにっていうほど、ぼこぼこ。あれこそ、大人たちのストレスのはけ口だったんだよね」

学徒勤労動員も始まりました。働き盛りの男がいなくなって、子供たちが労働力にさせられたのです。低学年は田植えや稲刈り、高学年は貨車から石炭を降ろす労働。

「八幡製鉄所の近くで作業させられていた時、空襲警報が鳴ったんだよ。最初のうちは怖かったから、警報が鳴るたびに炭鉱の斜坑に逃げ込むんだけど、だんだん慣れてきちゃって。ある日、警報が鳴らされても、そのまま作業続けてたら、ロッキードP38が近づいてきて、機銃掃射を受けた。それまで聞いたことのない、ものすごい轟音。

この時は、怖いって思う間もなく、反射的に走ってた。パイロットの顔、はっきりと見えたんだよ。子供ら全員、近くの橋の下に逃げて、死んだのは一人もいなかったから、こうやって話せるけど。あの時は誰が死んでもおかしくなかった。

広島の原爆のあと、狙われたのは八幡だったらしい。兵器工場もあったからね。当日、たまたま視界不良で長崎になったけれど、考えてみたら、僕は死んでたかもしれないんだ」


剛一少年、終戦の日の記憶。高倉が生前、「私の八月十五日の会」から依頼を受けて、綴(つづ)った文章があります。この会は、戦争の記憶がある漫画家・作家の方々が中心となり、二〇〇二（平成十四）年に結成されたものです。


〈「日本が戦争に負けたらしいばい！」

その日、学徒動員でさせられていた貨車から石炭を降ろす仕事は、何故か休みだった。

同級生に寺の住職の息子がいて、寺の近くの池が、格好の遊び場になっていた。

僕は黒の金吊り（水泳用の褌(ふんどし)）を穿(は)いて、久しぶりの休みに、友だち五、六人とその池で遊んでいた。

昼頃、別の友達が「天皇陛下の放送あるらしいばい」と、僕らを呼びにきた。

全員で寺へ走っていくと、ラジオから雑音だらけの音声が流れていて、大人たちの何人かが泣いていた。

僕には、何を云ってるんだか聞き取れなかった。

友達が言った。

「日本が戦争に負けたらしいばい」

「えー、降参したとな?」

その後何度となく味わった、人生が変わる一瞬。

諸行無常。

この時が、初めての経験だったような気がする。

〈八月十五日を十四歳、福岡県遠賀郡香月で迎えました〉

幸せは海の向こうにある――アメリカへの憧れ

戦争が終わり、すべてが一変します。

ある日、通学に利用していた折尾駅に整列していたのは、白いヘルメットを被ったMP（憲兵）でした。米駐留軍が上陸してきたのです。剛一少年は、中学三年生でした。それまで味わったことのない、まったく新しい価値観や解放感。旧制中学が廃止されるなど学校制度が変わり、剛一少年は新制度で初めての高校生として、東筑高校へ通うことになります。

「新しい学校だったから、じゃあ好きな部を作ろうってことになって、僕たちでボクシング部を作ったの。放課後、教室にロープ張って、それがリング。グローブは何とか調達できた一組を、向かい合った二人でどっちか片方ずつ、手にはめて。端から見たらお笑いだけど、その時は真剣だったねぇ。僕は個人競技ってところに魅かれたんだ。背だけはひょろひょろ伸びてたんだけど、とにかく強くなりたかった。ちょうどそんなこと考える年代だったんだと思うよ。

それとESS（イングリッシュ・スピーキング・ソサエティ）。最初、数人だった集まりが、あっという間に八十人くらいに増えてった。みんな、将来は英語が必要になるって、僕と同じ気持ちだったんだろうね」

さらに、アメリカ駐留軍の小倉キャンプで、第八軍のシュルツ副司令官の息子と知り合います。年も近かったことから、シュルツ君の家に、週末ごとに泊りがけで遊びに行くようになりました。

「冷蔵庫、洗濯機、ステレオだろ……、置かれてる電化製品は、あれもこれも見たことないものばっかり。もう、かなわないって思った。こんな国と戦ってたんだって。夕食にナイフ、フォーク、スプーン、もう別世界だよ。

泊らせてもらった翌日の朝、シュルツ君のお母さんが、僕を車で学校の正門まで送ってくれたことがあった。アメ車で、大きかったね。日本の車だって滅多に見られない頃だから、僕が車から降りたら、同級生たちに、どうしたんだ？　車に乗ってるのは誰なんだ？　って、取り囲まれたよ。

昼になって、シュルツ君のお母さんが持たせてくれたサンドイッチを見せたら、そんなもの見たことがないから、またみんな大騒ぎ。ジャムが塗ってあって、ジャムってなんなんだ、匂いだけでもいいから嗅(か)がせてくれって。

だから、クラス全員に、ひとつまみずつ分けたんだよ。そしたら、イースト菌って言葉も知らなかったけど、そのいい匂いだけ嗅いで、パンは家に持って帰るって言うヤツもいたし、眺めてばかりで食べようとしないヤツもいた。シュルツ君とはそのあと会わなくなったけど、どうしてるだろうなあ。会ってみたいなぁ」

剛一少年の目に、アメリカは間違いなく、憧れの夢の国に映りました。

「ポマードで焼きめし作ってた」

「そのころ、親父が若松第一港運という会社に勤めてて、友だち五、六人と若松港で、アルバイトさせてもらってたんだ。本船を洞海湾へ曳航する小さなボート（パイロットランチ）の掃除。デッキを洗って、船の真鍮部分を磨いて、小遣いをもらえるんだけど、ようは遊ばせてもらってたんだよね。

若松の港は、貨物船がたくさん行き交って賑わってた。それを見ていて、幸せは海の向こうにある、どっか遠いところにあるって思ったんだ。だったら、貿易に携わる仕事をしたい。だから、英語は猛烈に勉強したな……」

貿易の仕事を夢見て、東京で明治大学の学生としての生活が始まりました。

「もう、大学入ってから、勉強なんかほとんどした覚えがない。行儀見習いで相撲部に強制入部。相撲取ったんじゃないよ。やることが支離滅裂、むちゃくちゃなんだよ。

夏に野球場でアイスキャンデーを売るアルバイトにはじまって、先輩の命令に『はいっ』と返事して、あーもすんもない、とにかく何でもやらなきゃいけない。先輩に単位をくれない先生の家を、引き倒しに行かされたこともあったね。

金がなくて、寮で焼きめしを作るのに、ポマードを油の代わりに使った。食える食えないじゃなくて、それしかない。米は、寮に送られてくる誰かのものを横取り。酷い酒を飲まされてつぶれたり。よく卒業させてもらえたと思うよ」

授業のほとんどを欠席、喧嘩に明け暮れながら、留年もなく卒業できたのは、ひとえに得意の英語の成績が良かったおかげ、とのことでした。

一九五四（昭和二十九）年、大学卒業の年は、戦後最悪の就職難でした。そこで高倉は、東京での就職をあきらめ、いったん故郷に戻ることにしました。当時、お父様が経営していた、バラス（線路に敷く小石・砂礫）をつくる会社の仕事を手伝うことになったのです。

その間、大学生の時に知り合った女性と結婚したいとご両親に相談しますが、若すぎると反対されます。さらに毎日の単調な作業に、「ここは自分の居場所じゃない」と、もどかしさが募るようになりました。

もう我慢の限界。会社の集金分を持って家出同然に再び上京し、東京の先輩の家に居候しながら、職探しが続けられました。

俳優失格って宣告された――ニューフェイス時代の反骨心

「滝沢（寿雄、明治大学相撲部監督＝当時）先生に（就職先として）高島屋とかノースウエスト航空を紹介して貰えたんだけど、生意気にも『大きな組織じゃないほうが自分には向いているような気がするんです』とか言って受けなかった。やることもなくただグダグダと居候してたら、家から勝手に持って来た金も底をついてきて、さすがに何とかしなきゃって思い始めて。

その頃に、（美空）ひばりちゃんのプロダクション（新芸術プロダクション）にマネージャー見習いの口があるらしいから、一度面接受けて来いって言われて、京橋の東映（本社）の下にあった喫茶店に行ったんだ。そしたら偶然、面接受けてるそばのテーブルにいた東映の牧野（マキノ光雄）専務に、『お前、俳優になったらどうだ』っていきなり声をかけられた。『明日、撮影所に来てくれ』って」

東映ニューフェイスは、一九五三（昭和二十八）年に初めて募集が行われました。その翌年、高倉は第二期東映ニューフェイスとして採用されたのです。

男子の応募条件は、年齢が満十八歳から二十八歳まで、身長は一六四センチ以上。高倉の身長は一八〇センチでした。

当時、日本では、映画が市民の娯楽として定着しつつあり、各映画会社は、有望な新人俳優を育てることが急務になっていたのです。

その後、高倉が通った俳優座の養成所では、パントマイム、日舞やバレエなど、今まで興味をもったことも、触れたこともない、芸能という未知の世界が立ちはだかっていました。

「自慢じゃないけど、金がない。バレエ用のタイツを用意するようにいわれたけど、買えなくて水着で踊った。そしたら、僕は真剣そのものなのに、みんながすごく笑うわけ。先生からは、まわりの生徒に迷惑がかかるので、見学していてくださいって爪はじきだよ。日舞は、『雨の五郎』を習ったんだけど、着物の裾がどんどんグズグズになるから、爆笑されてね。だから日舞も見学。

しばらく通ってたら、先生に裏に呼び出されて、『あなたの目には、意味がある。経験上わかる。悪いことといわないから、この仕事は諦めたほうがいい』って言われたんだよね。まだ、何も仕事してないのに、もう俳優失格って宣告されたようなもんだったね。先生には全部、不貞腐ってるふうに見えたんだろうね、目つきも態度も。

その先生に、今やめるわけにはいかないんです、食ってかなきゃいけないですからって。それで、燃えたんだよ。今、僕に向いてないって言ったよなぁ。よし、わかった。何が何でもこの仕事で食ってってやるって。間違いなく、僕の血だよね。反骨心に火がついたんだ。負けねえぞっ、コノヤローってね。

でも今考えたら、あの時、ああいうふうに言われたのが良かったのかもしれないね。着物の裾ははだけたけど、着流しが似合う俳優って言われるようになったんだからね。感謝しなきゃいけないな」

芸名は忍勇作？

「養成所に通いはじめて四か月たった頃、遅れて入った今井健二（東映ニューフェイス同期）と二人だけ、撮影所に呼び出されて、裸になれっていわれた。その時は、何故か僕に決まって。すぐにカメラテストを受けるために、初めて顔にドーランを塗られたら、子供のころ、地元の炭鉱町に定期的に興行に来ていた旅芸人一座を思い出してね。

炭鉱の労務管理してた親父の顔で、芝居小屋をうろうろできたから、子供の好奇心でそおっと楽屋裏を覗きに行ったら、なにか見ちゃいけないものを見てしまったような、すごく物悲しくなったっていうの？　脱ぎっぱなしの着物だとか。草履だとか。あと、何ともいえない、臭い。そんな記憶が、ドーランを塗られたとたん、いっぺんに蘇ってきて、あぁ、俺は身を窶したって……。そしたら、ぽろーっと涙が出たんだよ。

『役者になる』って親父に言いに行ったとき、『大学まで出て、役者か。もう帰ってこなくていい』って勘当されてたし」

反骨心を胸に秘め、主演したデビュー作『電光空手打ち』（モノクロ五九分）が、一九五六（昭和三十一）年一月二十二日に公開されました。

「僕はデビュー作の役名が気に入って、会社の人に『（芸名として）忍勇作は、ダメでしょうか』って真剣に聞いてみたけど、『なぁに言ってるんだ。もう決まったんだ。君は、高倉健！』ってまったく取り合ってもらえなかったよ」

『電光空手打ち』は長く、ビデオ化もDVD化もされていませんでした。晩年に高倉が東映に頼んで、ビデオにダビングしていただいたものを、「ちょっと観てみようよ」と一緒に観たことがあります。

高倉が空手の道着姿で登場したとき、

「へっえ〜、これ、忍勇作。僕だよ。わかる？　痩せてるなぁ」

と、高倉自身も、あまりの若さに興奮気味でした。

「ひどいよね。このとき、何にもわかっていないいんだから。（撮影中）何を言われてるんだか、さっぱりわからなくって。とにかく、毎日緊張してて、へとへとになって。徹夜が続いたんで、そのあと風邪引いて寝込んだんだよ。

まともな訓練を何も受けてないいんだから、『エイッ』て掛け声が決まらなくて。今みても、ぜんぜん腹から声が出てないよね。

何でこのとき、芸名を忍勇作にしてくれって言ったのかな。高倉健で良かったよね。タ・カ・ク・ラ・ケ・ン……。それにしても、若いなぁ」

と、椅子からいきなり立ち上がり、

「えぇーいっ。しのぶ、ゆうさく……」

と映画での空手の型を真似て、自分で大笑いしていました。

「高倉健……」デビュー作を懐かしみながら、自分の芸名を噛みしめるように、何度も口にしていました。

ご飯をとれば香港、ハワイは風だね
——幻の海外移住計画

「最初に家建てた時、銀行から借金できないから、会社（東映）に借用書出してね……」

高倉は二十八歳で江利チエミさんと結婚し、新居を構えました。ところが、その十一年後、同居していた江利さんの義姉による故意の火事で家は全焼し、翌年、離婚。以来、この土地には寄りつかずにいました。

一九八二（昭和五十七）年二月に江利さんが急逝されると、高倉はマスコミに追われました。

「もう、いろんなことが嫌になって、環境を変えよう、変えなくちゃダメだと真剣に考えたね。海外へね。日本の不動産を全部処分して、完全移住。

ご飯をとれば香港。ある時期、毎週ごとに行ってて、顔なじみのテーラーでマオカラーの服をたくさん仕立ててあったし、何よりアジアだから顔が目立たなくて過ごしやすかった。

ハワイは何てったって風だね。海辺じゃなくて、山のほうを選べば静かに暮らせるかなぁって。日本に居てもマンションとかホテル暮らしだったたし、仕事があるとき戻ってくればいいんだから、海外だって変わらないじゃないかって、いろんな選択ができた。

そんな風に迷っていた頃、『更地のままにしておくのは、不用心ですよ。思い切って、もう一度家を建てたらいいじゃないですか。どうしても気が進まなければ、その時は人に貸したっていい』と、知り合いが建築会社まで紹介してくれてね。

その頃は銀行から借金できるようになってた（信用を得られた）から、まず日本に家を建ててから（海外移住を）考えても遅くないって、言われた通りだなってね。

建築中の現場は、いつも暗くなってから外から眺めてたんだけど、ある日、二階が組まれ始めてて立体的になってた。それまで、どこか他人事みたいだったのが、急に実感が湧いてきてね。『行こう、行こう』って、真っ暗ななか一緒に行ってたサッさん（床屋のマスター）と梯子を上ってった。『サッさん、太ってるから気をつけてよ。落ちないでね』とか言って。

そこから夜景が見えてね。静かで。ここ、悪くねえなぁって思えてきた。人に貸すのはもったいないって。その日に、ここに住むって決心した。それから、気になるところの設計変更をお願いしたんだ。

だから、今、なんでこうなってるの？　ってところが何か所かあるけど、そこは僕が後から、変更を無理矢理頼んだところ。今さらながら、プロの意見を聞くべきだったと思うけど、もう簡単には直せないし……。いいんだよ、次、建てる時に参考にできるから」

と楽しい言い訳が次々に出てきました。

二階にある三つの小部屋は衣類専用。衣類は処分した以上に増えていくので、おさまりきらない洋服類と、毎月格闘。南極、北極対応のダウンも、毎年のように増えていきました。

買うたびに「これが、もっとも新しい素材らしいよ」と自慢気でした。袋から出しては着てみて、たたんで袋にしまう。

「南極には、(体力的に)もう行けないけど、何があるかわからないからね!」

と、一階の床下収納には、寝袋が二十枚近く整列していました。

二か所の納戸には、それまでに住んでいたマンションから持ちこんだ荷物が、詰め込まれていて、開ければ閉められない状態でした。

地下室は靴と鞄、革物部屋です。空調で常に温度と湿度が管理されていて、極寒地用のブーツが年々増えていきました。

「僕が極地俳優って言ってるのがわかるでしょ」

高倉の仕事に対する姿勢は、身体を整えておくことと、いつでも出発可能な態勢でいることでした。

その一方で、あまりの量の多さに自分でも時々呆(あき)れながら、

「これは、全部、僕のストレス発散だよ。わかってるんだよ。戦後、ものがなかったんだ。本当になかった。自分の稼ぎで自由に好きなものが買えるようになったら、ほとんど火事で焼けたんだ。だからかな、いつも目の前に物が揃(そろ)ってないと、不安になるんだね」

高倉にとって、家は一代、誰にも見られたくない聖域でした。
その想いをうけ、高倉の旅立ちとともに封印しました。

第2章　時を綯（な）う　――寄り添った日々

時を綯う

高倉の暮らしのリズムに寄り添いながら、家の中に風を通していきました。
春の訪れは、鶯の幼鳥の鳴き声に告げられ、
夏は庭のベッドで海水パンツ日光浴。夜風に吹かれ、愉しんだ線香花火。
秋にはピラカンサ（トキワサンザシ）の熟れた実を啄む尾長に、
玩具の銃を手に一騎打ちを挑み、
初冬、落葉のあまりの量の多さを見かねて、
思わず箒を手に加勢してくれた奇跡の落葉掃き。
妖しいほどの満月に見惚れて、テラスから遠吠えを繰り返し、
ガラス屋根に跳ねる木の実の音や、番傘に撥ねる雨音に微笑みました。
町の喧騒をゆっくりと包みこんでいく雪の静けさに見入る姿、
移ろう季節は、香りや音色とともに会話に溶け込んでいきました。
たくさんの笑顔、つつがない日々の積み重ね。
それこそが、玉手箱におさめられた宝物になりました。

サプリメントの店を出そうかと思ったんだ

――〝薬屋健さん〟と呼ばれて

「朝は、自分で珈琲を淹れる。スポーツジムに行って、フルーツをジュースにしてもらって飲んだり、腹が減って我慢できなければ、カロリーメイトをつまむ。あとは、プロテインとサプリメント。食事らしいのは、夕食だけ。中華は好き（香港移住計画もあったほど）。他には、ステーキ食べに行くことが多いかな。ジムで猛烈に鍛えてるときは、肉だけで三〇〇グラム以上。夕食で一日分のカロリー摂ってたね」

これが、私が出逢ったときに聞かされた、高倉の食生活でした。自宅のキッチンの棚や化粧室の薬棚には、サプリメントや薬瓶がまるで調剤薬局のように整然とならべられていて、高倉の几帳面な性格があらわれていました。

「僕は、フリーになってから、一時期サプリメントに凝って凝って、店を出そうかと真剣に動いたことがあったんだ。しょっちゅうロスを行き来してた時、向こうのジムで勧められたサプリメントを、自分でも運動しながら試してみて、持久力というか、疲労感の違いがわかったんで、これからの日本を変えられるかもって、具体的に出店場所を絞りこむところまで進めたよ。もしあの時始めてたら、あの業界じゃかなりの先駆けだったね。

でも、親しい人に話したら『高倉さんは真面目だから、そんな事業をやり始めたらのめり込んでしまうでしょう。そしたら、もう映画はやらなくなるんじゃないかと心配です。だから、私は賛成できない。まだまだ健さんの映画観たいですよ』って言ってくれた。

僕は、確かにまっしぐらのところがあるからね。その意見を聞いて、店を出すのはやめた。

でも、僕みたいな仕事は、とにかく体調管理が一番。使わないにこしたことないけど、自分に合った薬を持ってるのって大事なんだよ。一緒に行ってるスタッフ一人ひとり、誰が体調崩しても困る。『鉄道員（ぽっぽや）』の時、スタッフが急に熱出したっていうんで、持ってってたアドビル（解熱鎮痛薬）をすぐ飲ませたら、翌日『お蔭様で、効きました』って、明るい顔で言われて嬉しかった。何でもそうだけど、想像力と準備！」

高倉にとって、病気にならない、もらわないというのは大原則。ロケ出発前には持参する薬リストに従って、まるで薬屋が引越すかのような量を用意しました。スタッフの方々から〝薬屋健さん〟とも呼ばれていたそうです。前出のアドビル、花粉症などのアレルギー用に抗ヒスタミン剤ベナドリル、切り傷、火傷などの時、ばい菌への感染を防ぐ軟膏ネオスポリンがあり、うがい薬、鼻洗浄剤、水が使えない時に備えてトリゾンフォームやウエルパス（速乾性擦式手指消毒剤）なども含まれました。

商品名だけでなく成分名にも詳しく、自己管理への思いの深さを改めて知りました。

珍しかったものは、フランス製のエクストラクターでしょうか。蜂などに刺された際、速やかに毒を吸い出す為の簡易キットです。高倉がアウトドア系雑誌を見ながら、「これ、いいね。すぐに取寄せ。すぐね！」と、付箋を付けながら目を輝かせていた姿が思い出に残っています。

食事中は急かされたくない　――食卓八か条

「家で食えないから、必ず外に出る。どの店も、とても親切にしてくれるよ。食べたあと、自分で運転して帰って来るのが面倒なときはあるけどね」

と、夕食で訪れる店のことを、高倉は話してくれました。私は、高倉の一日一食、一〇〇％外食に頼る食生活には、違和感をおぼえました。

食は身体を作り、心を育みます。バランスのとれた食事を摂ることで、健やかな思考に至ると思うのです。

自然体で寛げる家、そして、自分の身体が欲しているものに素直になれる食卓。食を制限するのではなく、身体に優しい食べかたを工夫することができないか――高倉の現状を聞いて、そんなことを考えました。

私が真っ先に思い浮かべたのは、祖母から教わった〝塩梅〟という言葉です。

私は両親共働きの家に生まれ、四歳下の弟が一人いますが、私が生まれてから、一番身近で面倒を見てもらったのが父方の祖母でした。同じ敷地内に建つ隣の家に住み、身体が壊れそうに弱かった私を、いつも気遣ってくれました。一九〇五（明治三十八）年生まれ、私が生まれた頃、すでに髪結いの仕事から退いて隠居の身でしたが、誰かの役に立つことが大好きで、とてもまめな人でした。

その祖母から、私は沢山のことを学びました。「女の子は優しくあれ」「できる限り美しいものに触れていなさい」「草花の名前、樹の名前を覚えなさい」「火傷には、庭のツワブキの葉を茹でて貼ると効くんだよ」

「ご不浄（トイレ）はいつでもきれいにしておくこと」も祖母の教えでした。単なるきれい好きではなく、腰を屈める拭き掃除が、足腰の筋肉の衰えを防ぐのに最適な運動なのだと、後になって理解できました。

そして、私が何より憧れたのが、祖母が作る野菜の煮物でした。胃に優しく、ほっとできる味。何より飽きません。同じ材料でつくる母の煮物とは、別のものでした。

小学校高学年、家庭科の授業で調理を習いはじめ、味つけの分量にこだわりを持ちはじめたころ、祖母が南瓜を炊いているときに鍋を覗き込みながら、

「おばあちゃん、その味つけは、砂糖と醤油の割合はどれくらい」

と聞くと、

「えっ……、そんなこと聞かれても困るんだけど、そのときの塩梅だからね」

そして、「いいかい、煮物は慌てて作ろうとしないこと、たくさん作っているうちにわかってくるんだよ」と話しながら、先ず神棚に、そして仏壇にお供えしました。

子供ながらに、〝美味しい秘密は、あ・ん・ば・い〟なのだと察しました。心を和ませる料理、塩梅がわかる人になりたいと思いました。

私が料理に興味を持ったのは、私自身の虚弱体質も影響していました。小学校低学年まで毎月数日間は学校を病欠し、日中に家で横になりながら見ていたテレビは料理番組でした。最初はただ眺めているだけでしたが、個性的な料理の先生方の手際の良さや、調理方法に引き込まれていきました。

料理の基本が少しずつ頭に入るようになると、昼頃から夕方にかけて、各チャンネルの料理番組を夢中で見続けたおかげで、学校の勉強とは違う一日の充実感を覚えました。怪我の功名（?）です。

小学校高学年になる頃には、母が仕事から戻る前に夕食の下ごしらえは済ませられるようになっていました。私の料理法は勝手な弟子入りですが、各番組の料理の先生直伝です。たくさんの失敗を重ねながら、食べる人の体調に合わせ、塩梅を整えるコツを少しずつ摑んでいきました。

生のものは避ける、アルコールは一切不要

このような経験があったので、「食事のことで、私でお役に立てることはないでしょうか」と尋ねたことが、高倉の食生活をかえる第一歩になりました。

一日のなかで量や食材の偏りをできるだけなくし、バランスよく食べられるように工夫する。そのためにまずは、高倉の食の好みや、こだわりを聞くことから始めました。

①　生ものはできるだけ避ける。例外・卵かけご飯の生卵とフルーツ。
②　料理と飲み物は、常温または温かいもの。冷たいものはほぼ不要。例外・たまに食べるアイスクリーム。
③　出された料理は残したくないので、食べる量は要微調整。
④　魚類はなくてもかまわない、肉食第一主義。例外・外食での寿司。
⑤　野菜類の好き嫌いはほぼなし。
⑥　炭水化物系の好物は白米とパスタ。
⑦　一品ごとに食べ終えるまで急かさないこと。
⑧　アルコールは一切不要。

高倉が長年、加熱調理した料理や、夏でも常温か温かい飲み物にこだわったのは、腸のバランスを保ち体調を維持するためで、それがプロの俳優としての最低限のルールと考えていたからでした。

そのことを肝に銘じ、献立作りに活かしました。

たまに、「今日は、アイスクリームが食べたいなぁ」という日がありました。それにはこんな思い出が隠されていました。

「僕は、長いこと東府屋（静岡・吉奈温泉）っていう旅館に、映画の前の合宿とか、終わってから疲れをとりに、仲間で泊まりに行ってた。旅館に子供が三人いて、僕が行くと『健ちゃん、健ちゃん』って一番下の一人息子が近寄ってきて、温泉にも一緒に入ってくる。

何度も通ってるうちに気心が知れてきて、僕がデザートのクレープシュゼットにリキュールをフランベする係になったんだ。そこにバニラアイスを盛ったりすることもよくやってたなって、ふっと思い出すことがあるんだよ。そうすると、アイスクリームが食べたくなるわけ」

私は、健康な人が食べたいと感じるものこそ、身体が欲しているものだと思えたので、その声に応え、総カロリーで加減するようにしました。

「店に行って、『これは、どこどこの何々で、なかなか手に入らない食材でして……』とか言われると、『僕は、普通に手に入る美味いものでいいです』って思わず言いたくなる。変わってるよね。食べてみて、自分が興味を持ったら聞くから、それまで黙っててほしいって。場の空気が壊れないように、あまり余計なこと言わないようにしてたけど（笑）。

まだ食べおわってないのに、次の料理が運ばれてくるのもダメ。とにかく急かされたくない。店に食べにいくときは、料理が美味いのは当然だろ。何人か一緒なら、その場の会話も大切なものだからね」

拘束時間が長く不規則な撮影の仕事を離れたとき、高倉がもっとも大切にしていたのが、食事の時間でした。だからこそ、味のみならず、雰囲気も大事にしたかったのだと思います。

お母さんはすごかった
——鰻を食べない理由

高倉は少年時代、虚弱体質でした。先述の通り、八歳で肺浸潤（しんじゅん）（肺結核初期の古い呼び名）にかかり、一年間の休学。当時の食生活は、成人後にも影響し続けていることがわかりました。

「ほんとうに、お母さんはすごかった。兄妹三人の食事とは別に、僕の分だけ特別食作ってくれてたんだから。ま・い・に・ち、う・な・ぎ。毎日だよ！　そのお蔭で、へこたれない身体になったと思う。南極にも北極にも行って、耐えられた。言っとくけど、仕事（『南極物語』の撮影）！　観光じゃないよ。主役は犬だったけど（笑）」

私は、頭を軽く下げながら、「はい！　そのことは、じゅうぶん承知しております」と、少しおどけて返事をしました。

「『美味ーい鰻の店がありますから、お連れしたい』って誘われても、まったく興味が湧かない。贅沢（ぜいたく）な話だけど、単純な理由で、子供のころの食べ過ぎ。どんなに美味くても三日続いたら飽きる。それが一年続いたんだから……。前は写真見るのも嫌だったけど、今は隣で鰻食べてる人を見ても、何とも思わなくなった。だから、食べたかったら遠慮なく食べなさいよ。僕は要らないけど（笑）。

それと、お母さんから、ご飯は残さずに食べ終わること！　って躾けられて、途中で席を立つのもダメだった。こっちはそのころ中学生で反抗的だから、お母さんと我慢比べ。なぜって、僕は臭いに人一倍敏感になってて、魚料理がどうしても食べられなかったんだ。

でも、ほかの兄妹がいるし、僕だけわがままを通すわけにいかないから、最後の最後は、僕も無理矢理口のなかに押し込む。そういう食べ方してると、うまくもなんともないし、またそういう時に限って、喉に魚の小骨が刺さったりして。

『口いっぱいご飯を含んで、一気に流しこみなさい』とかごちゃごちゃ言われたって、こっちは聞く耳なんかもっちゃない。『全部、お母さんのせいだ！』って言い返してたよ。とにかく魚には、いい思い出がない。

大人になってからも、魚の姿を見たくない。皮が光ってても、切り身の煮つけに骨がちょっとあるなって、目に入っただけでも思い出して、途端に食欲がなくなる。子供のころのトラウマだね。

だから、魚はなくてもいい。寿司は食べるよ。下処理されてて臭いもなくて、魚の骨がないの信用してるから。但し、（皮が）光ってないやつ」

そんな、切実な声も聞かされました。

飽きるまで、これにして　――グリーンサラダ、季節のフルーツ添え

生活のリズムに合わせ、一日二食。プラス、軽めの夜食。

一食目、ブランチ。

【パン食の献立一例】

豆乳
西瓜ジュース
卵料理　プレーンオムレツ　カリカリベーコン添え
トースト　オリーブオイル　ママレード&ラズベリー&無花果ジャム等を添えて
グリーンサラダ　フルーツはマンゴー、胡桃・ピスタチオ・アーモンドのトッピング
バルサミコ酢とオリーブオイルのドレッシング
ヨーグルト　蜂蜜を添えて
ドリップ珈琲

「僕たちの世代には、パンのイーストって〝海の向こう〟の匂い。僕はたまたま進駐軍

の将校の息子だったシュルツ君と友達になれて、家に招かれて彼のお母さんが焼いたパンを味わえた。アメリカ人て普段からこんな美味いものを食べてるんだって、羨ましかった。バターの香り……、言っとくけどマーガリンじゃないよ！　それと、イーストの匂い。僕たちはその頃、忘れもしない脱脂粉乳だったもん。

だからかな、僕にとってパン屋さんから漂うイーストの匂いは、平和なイメージ。別荘を持つなら、近くに美味しいパン屋さんがあったらいいな、そこへ毎日焼き立てを買いに行けるって、夢見るんだよ。珈琲は自分でも淹れられるから、パン屋さんさえあれば、何とか一人でも大丈夫って思った。ドライフルーツが入った、甘すぎないパンもいいね」

全粒粉パンや、ドライフルーツが好きな高倉からのリクエストで、カロリーを抑えながら、レーズンロールやシナモンロール、デニッシュ系まで、いろいろなタイプを家で焼きました。

食パンは、齧ったときにあまりもちもちせず、サクッと音がする食感が好み。パンの厚みは、厚切り、薄切り、といろいろ試した結果、一三ミリに落ち着きました。

高倉がこだわったラッセルホブスのポップアップ式トースターで、ほんのり焼き色のついたトーストに仕上げ、オリーブオイルや蜂蜜、数種類のフルーツジャムを添えました。

「ジャムって、いろんな種類が出されてるのを見てるだけでも、幸せな気持ちになれる。

僕は兄妹四人だから、食事の時、いつも自分の取り分を考えなくちゃいけなかった。だから、こうやって〝これは貴方の分ですよ〟って出してもらえると、よけい贅沢。ジャムを一種類だけ選べって言われたら、どれだろう。このママレードかな。少し苦味が強いのが好きだね」

甘味を控えめに加減できる手作りジャムやコンフィチュールは、ヨーグルトにも合わせたりして、そのまま季節の味になりました。

ドリンクは、毎朝出来立ての豆乳と、グレープフルーツ、オレンジなどの柑橘類、林檎を絞ったフレッシュジュースを作りました。

「これは、いかにも夏って感じだねぇ。赤は元気をもらえるよね」

と西瓜ジュースは特にお気に入りでした。赤を際立たせるため、種は完璧に取り除きました。

卵料理と、厚切りハムかカリカリベーコンも欠かせません。その日のリクエストで、プレーンオムレツ、スクランブルエッグ、温泉卵……。

もっとも気をつかったのは、目玉焼きの焼き加減でした。半熟よりやや柔らかめ。高倉は、ゆったり流れでた黄身を、パンに少し掬って味わうのが好きでした。

火を入れ過ぎると、

「今日のは（黄身が）流れてこないよ（笑）」

と厳しくチェックが入りました。

「メープルシロップはピッチャーに入れて」

肌寒くなるころには野菜スープに切りかえましたが、それ以外の季節の主役は、深めの大皿に山盛りにしたグリーンサラダでした。

「もう食べ飽きたから変えてっていうまで、これにして」

葉ものの主役はルッコラ。それにレタス、ロメインレタス、サラダ菜、アンディーブ、白菜などから三、四種類をミックスします。さらに季節によって、マンゴー、メロン、洋ナシ、林檎、葡萄、無花果などの果物を盛りつけ、胡桃、松の実、アーモンド、ピスタチオ、カシューナッツ、ヘーゼルナッツなどから、数種類をトッピングします。

ドレッシングは、エキストラヴァージンオリーブオイルと、イタリア・モデナ産二十五年もの熟成バルサミコ酢、醬油を隠し味に数滴加え、挽きたての黒コショウをブレンドしました。

これが、高倉が亡くなるまで、毎日のように作り続けたサラダです。食後は、ドリップ珈琲でした。

週末は、よくパンケーキも焼きました。

「メープルシロップは、ピッチャーに入れて欲しい」というのが、高倉のこだわり。大人の手のひらサイズの、厚さ控えめに焼いたパンケーキを二、三枚重ね、切手大、厚み

五ミリほどのバターをのせます。バターが溶けて染み込んでいくのをたしかめてから、

「こうやって自分でメープルシロップを回しかけるのが、何故かねー、とっても好き」

ささやかな、週末のお愉（たの）しみでした。

「明日の朝は久しぶりにお粥（かゆ）が食べたいな。お粥って日本だと具合が悪いときに食べさせられるような感じだろ。でもね、向こう（海外）は違うんだよ。お粥に合わせる具材が何十種類も出される。僕は、お粥そのものより、合わせる具材が贅沢って印象だね」

仕事で行った台湾や韓国の思い出のお粥を出したり、寒い時期にはお雑煮（ぞうに）にしたり。前の晩のリクエストにこたえられるよう、食材の準備には気をつけました。

よく焼きね！　よく焼きだよ！　——生魚は苦手

夕食は、少なくとも、一時間半から二時間かけました。

お茶は、緑茶、ほうじ茶、茎茶、そば茶、中国茶（ジャスミン、プーアール、烏龍、龍井、鉄観音など）から、食事に合わせて茶葉を選び、カップも変えました。

前菜、副菜、主菜が一度にテーブルに並べられるのは好きではないというので、可能な限り下ごしらえをすませて、一品ごとに仕上げます。その都度、一緒に食べ終えてから、次の仕上げに移りました。

和食の他に、中華料理、イタリアン、ベトナム料理やタイ料理をはじめとするアジア系フュージョンなど、彩り豊かな食を心掛けました。

一例は、このようなものです。

【中華メニュー】

豆腐

春雨サラダ（木耳、ハム、胡瓜、煎り白胡麻）

茄子とシシトウのポン酢炒め

蒸した長ネギ　オリーブオイルと醤油かけ（手で軽くすりつぶした白胡麻をトッピング）
車海老のチリソース　一～二尾
鶏肉とカシューナッツ炒め（赤パプリカ、ピーマン、長ネギ入り）
卵炒飯（チャーハン）　搾菜（ザーサイ）添え
中華スープ
杏仁豆腐

【イタリアンメニュー】
生ハム（プロシュート・ディ・パルマ）と無花果
カプレーゼ（トマトとモッツァレラチーズ&生バジル　エキストラヴァージンオリーブオイル）
帆立貝とアスパラガスのガーリックソテー
ラムチョップ（バルサミコ酢とラズベリージャムソース）
パスタ（フェデリーニのアーリオ・オリオ・エ・ペペロンチーノ）
エスプレッソ　オレンジピールのチョコレートがけを添えて

「僕はパスタが好きだけど、オーソドックスなタイプがいい。太さを考えてくれる？」

そんな高倉が最も好んだのは、直径一・四ミリのフェデリーニというロングパスタでした。ブランチでも「パスタが食べたいな」といわれた時、もっとも出番が多かったのは、アーリオ・オリオ・エ・ペペロンチーノ（ニンニクと鷹の爪）でした。ニンニクをスライスではなく、粗みじんにすることで、パスタとの絡みを良くしました。

次に多かったのはジェノベーゼ（バジル、ニンニク、松の実）。木の実の好きな高倉に合わせ、粗く砕いた松の実を少し多めに混ぜ、パルミジャーノレッジャーノ（チーズ）のおろしたてをたっぷりかけました。

一年を通して、献立のはじめは、人肌に温めた絹ごし豆腐に、おろし生姜と長ネギのみじん切りをのせ醤油をかけたものか、手作り胡麻豆腐。野菜類の小鉢物を二～三種類用意したあと、苦手な魚ではなく、帆立貝や、烏賊、蛸などを合わせました。

貝類は硬くならないよう、かつ完全に熱を通します。生牡蠣は厳禁ですが、牡蠣フライは好物。牡蠣の殻剝きで軍手をしていると、

「ほぉ、張り切ってるね。牡蠣は骨がないから安心」

と声は軽やかでした。

鯵は三枚におろして骨を抜き、フライにすれば好物に大変身。

「久しぶりに、鮪の赤身（の刺身）が食べたい」というリクエストにこたえ皿に盛り付けても、一口食べてから、

「やっぱり、少し炙ってくれたほうがいいな。いや……、炙るんじゃなくて〝よく焼

き〟にして」

と、途中で気が変わることもしばしばでした。オリーブオイルやグレープシードオイルをつかい、ガーリック風味イタリアンの焼き物へ早変わりさせました。

「磯の香りがするぞ」

高倉の好みを確かめながら、献立を工夫できるようになった私は、少し無謀な試みをしたことがありました。魚屋さんで、キラキラ光る旬の秋刀魚(さんま)を見かけたのがきっかけでした。

「そろそろ秋刀魚が美味しい季節ですね」と、何気なく声をかけました。

「ボ・ク・は、遠慮する」と、想定通りの無感情な即答。

「骨、取りますから、食べてみませんか?」といきなり本題に。

「いや、いいよ……」

「一回だけでいいですから、食べてみませんか?」

「……」

「ねっ、試しに……」やや粘る、私。

「……。まぁ……、そこまで言うなら食べてみてもいいよ」

と、チャンスを貰(もら)いました。

とはいえ、直前に「やっぱり、いらない」と言われることも考えて、肉料理の分量を増やせるようにバックアップ態勢は整えながら……。

高倉は、匂いにとても敏感でした。

パンを焼くときに家中に広がるイーストの香りには、「おぉ、いいね。平和な匂い……」といつも笑顔でしたが、キッチンで海産物の下ごしらえをしている時は、素材は冷蔵庫に入れ、調理台や流しをアルコール除菌剤などで拭き取ったあとでも、近くを通ると一瞬立ち止まって、「……？　磯の香りがするぞ」と、まるで危険物処理班のような反応でした。

「わかりますか？」と、私が聞くと、

「なめちゃだめだよ。僕を誰だと思ってるの（笑）」

と言われ、こちらは思わず〝ハッ！〟と敬礼です。

秋刀魚ミッションの手順は、こうです。

煙をできるだけ控えめに秋刀魚を焼く。高倉にとっての天敵、光っている皮を剝ぎ、骨を抜き取り、皿に盛りつける。煙が立ち上るのを抑えるためフライパンを用意すると、「いよいよだね。よく焼きね！　わかった？　よく焼き！」と、その様子を不安気に見ていた高倉の念押しが、すかさず入りました。

鮮度のよい秋刀魚の皮は、焼き上がりと同時にコートを脱ぐように手間なく剝けました。身を左右に開いて、崩さないように気をつかいながら、専用の骨抜きで小骨を抜いていきました。

どうしても、温かいうちに口に運んでもらいたいと思っていましたが、予想以上の小骨の多さに直面。焼き魚の代表選手に、私が大好きな秋刀魚を選んだことへの大いなる後悔がよぎりました。もう少し大きめの、小骨の少ない魚を選んでいれば、とあれこれ考えましたが、時すでに遅し……です。

カボスと大根おろしを添えて、骨なし（であろう）秋刀魚を盛り付けた皿をお膳に運ぶと、高倉はじっと皿を見つめたあと、覚悟を決め、一箸目を口に運びました。

私が、食い入るように見つめている気配を察し、

「見てないで、自分のを食べなさいよ」

と笑いました。少しほっとして、私も自分の骨付き秋刀魚を食べ始めました。高倉に出した皿の上の秋刀魚は順調に減り、ミッション成功かと思えたとき、

「はいっ！　ごちそうさま……。カボスと大根おろしは美味しかったよぉ」

と高倉が皿の中を指しました。

そこには、小骨が数本刺さった秋刀魚が、本当にひと口だけ、残されていました。私はふぅー、と深く息を吐き「大変、失礼いたしました」と頭を下げました。

この挑戦の後に、TV番組で秋刀魚の骨を一気に外せる方法を、漁協の方が紹介していましたが、秋刀魚の話題には触れずに過ごしました。

それでも時々、魚の脂がいかに身体に優しいものかを説明したり、届けていただいた

北海道のきんき（正式名きちじ）の一夜干しなど、大骨の魚であれば、半身程度をガーリック風味で焼き、骨を取りました。

こうして、高倉の魚への興味の扉が閉ざされないように努めました。

今日は〝ペコリン〟！――高倉流空腹度数

高倉の外出時の確認事項は、「車の鍵」「携帯電話」そして「今日の晩御飯は何?」でした。

「まだ、はっきり決めてませんが、お肉は必ず」

と答えると、

「嬉しいね、肉。はやくメニュー決めてね」

高倉の頰が緩(ゆる)みました。

週七日の肉の内訳は、鶏、鴨、豚、牛、ラム、牛、豚などのように、できるだけ偏らないよう、かつ他の献立との相性も考えました。

晩年は、ステーキを一〇〇〜一五〇グラムほど用意することが増えました。蒸したりグリルした野菜を、肉の倍ほどのボリュームで彩りよく添え、多めのガーリックチップスとクレソンなどを盛り付けます。

肉の焼き加減は、常に「よく焼き」です。少しでも高倉に違和感があれば、直ちに焼き直し。肉の味わいがなるべく長く残るように、お皿の温かさにも注意を払いました。

高倉はステーキを、山葵(わさび)と醬油で食べるのが好きでした。

高倉は毎朝時間を決め、体重と体脂肪、血圧を測りました。好きなものを適量食べながら体重や体調が維持できることがわかると、一日を通しての食事の総量を考えることが身についたようです。

行きつけの床屋さんで「今日は、ヨーグルトとクッキーを食べてきた」、「〇〇さんと、中華の鶏そばだけ食べてきた」など、外出先で食べたものを、間食も含めて帰宅後必ず伝えてくれました。

「今日はまだ〝ぺ〟」

帰宅した後の最初の言葉は大抵、「ただいま」ではなく、ペコリン度数（腹ペコからとった高倉の造語）でした。「今日は〝ペコリン〟！　何食えるの？」の日もあれば、「今日はまだ〝ぺ〟くらいかな。先に少しお茶を飲みたいね」などと、お腹の減り具合を自己申告してくれました。

高倉が、海外のロケ先で買ってくるものは、ほとんど自分用の衣類や靴、鞄でしたが、ある時、「とてもきれいに見えたから……」とカトラリー（ナイフ、フォーク、スプーン）セットを買ってきました。高倉の食への興味が深まっていると感じました。

膳の上でカチャカチャという音が出るのを嫌っていたので、箸で食べられるよう切り分けてから皿に盛り付けることがほとんどでしたが、時折、高倉お気に入りのカトラリーをセットすると、ロケの思い出話を楽しく聞くこともできました。

雑誌やテレビの料理番組を見ながら、

「ちょっと来て！　これ、食べてみたい。作れる？」

という特急リクエストも少なくありませんでした。

材料さえ揃っていれば、「少し、アレンジして作りますね」と、油分を減らし、薄味を心掛けながら、できる限りその日の夕食で再現しました。

「早いのが嬉しいよ」が、高倉の口癖の一つ。これは実は下の句で、正確には、「遅い仕事は誰でもできる。早いのが嬉しいよ！」でした。

〝森の仲間たち〟もいいね　――人生最後の食事は？

「もし、『死ぬ前に食べる最後のご飯は何がいい？』って訊かれたら、どれにするかな。いろいろ、あるけど……。〝森の仲間たち〟もいいし、カレーも捨てがたい。うぅーん、結構悩むねぇ。そうだ、決めた！　いつもより少しだけ醤油を多くかけた卵かけご飯。頼むね」

〝卵にかける醤油〟で食べる定番メニューの一つでした。

〝森の仲間たち〟はいわば酢豚の牛肉版で、片栗粉の薄衣で焼き付けた牛カルビと、ニンニクをベースに、舞茸、赤パプリカ、銀杏、ブロッコリーなどを炒めて、甘酢醤油で味付けした、高倉の好物でした。肉を揚げず、焼きつけることでカロリーを抑えました。最初に作ったとき、「これ、何ていう料理？」と聞かれたので、魚介類を一切使っていないという単純な理由から〝森の仲間たち〟と命名しました。森で採れる食材をアレンジできる、便利メニューでした。

食事の六割を野菜、残りを魚や肉、炭水化物で補うことを心掛けました。ご飯をもっとも楽しみにしていたので、炊き立てで出せるように、食事の進み具合をみながら、炊飯器のスイッチを入れて、普段は白米と味噌汁、お漬物でしめました。

メイン料理のあと、最後にもう一度、パスタ、そば、うどん、ビーフンなどの麵類や炒飯など、その時に食べたいものを選べるよう、日々の満足感を大切に食事を作りました。

「ちょっと得した気分」

「ほっとするね」

まな板と包丁の音が好き。

高倉が家の中で、もっとも好んで長く座っていたのは、キッチンに据え付けられた白い丸テーブルの椅子でした。私が知る限り、高倉が冷蔵庫の扉を開けたことは、一度もありませんでした。

夕食後、リビングで映画を観た後の夜食は、小腹を満たす密かな背徳。

ホットミルクと小さめのトーストや、プレーンクラッカーにカマンベールチーズとジャムをトッピングしたり、ハード系チーズ、パルミジャーノレッジャーノをつまんだり。小結びにした焼きおにぎりと味噌汁や、小鉢の稲庭うどん……。

「こういうのが、夜食にささっと出てくるのはちょっと得した気分だよね（笑）」

一日の締めくくりに囲んだ食卓――。

ごちそうさま――。

食卓には、いつも高倉の笑顔がありました。

ホケキョも上手くなるもんなんだね

――庭の鳥たちとの会話

「いい？　聞いてて……」

高倉が、庭の樹に向かって鳥笛を鳴らしました。

「ピッ、ピッ、ピピピピピ、ピピピピ」

それはまるで、生きている小鳥の鳴き声でした。驚く私に、高倉がニコッとしてもう一度。

「ピピピピピピピピ」

手にしていた鳥笛は、リチウム電池大の円筒形をした木の真ん中に差し込まれた金属ボルトを左右に素早く擦すり合わせ、音を出します。

高倉は、旅先で買った様々な種類の笛を使い分けて、鳥と会話していました。

「たったこれだけの庭の樹に、鳥がピーピー集まってくる。僕は何が何でも、家の中を覗かれたくなかったから、最初は家の高さまで、コンクリートの擁壁(ようへき)で覆ってしまおうと思ったんだ。でも、設計の担当者に相談したら、『いやー、それについてはちょっと考えさせてください』って。他のことでは、すんなり変更希望を叶えてもらえてたから、このときはちょっと慎重だなって思った。とにかくコンクリの高い壁じゃなく、今みたいに樹を植えてもらって、大正解だったね」

新築の時、目隠しのために植えられたのは、黐(もち)や白樫(しらかし)の若木でした。それらの木々は十年を経て、緑の壁の役目を十分に果たすまでに育っていました。

朝、家の四方の窓を開け、樹間を抜けた風を家に行き渡らせます。四季折々、その風とともに運ばれてくる音色や香りが、高倉との会話を弾ませてくれました。

カレンダーに「鶯初鳴」

「あれ？　ホー、ホーの次が、聞こえてこないね。最初から上手いわけじゃないんだね」

高倉が耳を澄ませたのは、春告げ鳥として知られる鶯でした。オリーブ色で小ぶりの鶯は、樹々に紛れてなかなかその姿を見られませんが、「ホー、ホー」「ホー、ホー」と繰り返す澄んだ鳴き声が、春の息吹を感じさせてくれました。

〈鶯初鳴〉

鳥のイラストとともに、毎年、高倉がカレンダーに書き入れました。二週間から一カ月ほどたつ頃には、午前中と夕方、毎日同じくらいの時間帯に鶯がやってきます。

「ホォーォ」と高倉は感心し、「ホケキョも上手くなるもんなんだね」と、しばし手を休めて聞き入ります。

「ホー、ホケキョ」のあとに続く「ケキョケキョケキョケキョ」。

落葉樹が芽吹き、緑葉の鮮やかさが増すごとに、鶯の鳴き声も力強くなっていきました。

春の風が運んでくるのは、安らぎでした。

夏は、暑いから夏なんだよ！　バカ

——大好きなショートパンツの季節

盛夏の頃になると、家に風を通す機会は減りましたが、それでも、「今日、ちょっと開けてみる？」と外の空気を入れることもありました。私がリビングのガラスドアを開けた途端、そのあまりの熱気に、「暑っ！」と閉める様子を見て、高倉が大笑いしながら言いました。

「日本じゃ夏は、暑いから夏なんだよ！　寒かったら驚けよ。バカだなぁ」

高倉は、ポラロイド写真を撮るのが趣味でした。絵日記代わりに、余白に〝笑撃〟コメントを書き入れます。

その日の写真は、「ちょっと、撮って」と頼まれて、私がポロシャツ姿の高倉を撮り、「夏は暑いんだよ！　バカ　頑張れよ」と、書き込まれていました。

夏は、高倉が大好きなショートパンツの季節です。「似合うんだよー」と毎年買い足したり、処分もしたりで、三十枚ほど常備されていました。なかでも出番が多かったのは、亜麻色の麻素材のものとジーンズで、ともに膝上丈。高倉のまっすぐに伸びた脚、スタイルの良さが際立ちます。

筆者手作りのパンを手に
極上の笑顔

ポラロイドに書き込まれた
〝笑撃〟コメント

また、夏は年に一度の水着総チェックの時期でもありました。泳ぐのではなく、自宅の庭での日光浴用です。

三十枚以上ある水着の柄がひと目でわかるように整理した抽斗から、穿きたい柄を選びます。高倉が六十代後半の頃に、「これ、四十代で穿いてたヤツ。今日はこれにしよう」と、赤と白の柄物や、鮮やかな緑のストライプのウルトラビキニを着けて、夏の陽射しを満喫していたことが思い出されます。

腹筋が6パックに割れていたわけではありませんが、お腹の肉弛みがない美しい体型を維持していました。

「大昔（東映時代）、毎週末に日本とハワイを往復してたことがあった。ワイキキのビーチで日焼けして帰ってくる、ただその繰り返し。海岸で横になったとたん、寝込んじゃってたみたいで、日焼けしてるって意識すらない。お笑いだよね。とにかく、そのころ疲れ切ってたんだ。撮影に集中して、終わったら一刻も早く環境を変えたくて日本を離れる。人からジロジロ見られないですむからね。

だけど、ワイキキに日本人がだんだん増えてきて、居心地悪くなった。今はハワイじゃなくても、ここで充分リラックスできてる（笑）」

折りたたみベッドを出して、大判タオルを敷いて横になり、フラメンコギターや波音まじりのフラの曲を聞いたり、雑誌に目を通したり。小一時間ほど日光浴を楽しんだあとは、ストレッチや縄跳びをして、水シャワーでした。

残暑の時期には、サマーセーターにショートパンツ姿、真冬でもポカポカとした陽射しに誘われると、毛布をかけて風の冷たさを愉しむこともありました。

あいつらだけは、許しちゃおけない！ ——気分はゴルゴ13

「あれ何の音？」

高倉が書庫のガラス屋根を見上げていました。一緒に耳を澄ませると、「ポーン、ポーン」だったり「コンッ」「フォン」など音の種類は様々でした。

正体は団栗（どんぐり）。落葉の始まりとともに、隣家の橡（くぬぎ）の大木から、長さ二センチほどの団栗が、勢いよく落ちてくるのです。

「ポンポーン、コンコンコン、カサッ」

屋根の上で跳ね、転がって、地表の落葉に受けとめられる音。

団栗の帽子がガラスに当たるときは「コォ」と、音は鈍（にぶ）くなります。

啄木鳥（きつつき）のドラミングが聞こえることもあり、

「なんだかいろんな音が聞こえてきて、こういうのが豊かっていうんだろうね」

と書庫のロッキングチェアーで本を読みながら、不意に落ちて来る団栗の音で耳を喜ばせる秋の一日。

「そろそろ、ココアが飲みたくなるね」と、高倉。

「植えた甲斐があった」

「このピラカンサ（トキワサンザシ）は、舘さん（豊夫、三菱自動車工業会長、当時）のご自宅に伺ったとき、ちょうど赤い実が生ってて、ひとめぼれだったね。『僕は不勉強なものでわからないんですが、この樹は何というのでしょうか』って教えて頂いた。それからすぐに（庭に）植えてもらって、今いい感じに育ってきてるでしょ。この赤いのを見てると、すごく元気になる」

ピラカンサは、五～六月に白い小花を咲かせ、十月半ばを過ぎるころ直径五～七ミリほどの赤、橙色や黄色の実が生ります。高倉が愛でていた二本の樹は、実の重みで直径八センチほどの枝がしなり、〝赤いトンネル〟を作るまでに成長していました。

「いいねぇ。これでこそ植えた甲斐があった」

高倉は満足気に眺めますが、その実を愉しみにしているのは、高倉だけではありませんでした。

実の毒が薄れるのを待ちわびていたかのように、鶫、目白、鵯などの野鳥たちが、枝を揺らし始めるのです。「毒見役がいるわけでもないのに、どうしてわかるのかな。あいつらに喰い尽くされるのをただ黙って見てるのは、なんともねぇ（笑）。いい知恵はない？」と、高倉は野性の逞しさに感心しきりでした。

高倉の一句。

〝ピラカンサ　ほのかに色づき　百舌の声〟

環境変化の影響でしょうか、近年は、尾長の群れも啄みにくるようになりました。ひときわ甲高い鳴き声で他の鳥を威嚇します。帰宅した高倉が「ピラカンサに何があったの?」と驚くほど、たった一日でほとんど食べ尽くされたこともありました。

以来、高倉は、尾長の鳴き声が聞こえると、「あいつらだけは、許しちゃおけない!」と、玩具の銃片手に、ガラスドアの陰に身を潜めるようになりました。

気分は、ゴルゴ13です。

「音を立てるナ!」とジェスチャーで示す真剣なその姿、そして無邪気な笑顔が眼に焼き付いています。

骨格を褒められたのは初めてだよ　――自宅でのストレッチメニュー

「さぁ、今朝も測るぞ」

体重、体脂肪、そして血圧。

高倉の自己管理は、毎朝、定時に基本の三つの数値を測ることから始まりました。カレンダーに書き入れた記録を、ひと月ごとに折れ線グラフにして、大きな変化があればすぐに分かるようにしていました。

朝食前三十分ほどかけて、身体をほぐしました。ジムでハードトレーニングばかりだった高倉には、私が時々していたストレッチが新鮮に映り、興味をもったようでした。私が十代の頃にしていた、新体操の準備体操を自己流にアレンジしたものです。

ストレッチメニューの一例です。

①　深呼吸　寝起きでこわばっている筋肉に目覚めの合図を送るのがポイント
②　手首ほぐし
③　首のストレッチ　前後、左右、左向き、右向き
④　肩回し&腕ひねり

⑤　立位前屈と前屈ひねり
⑥　四股（しこ）と肩入れ
⑦　大臀筋（だいでんきん）エクササイズ　脚を前後にずらし、腰を落とす
⑧　座っての前屈&片足前屈
⑨　開脚ストレッチ　前屈と体側伸ばし
⑩　ねじりのポーズ（半魚王のポーズ）

高倉が「今日はいい感じに胸が（床に）つく」と、座っての開脚前屈が無理なくできる日もあれば、「あれっ、きついぞ今日は」という日もありました。動きの良し悪しを確かめながら、メニューを少しずつ変え、朝と夜に私と対面で行いました。

最後は背中合わせに腕を組み相手を背負う「背筋伸ばし」で仕上げです。

「なんか、号令が欲しいな」というリクエストで、私が「イーチ、ニーイ、イーチ、ニーイ……」と掛け声をかけ、ちょっとしたワークアウトクラスのような楽しい時間でした。

晩年、高倉が目指したのは、怪我を防ぐしなやかな筋肉作りでした。TVを見ながら、ストレッチ用のゴムチューブで、腕や足をこまめに動かすよう心掛けていました。

高倉の身長は一八〇センチ、体重は七〇キロ前後を維持していました。あるとき、高倉の背筋の良さと左右対称の上半身、歪（ゆが）みのないまっすぐに伸びた脚をみた私が「骨の

位置が整ってますね」と声をかけると、

「『性格がとてもおよろしいですね』とか、『声が抜群に魅力的ですね』って言われたら嬉しいけど、骨格を褒められたのは生まれて初めてかなぁ。これだけは親に感謝しないとね」

　と笑いました。

「ロケ先だと、ジムに行けないからよく走ってた。僕は身に着けるものから入るから（笑）、いろんな（ブランドの）シューズを試して、気に入るとソールを張り直してまた履いて。そうすると、ヘタってきても愛着があるから処分できなくなる。ここに並べてるの、みんな履き込んだやつ」

　シューズラックに横一列に並べられたジョギングシューズは二十足以上あり、その一足ごとに、「これは、○○に持って行ったたし、これは、パリのジョギングで使ってたやつ……」と思い出が刻まれていました。高倉の記憶力の確かさにも、靴へのこだわりにも驚かされました。

「ジムに通ってないと落ち着かない」

「僕みたいに、ジムに通ってないと落ち着かないっていうのは、幸せとはいえないね。いつも自分を追い込んでるわけだから。精神的にいいわけない。

東映の撮影がピークのころは、ビタミン注射――あの頃はニンニク注射って言ってたけど――それ打ってもらって、ごまかしながら仕事してた。このままだといずれ身体がもたなくなるぞって、限界も感じながら。ジムで本格的に体作りを始めたのはそれから。夢中でやってたね。そのジムに僕が通ってるって知られてきて、みんなから見られるようになると、もう落ち着いてやってられない。

長いロケのあと、久しぶりにジムに行くと、筋力が落ちてて前と同じ回数をこなせない。べつに競争相手がいるわけじゃないから、どうでもいいっていえばいいんだけど、あれっ、健さん前と違う（動きだ）なって見られてると思うと、もう嫌になって行きたくなくなる。変わってるよね。

この家建てるとき、トレーニングルームをどうして思いつかなかったのかな。家を新しくするとしたら、専用のトレーニングルームを作りたい。壁を全面鏡にして。そしたら、一日中でもやってられるよね」

最後まで〝魅せる〟身体作りへの意欲を失いませんでした。

〝魅せる〟ためには、実際に身体を動かすトレーニングのみならず、気力を保つことも欠かせません。高倉の備忘録がわりにもなっていた洗面室の壁掛けカレンダーには、主立ったスケジュール、日々の健康記録に加え、雪だるま印の〝大雪〟や〝春一番〟〝梅雨入り〟などの天候、感動した言葉、頭に来たことなど、心覚えがぎっしりと書き込まれていました。

お腹の調子が今ひとつの日には、〝ウラジミール・ゲリチェンコ〟、気力が湧いてこない日には〝ヨボ吉〟。ほかに〝軋む骨〟や〝じーっと我慢の平家蟹〟など、高倉独自のユニークな表現を見返すたび、思わず笑顔になりました。

さらに自分を鼓舞する言葉として、このように書かれていました。

〈老驥櫪に伏すとも志千里にあり（駿馬は年老いて馬屋につながれても、なお千里を走ろうとする気持ちを失わない）・曹操〉

〈疾風に勁草を知る（激しい風が吹いてはじめて、丈夫な草が見分けられる→苦難にあってはじめて、その人の節操の固さや意志の強さが分かる）・後漢書王覇伝〉

〈艱難汝を玉にす（苦労や困難に堪えてこそ立派な人間になれる）〉

〈我慢と努力がなければ、大人の顔にならない。ただの年寄りになるだけ・剛一〉

全部書けば、一冊の本になりそうなボリュームです。

不審者と思われたみたい ——夜のウォーキング事件

高倉は役柄のイメージ通り、私生活でもストイックさを貫いていました。東映時代は、月に一度は京都のお寺で、滝行を受けていたそうです。

「真冬の水は痛い！　冷たいんじゃないんだ。お滝を受けたことってないでしょ？（私『はい。ありません』）滝のそばになかなか近寄れない。なめちゃ・だ・め・だ・よー（私『なめてません！』と早口の答え）。

一番気を付けなきゃいけないのは、呼吸。体って生理的な反応があるから、水の冷たさで、ふって息止めちゃうんだね。そうすると、みごとに失神する。大声でお経を唱えながら水に入っていくのは、呼吸を続けるためなんだよ。とにかく大声をだす。僕は、最初にそのお経を徹底的に教えていただいた」

お滝の体験談は、たびたび熱く語られました。

木刀の素振りも日課の一つでした。

「いいか！　まず、吐く！　吐ききったら、人間は自然と吸いこむようにできてる。最初は、吐き出す。いいか、覚えておけよ！　息が浅いなって感じたら、やってごらん。吐いて吸う。意識して続けてると、呼吸が整って、深くなっていくから」

フュッフュッと勢いよく息を吐きながら、雨が降らない限り毎朝、庭先で百本ほど打ち込みます。重さや太さが異なる木刀を数本用意し、その日の体調に合わせ選んでいました。

「ちょっと目が回ってきた」

晩年、高倉が通っていたトレーニングジムが閉店したのを機に、家で続けていた木刀の素振り、縄跳び、ダンベルやトレーニングチューブを使ったエクササイズに加え、夕食後にウォーキングをとり入れました。

「一日一万歩が目標。歩数計が欲しいな」

「愉しみは道具から」がモットーの高倉。ふだんの移動手段は車でしたので、一日一万歩というのは、決して低くないハードルと思えましたが、起きるとすぐに歩数計をズボンのポケットに入れて、家の中の歩数も目標に加えました。

「今日は、○○歩ね」と帰宅後まず歩数計の数値を確認して、一万歩に満たない分を、夕食後のウォーキングで補いました。

「今日は、すれ違った人に会釈された」という微笑ましいエピソードもありましたが、思わぬ〝アクシデント〟を招くことにもなりました。

「悪い事しちゃったよ。不審者と思われたみたい。今日、いつものコースを歩きはじめたとき、かなり前の方に女性がいたのはわかってたんだけど、フュッフュッて息しながら勢いよく歩いてたら、だんだん距離が詰まっちゃった。その子が僕の気配に気づいて、ちらっと振り向くか向かないかくらいで、急に速歩きになって。だから、こっちはスピードを落として、すぐにコースを変えて戻ってきた。怖がらせちゃったかな」

家に戻った高倉は反省しきりでした。長身の男性がキャップを被り、ときにはマスクをして夜道を歩く姿は、不気味に感じられたかもしれません。この一件があってから、自分の前に人がいる場合には、すぐに歩くコースを変えることにしたのだとか。

季節ごとにスポーツウエアを変え、シューズはパトリック、ニューバランスやプーマなどから選び、それぞれに反射テープを貼って夜道での事故を防ぐ工夫をしていました。

豪雨や雪が降る日は、足首にウエイトを巻き付け、自宅の階段を昇り降り。そのあと、腕を大振りしながら速足で家中をぐるぐる歩くうち、「あっ、ちょっと目が回ってきた」と、途中で回る向きを切り替えていました。

あまりにも楽し気な様子に、私が笑って見ていると、

「笑ってる場合じゃないよー。やるときは、やるんだよ！　なめちゃだめだよ（笑）。でも、もういいかなっ」

と、満足気な高倉でした。

聞き取りにくかったら、必ず言ってね――滑舌自主トレ

「確か『海峡』の時だったと思うんだけど、録音（部）の紅谷（愃一）さんに、『健さんは、低音を意識されて台詞を話されてますね』って言われたことがあった。僕の声は、一歩間違えるとぼそぼそっとして聞き取りにくいらしいんだけど、ヘッドホンを通して聞いていると、耳触りがいいんだって。『僕たちは、声で俳優さんの体調も判ります。健さんがちゃんと摂生されていらっしゃることまでね』って。台詞に厳しい紅谷さんから言われたから、とっても印象に残ってる」

紅谷さんには、『野性の証明』から『鉄道員』まで、七作品でお世話になりました。「耳触り」を意識してか、高倉が行う自主トレメニューには、滑舌トレーニングも含まれていました。

①　舌の筋トレ
舌を思い切り出したりひっこめたりをくり返す。
上唇下唇の内側を舌の先で、左右交互にゆっくりなぞる。
大きく口を開き「ア・エ・イ・ウ・エ・オ・ア・オ」と声に出す。

②　早口言葉

『ザ・ヤクザ』の出演時、ヴォイストレーナーから特訓を受けた、次のような英語を早口で喋っていました。

She sells seashells by the seashore.

If a dog chews shoes, whose shoes does he choose?

The rain in Spain stays mainly in the plain.

Luke Luck likes lakes.
Luke's duck likes lakes.
Luke Luck licks lakes.
Luck's duck licks lakes.
Duck takes licks in lakes Luke Luck likes.
Luke Luck takes licks in lakes duck likes.

Peter Piper picked a peck of picked peppers.

A peck of pickled peppers Peter Piper picked.
If Peter Piper picked a peck of pickled peppers,
Where's the peck of pickled peppers Peter Piper picked?

③　初めて読む文章の音読

晩年、ブランチ後の日課に加えたものです。

「準備はいい？　合図出して」と声がかかり、市販の音読トレーニング本で、必ず時間を測りました。いつも年齢の目安時間をはるかに上回り、さらにやる気が増すという好循環でした。

無意識に開いた新聞や雑誌のページを音読するときにも、

「聞き取りにくかったり、間違って読んでたら、必ず言ってね。僕がきちんと台詞を言えなくなったら、いくら仕事したいってわめいたところで、『一昨日来やがれ！』になるんだよ。ダメだよー、ちゃんと伴走しないと」

と、気合十分でした。

また、高倉は歯科医で作った厚みの異なる数種類のマウスピースを使い分けていました。奥歯の嚙みしめる力を衰えさせないように、さらに顎のフェイスラインが弛まないように、鍛え続けました。

僕は、デリケートなんだから ——独自の体調管理術

怪我をしない、風邪を引かないことも、もちろん体調管理に含まれます。どうしても人の多いところに行かざるを得ない場合は、マスクが必需品でした。

「外に買い物に行くときは、かならずマスク！　忘れるな」

風邪を引かないようにする責任は、当然ながら私にも課せられました。

高倉が家の中で最も注意を払ったのは、素足になる洗面室でした。鏡以外、割れ物はなく、頭より高い位置にはものを置かないことが徹底されました。

歯磨き用のコップは、抗菌プラスチック製。抗菌ハンドジェルとともに、ロケの必需品になっていました。

腕や身体をぶつけて痣を作らないように家具の角を削ったり、コーナーガードを取り付けました。知らぬ間に作ってしまった痣には、ヒルドイド軟膏。打ち身、軽い捻挫用にエラダーム軟膏も常備していました。

防衛本能のアンテナは常に繊細で、洗面室の一、二センチのわずかな段差でも、「ここ、どうにかならない？」と気にするほどでしたので、足の爪を引っ掛けないよう、ラバークッションで補正しました。室内履きはサンダルタイプではなく、一年を通して足

先まですっぽりと覆われるものに限られました。

「やっぱり、これが気持ちいいんだよね。縫い直しておいて！」と、高倉から何度もリクエストされて修理したムートンの室内履きは、『南極物語』の撮影のときにまとめて買ってきた最後の一足とのこと。

甲の縫い目がほつれるたび、「今回は何色にしましょうか？」と、希望の色の糸に変えて、ほどよくゆったり縫い直しました。

「これを履いてると、安心するんだ」

高倉の足の指先を守る相棒は、ロケ地にも同行しました。

ウルトラ乾燥肌

「ダメだよー、大事にしないと。僕は、デリケートなんだから（笑）」

高倉の弱点はウルトラ乾燥肌で、全身の保湿ケアは欠かせませんでした。

「これ使ってみて下さいって頂いたんだけど、僕の肌に合うかな？」

高倉の肌質をご存知の方から、さまざまなメーカーの保湿化粧品を紹介いただきましたが、最も肌馴染みがよかったのは、ベルツ水（グリセリンカリ液）でした。明治期に来日したエルヴィン・フォン・ベルツというドイツ人医師が開発した、ひび、あかぎれ治療用のものです。「お母さんがベルツ水を親父に塗ってたのを、よく見てた」そうで、高倉もお父様と同じ体質を受け継いだようでした。

「大昔のことだけど、踵のあかぎれを隠すために、肌色の絆創膏を張って、任俠シリーズのポスターを撮影したことがあってね。それを見て、絆創膏を見つけたのは、お母さんだけだった。いつまでたっても治らないんだねって、不憫に思ったらしい。撮影現場でも、ポスターを見ても、気がついたスタッフは一人もいなかったのに、親ってありがたいもんだね。

あかぎれって、正月の鏡餅がひび割れるのとそっくり。僕は餅じゃなくて生身だから、肌が割れると血が滲んでくる。（撮影中は）歩かないわけにいかないからね。あの痛みは辛かった！

それが『単騎（、千里を走る。）』のときには、『高倉さんの踵は、女の人よりきれいですね』ってスタッフに褒められたんだから、手入れを続けるってすごいことだね。サンキュー」

高倉が中国ロケから帰ると、そう嬉しそうに話してくれたことがありました。

高倉の踵に合うクリームを探すのには、時間がかかりました。値段と効果が必ずしも比例しませんでしたし、肌質に合わないクリームを塗ったときは、絆創膏の再出動となりました。

そうして、ようやく見つけたのが、アロエ成分を含んだ〝アロインスオーデクリームS〟です。靴下を履く前、まず下地にベルツ水を浸み込ませて、クリームを塗ります。

乾燥が酷くなる真冬は、クリームを〝シュルンデンクリーム〟（ドイツ製）に変えてケアを一年中続けました。こうして、あかぎれはすっかり過去のものになったのです。

どこかで脅かしてみてよ――シャックリに悩まされて

「手洗うね」

高倉は帰宅するとまずうがいをし、丁寧な手洗いを欠かしませんでした。そのあと、手にクリームを薄く伸ばします。そんなとき目に入るのは、両手の甲を覆う〝しみ〟でした。

あるとき、私の視線を感じたのか、高倉が手の甲をしばらく見つめてから、「これが、僕の勲章なんだよ」と、ポツリと口にしたことがありました。

〝手のしみ〟について、高倉はインタビューでこのように話していました。

「ぼくは、手は自分の履歴書だと思っていますよ。しかし、この手のしみをあるとき、ある人に憐れまれて書かれたことがあるんです。意外な気がしましたね。男の手が、女のような、白魚のような手でどうするんですかね。

そりゃ、タンスにしまっておけば、しわもしみもできないでしょう。ナフタリンでもくっつけてね。だけど、ぼくはこの手で仕事をしてきたんですよ。八甲田も網走も、アフリカも南極も北極も、この手が一緒でした。（中略）

ぼくら俳優の仕事は、全くの肉体労働ですよ。しかもぼくのやった２００本のうち、

80％はアウトローです。前科者、殺人者……。

それを考えると、しみが憐れだなんていうやつこそ憐れんでやりたい。鼻が笑ってしまいます」（「フライデー」一九九三年二月十九日号）

「僕はね、この身体を軋ませて仕事をしてきた。これからだってそうなんだよ。あと、何本できるかな。だめだよ、ボーッとしてちゃ。たのむよ……」

と私にも語っていました。

『私の手が語る』（本田宗一郎著、グラフ社）には、高倉が引いた赤い線が残されていました。

〈手のひらの大きさや指のかたちをくらべて、右と左がこんなにちがう手もめずらしいだろう。右手は仕事をする手で、左手はそれを支える受け手である。だから、左手はいつもやられる。指の先なども、ずいぶん削りとった。

私の手はそんな私がやってきたことのすべてを知っており、また語ってもくれる。私が話すことは、私の手が語ることなのだ。そう思うとき、私はしみじみ、体験というもののありがたさ、強さを感じる〉

「辛いのは僕なんだから」

「『ヒクッ』。『ヒクッ』。そんなに苦しそうな顔で見なくていいよ。辛いのは僕なんだから。何でもいいから、『ヒエッ』止めて欲しいんだけどなぁ〜。『ヒエッ』……。どこかで脅かしてみてよ」

高倉を時折悩ましたのは、シャックリでした。びっくりする、息を止める、耳の穴を強く押す、舌をひっぱる、冷水を飲む……いろいろ試してみましたが、まるで効果がありません。四日経ち、五日経っても、『ヒクッ』とか『ヒエッ』の回数は、減るどころか増えているようにも思え不安でした。

重い腰を上げて医師の診察を受け、処方された薬を飲んでも、これといった変化はすぐには見られませんでした。

私が最初に伴走した映画は『鉄道員』（一九九九年）でした。ロケ直前に突然現れたシャックリに、どのように手助けしたら良いものか、あたふたしたことを覚えています。次の『ホタル』（二〇〇一年）のロケ前にも全く同じ状態になったとき、高倉が自分自身に、無意識のうちにかけている重圧のせいだと合点がいきました。

数日、長いときには一週間ほど続いて、前触れなく止まる。シャックリは、仕事に立ち向かう高倉の通過儀礼とさえ思える、不思議な生体反応だったのです。

「……？　でなくなったね……」

この笑顔が、高倉の映画撮影スタンバイ完了の合図となりました。

精神性が籠められた美術品なんだ　——心静かに行う刀の手入れ

「恵ちゃん（刀匠・宮入小左衛門行平、本名・宮入恵）に頼んでた短刀ができたから、張芸謀に届けに行って来る」

　と、高倉が中国・北京に向かったことがありました。

　二〇〇六年に公開された『単騎、千里を走る。』のクランクアップの日は、張芸謀監督が北京オリンピック開会式と閉幕式の総合演出家に決定したという知らせを受けた、記念すべき日でもありました。その場に偶然、立ち会った高倉が、張監督激励のために進呈したのが、日本の美術工芸の粋を極めた〝守り刀〟でした。高倉が刀を依頼した宮入氏は、長野県坂城町在住の刀匠です。

「刀の手入れの仕方も教えてきたんだけど、その場にいた張芸謀の十人くらいのスタッフ全員、身を乗り出してきたよ。日本刀の手入れ方法を実際に見るのは、ほとんど初めてだろうからね。張芸謀は、僕が昔、任侠ものにたくさん出てたから刀に詳しいってことを、スタッフに説明してたみたい。

　刀を納めた桐箱を包んでった風呂敷を見て『チベット僧の法衣と色が同じですね』って言うスタッフもいたね。表が柿渋で裏がウコン色のやつね。よく観察してたよ。

帰り際、オリンピックの開会式に誘われたけど、『僕は、日本からしっかり見守りますから』って丁重に断ってきた（笑）」

特別待遇を受けず、目立つことを良しとしない、高倉のルール通りの返事でした。

刀にまつわる子供の頃の思い出を、こんな風に聞かせてくれました。

「お父さんが縁側に腰を下して、刀の手入れをしてたの、よく見てたね。切っ先を上にして、片手で持ってる姿。背が高くて立派な体格で、その姿が恰好良くて、子供心に憧れた。

兄貴と庭でチャンバラごっこをよくしてた。家に短刀みたいなものがあったんで、それを勝手に持ち出して振り回して遊んでた。最初はなんとなく怖さもあって、離れて向きあってたんだけど、だんだん夢中になって距離が縮まってたんだろうと思う。僕が（刀を）振り上げたとたん、兄貴の指からピューッて勢いよく血が噴き出して！　大変なことしちゃったって流石（さすが）に青くなった。

兄貴はいつも僕に優しくて、そのときも『大丈夫』って言ってくれたけど。今から思えば、怖いもの知らずもいいとこ。大怪我させせなくて済んだけど。刀が本当に斬（き）れるんだって、ドキッとした」

自宅での刀の手入れ

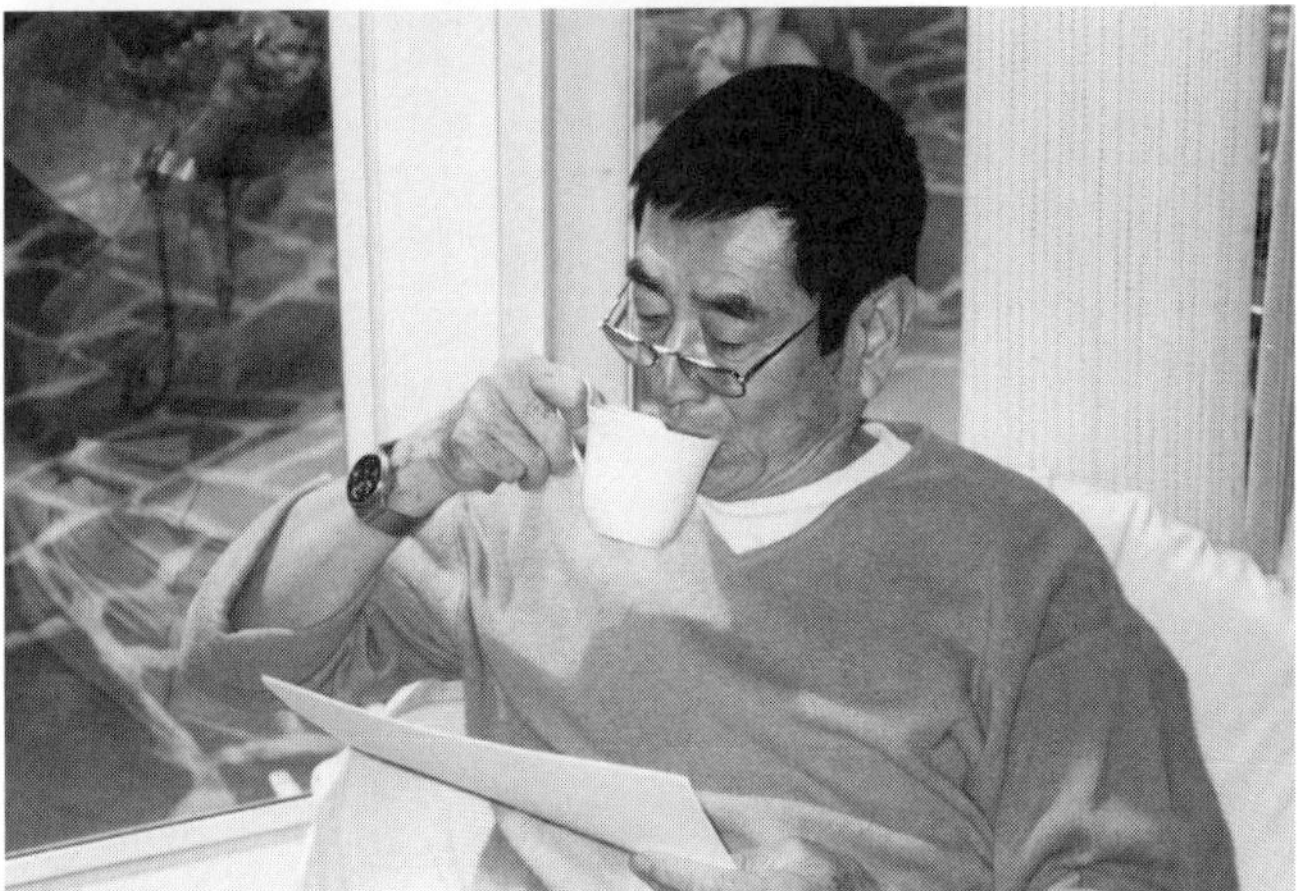

ソファでコーヒーを飲みながら書類や雑誌に目を通すのが日課だった

「刀の個性を感じることができているか」

高倉にとって刀の手入れは、日常を離れられる特別なひとときでもありました。

「刀って、室町から江戸までは、れっきとした武器だったろ。戦が少なくなってくると、打った刀が実際にどれだけ斬れるか、刀鍛冶が罪人の遺体を使って試し切りしてたんだ。刀の柄の中に納められてる部分を茎っていって、試し切りの結果が、この茎に象嵌されてるんだよ。二つ胴とか、三つ胴とかって。普通は柄で隠れてるから見えないけど。

じゃあ、武器じゃなくなった刀はなにかっていったら、職人たちの精神性が籠められた美術品になった。刀鍛冶が玉鋼から刀身を鍛えたあと、研ぎ、拵え、鞘師、塗師、鍔、笄を作る職人が、技術と魂を籠めていく。

もうだいぶ昔の話だけど、手にいれた脇差の状態があんまりよくなかったんで、研ぎに出したことがあった。その刀（を買うの）と同じくらい金がかかって仰天したけど（笑）、確かに、見違えるくらいのものになった。いつだったか研ぎの話を恵ちゃんにしたら、『刀の保存に、研ぎ師は欠かせません。研ぎは禊です。たとえ人を殺めた刀だとしても、浄化できるのです』って。

僕は、ただ欲しいからって何振りも持ってるけど、最近、だんだんそんな自分が心貧しく思えてきた。武士が生きてくためになくてはならない武器だった時代とは、違うんだからね。大事なのは、それぞれの刀の個性、気のようなものを感じることができてるかどうか、なんじゃないかって。この歳になって気づくのは遅いかもしれないけどね。（片手を腿に置き）反省！」

心静かに行う刀の手入れ。高倉の所作は慎ましく、多くの職人の精魂に触れようとしているようでした。

高倉が遺した刀剣や関連の書籍類は、長野県坂城町〝鉄の展示館〟に寄贈しました。

迷ってるときが一番幸せ　──理想郷への移住を夢見て

「今日は、重たいよ」

ある日、高倉が帰宅すると、車から降ろした紙袋に、雑誌類がはち切れそうに詰め込まれていました。

高倉は好奇心旺盛で、出来る限り書店にも足を運び、雑誌を大人買いし、一度に二十冊以上ということも珍しくありませんでした。

車、ヨット、狩猟、アウトドアグッズなどのほか、建築やインテリア・デザインにも関心が高く、海外の定期購読誌も数多くありました。興味ある記事には赤い線を引き、私がそれをジャンルごとにスクラップしていました。建築やインテリア・デザインに興味を持っていたのは、理想郷への移住という〝夢〟があったからです。

なかでも、アメリカで一九二〇年に創刊されたインテリア・デザインの月刊誌「アーキテクチュラル・ダイジェスト」は、長年読み続けていました。著名人のお宅訪問のページを見ながら、

「いつになったら、こんなところに住めるんだ？　僕だって一応、日本では知られた俳優なんだけど」

と、欧米とのあまりのスケールの違いに、苦笑いしていました。

一九九八年の同誌別冊には、アメリカの映画監督マーティン・スコセッシのニューヨークの家が紹介されていました。リビングの写真を見ていた高倉が、「あっ、これ、僕が贈ったやつ。大切にしてくれてるんだねぇ……」と、プレゼントした鐙（あぶみ）を見つけたことがありました。

スコセッシ監督との出会いは一九七九年。ニューヨークのジャパン・ソサエティで高倉の映画特集上映が行われたとき、ご自宅に招待されたのがきっかけでした。

四十～五十代頃の移住先候補は、香港やハワイ、アメリカの牧場など主に海外でした。が、その目は次第に国内に向けられ、牧場を見渡す山小屋を求めるなら北海道に、波音を愉しむなら西表島（いりおもてじま）、暖炉が主役の湖畔の小屋なら山梨などと、少しずつ絞りこんでいました。

憧れの地への移住は実現しませんでしたが、イメージに合う建物の写真を雑誌などから切り取り、「敷地の石門は、こんな感じがいいねぇ」と額に入れ、「どこがいいか……。結局、迷ってるときが一番幸せなのかもね」と、笑っていました。

猛烈に血が騒ぐんだよ——武道とボクシングが大好きで

武道にも強い関心をもっていた高倉に、

「今日、剣道の全日本（選手権）の中継があるから、録画、忘れないでね」

とよく頼まれました。録画された試合を見る目は、真剣そのもの。定期購読していた「剣道日本」では、技術指導のほか、武道の心構えを熱心に読み込んでいました。一般の雑誌でも、武道家がその真髄について語っているような記事は、積極的にスクラップしました。

あるとき、テレビで空手の演武を観ながら、

「目がいいよ！　この子は伸びるぞー」と思わず身を乗り出し、

「撮影の予定はないけど（笑）、空手映画の話がきたらこの子、出したいね。彼の名前、控えておいてね」

と〝いつか〟に備えていました。出演の話は実際にもありました。

「永島タッちゃん（達司、キョードー東京前会長、当時）から、空手キッド（『ベスト・キッド』一九八四年）の出演依頼をもらったことがあった。少年役は、（スティーブ・）マックイーンの息子で、監督は『ロッキー』の（ジョン・G・）アビルドセン。僕の役

は空手マスターだって言われたから、『演りたいですね。進めて下さい』って答えたんだけど、なかなか返事がなくて。次に電話もらったときは、『この話はなかったことにしてください』って（笑）。『独立プロがつくることになって、金銭面で迷惑かけたくないからです』っていわれた。

ハリウッドでの仕事は、契約書が徹底的にものをいうから、弁護士を入れて、細かいところまで目を行き届かせないといけない。儲かる業界になればなるほど、いろんな制作者も出てきて、出演料不払いがあるって聞いたよ。僕は、幸いにして今までなかったけど。海外の業界事情に詳しい永島さんに助けられたってことだけど、演ってみたかったね」

「観てる人に、何を感じて貰えるか！」

高倉は高校時代にボクシングを始めました。四十代から五十代、俳優として忙しい時期にも、試合を観るため、ラスベガスに足繁く通っていました。

「目茶苦茶夢中になって、（ラスベガスに）観に行ってたときがあった。その時の入場パスとか、残ってるよ。

イベンダー・ホリーフィールド、マーベラス・マービン・ハグラー、シュガー・レイ・レナード、ラファエル・マルケス、エリック・モラレス、マニー・パッキャオ……。

今から思うと、ちょうど伸び盛りの選手が、どんどん出てきた時代だったんだ。

ボクサーは、現代のグラディエイターだと思う。でも、ボクシングは、喧嘩でもただの殴りあいでもない。ルールがあって体重ごとにクラスも分けられてるんだ」

高倉が特に贔屓（ひいき）にしていたのは、バルセロナ・オリンピック・ライト級の金メダリストで、メキシコ系アメリカ人のオスカー・デ・ラ・ホーヤでした。

「デ・ラ・ホーヤって選手は、プロに転向したあとも、とってもクリーンな試合でね。しかも強くて顔も殴られてないから、いわゆるボクサー顔じゃなくて、きれいなまま。デ・ラ・ホーヤが試合に出るようになって、一気に女性ファンが増えたんじゃないかと思う。

少しずつ体重を増やして、六階級制覇してゴールデンボーイって言われた。デ・ラ・ホーヤは、ボクシングをスポーツとして引き上げたひとりだと思う。

どんな試合でも、最終ラウンドに近づくとしんどくなる。アドレナリンが出まくってるから、選手は勝つためになんだってやる。相手に体重乗っけまくるとか、ラウンド終了のゴングが鳴り終わってるのにパンチ入れるとか、耳を噛み千切ったやつもいたしね。ボクシングはスポーツなんだから、それは絶対にダメ（笑）。

だから、よけいに、デ・ラ・ホーヤの試合で、スパーンときれいにパンチが入ったときなんか、（右手拳を肩に一度引き寄せてから、思い切り伸ばしてパンチを繰り出すジェスチャーとともに）猛烈に血が騒ぐんだよ。

映画だって同じ。作ればいいってもんじゃない。観てる人に、何を感じて貰えるか！　それしかないんじゃない？」

晩年は専ら、WOWOWエキサイトマッチの観戦を愉しんでいて、「今日の試合は誰と誰？」と、外出前のチェックを忘れませんでした。

解説者の一人、元ボクサーの浜田剛史氏が時間内にコメントをおさめきれないと、「浜田ちゃん、解説は短く！　大事なのは滑舌。カ・ツ・ゼ・ツ！」と、画面に向かってダメ出しし、「他人事じゃないな」と、思わず自分も早口言葉の練習を始めました。

長期ロケには、気に入っている音楽CDとともに、録画した対戦をダビングしたDVDも持参しました。気合を入れるための密かなツールとして——。

大変そうな仕事を喜んでやる ——闘牛に夢中

ドキュメンタリー番組が好きな高倉が、録画DVDを繰り返しみていたものに、ポルトガルの騎馬闘牛を追った『光と風　SOL E VENTO』がありました。騎馬闘牛は、闘牛士が騎乗したまま牛に挑む競技です。一九七五年に制作され、名闘牛士デビッド・テレス氏の心模様を丁寧に描いた番組でした。

テレス氏の祖父の代に始めたという広大な牧場で、騎馬闘牛の訓練が行われていました。一日の訓練を終えた闘牛士の卵たちが、一〇メートルを超える大きな木の下を、木漏れ日を受けながら行き過ぎる景色に、「こういうところ、日本で見つけたいんだけどなぁ」と、高倉は呟（つぶや）いていました。

勇猛な闘牛シーンの合間には、老若男女が力を合わせ浜辺で地引網を引く姿や、黄金色に輝く麦を刈る様子など、人々の長閑（のどか）で素朴な暮らしがスケッチされていました。

ポルトガルの騎馬闘牛では、牛の角の先端を切り落とし、馬も人も傷つかないようにしていますが、落馬事故などの危険と常に背中合わせです。

高倉は、闘牛士と俳優という生業（なりわい）を重ねつつ、番組終盤の、テレス氏の一人語りに見入っていました。

「私は、自分の選んだ職業に身心を傾けてきました。自分の闘牛が前より良くなったかどうか、私にはわかりません。三十年以上、戦い続けられたこと、少なくとも私にはその満足があり、それゆえに幸せです。

皆が私を戦わせてくれ、私も笑いものにならない限りは、やめないつもりです。

しかし、同情から出場させてくれるようになったら、すぐさまやめます。

もし、失敗したなら、他の闘牛士にするように口笛を吹いてくれて結構。私は、戦いをやめない。しかし、同情を感じたなら即座にやめます」（ポルトガル語日本語吹替え・抜粋）

この番組を見終えて、高倉は次の言葉を紡（つむ）ぎ出しました。

「おいしい仕事を探すのではなく、
大変そうな仕事を喜んでやる
いい結果を出す
僕もそんな俳優を目指します　　高倉健」

「書いておいて」と言われ、二〇〇五年師走と添え、私の備忘録に記しました。七十四歳、『単騎、千里を走る。』の撮影を終え、次の作品への決意でした。

「自慢だけど（笑）、僕は気が早いからね。一時、闘牛に夢中になって、スペインの乗馬学校で訓練受けようと思ったこともある。現地でちゃんと採寸して、身体にぴったり合わせた衣装も作ったんだよ。帽子まで。入学できなかったけど、そのままとってあるよ（笑）」

高倉が旅立ってから、ポスター類が大量に保管されていたコンテナ倉庫の中身を整理していると、闘牛士の衣装とともに、タテ九六センチ、ヨコ五二センチの、闘牛のポスターが見つかりました。

出場予定の闘牛士の名前が、〈KEN TAKAKURA〉と印刷されていました。

「本格的な演技の勉強をやったことがない」という高倉にとって、「演技書」は、シェイクスピア俳優としても知られたローレンス・オリヴィエの『演技について』（早川書房）でした。

高倉が赤線を引いた箇所には、こう書かれていました。

〈人生が芝居であり、芝居が人生であった〉

〈俳優は、頭のてっぺんから足の小指の先にいたるまで、それ（身体）を統御できなければならない。俳優は、ボクサーのように健康で闘牛士のように恰好よく、身体のみならず、精神もしなやかに、敏捷（びんしょう）に保つようにしなければならない〉

高倉が闘牛に魅せられた背景に、ローレンス・オリヴィエの言葉があったように思われます。

「大事なのは、この絵と出逢ったこと」

「あぁ、何か違うなぁ。いい、ここに、ちゃんと当てて欲しいんだよ。右頬、この辺り」

高倉のリクエストは「早く、正確に！」が求められました。暖炉横の壁に掛けられたタブローに当てるスポットライトの調整も、〝思い立ったらすぐ〟でした。

タイトルは「黄金の兜（かぶと）の男」。立派な細工が施された黄金の兜を被る老将の胸像画で、高倉が特に気に入っていたものです。その面立ちは、生と死の境に生きる日本の古武士のようで、覚悟を湛（たた）えた眼（まなこ）が、その存在感を一層際立たせています。

「三菱（自動車工業）の（CMの）仕事をさせて頂いてたとき、パリのオートサロンを見てから、ドイツのポルシェ研究所（バイザッハ）まで行く途中、ヴィッテンベルクって町で宿に泊まった。三階建てで小さい宿。朝、食堂へ行くのに階段を降りてたら、踊り場にこの絵（の元）が掛かってるのに気づいたんだ。

ちょうど、絵の顔の辺りに陽が差し込んでて、思わず足がとまったよ。普段、絵なんてまるで興味がないから、自分でも意外だった。朝飯を食べながら、ずっとその絵の話をしてた。

思い切って『この絵を売ってもらえませんか』って、通訳からオーナーに聞いてもらった。『父親の代からあるものだから譲れません』ってことだったけど、この絵がレンブラントの『黄金の兜の男』だって教えてもらったんだ」

そして、パリに戻った高倉が偶然、一緒にお茶を飲むことになった画家の到津（いとず）（伸子）さんに、この絵のことを夢中で話していると、
「『そんなに気に入られたのなら、模写を描いてもらったら如何でしょう』と勧めてくれたんだ。美術館が許可を出してる模写専門の画家がいるからって。『是非！』って、思い切って頼んできたのが、これ。あのとき到津さんに会ってなかったら、こんなにトントン拍子に話が進まなかったよね。絵の後ろに、これはコピーですって署名があるから、見てごらん」

Wilhelm Korber
Kopie
Berlin-Dahlem
Rembrandt Kries
“Der Mann mit dem Goldhelm”
Katalog Nr. 811A
〈ウィルヘルム・コーバー　模写　在：ベルリン・ダーレム
「黄金の兜の男」レンブラント工房　カタログ番号　８１１A〉

「随分たってから、実はこの絵（の真作）はレンブラント本人じゃなくて、工房の弟子

特に気に入っていた「黄金の兜の男」の模写（実物はカラー）

が描いたものだってわかったらしいけど、僕は誰が描いていようが関係ないからね。大事なのは、この絵と出逢ったことだから。なんでかね、見てると落ち着くんだよ」

高倉の写真を整理していた時、二〇一三（平成二十五）年に文化勲章を受章した際のモーニング姿が目にとまりました。式を終えて帰宅した高倉が珍しく、「写真、撮っておこうか」と言いだし、私が撮ったものです。ふと、高倉の貌が、老将に重なりました。

今や「黄金の兜の男」には、高倉が溶け込んでいるように思えてなりません。

夜のしじまに、高倉を偲んでおります。

信号の前で先頭に止まるな ――運転の心得

「今日は、ちょっと遅くなると思う。途中で、電話入れるから」

そう言って向かった先が、関西の中古車ディーラーだったこともあるほど、高倉は車が好きでした。ひとりになれる車の運転は、高倉の日常になくてはならない時間でした。

車には、ドライビンググラブ、サングラス、喉（のど）スプレー（乾燥防止用）、キャンディー、キャップ、マスク、眠気抑止ガム、メモ用紙と筆記具、ハンドタオル、そして災害用のホイッスルを入れた専用の籠（かご）を、必ず積んでいました。

高倉が最初に買った車は、アメリカのオールズモービル（一九〇八年にGMが買収）で、4ドアなのに二枚しか開かないオンボロだったそうです。そのあと、ポルシェを八台乗り継ぐなど、車好きが高じた高倉は、一九八〇（昭和五十五）年にはカリフォルニアにあるボブ・ボンデュランというドライビングスクールで、スタントドライビングの講習を受けたほどです。

二〇一四年、高倉の検査のため、私の運転で病院を往復していたときの道中、

「いいか、見通しの悪いコーナーを回るときは、いつでも止まれるようにうんとスピードを落とすこと！　運転で大切なのは状況の先読み。ウインカーは早めに。（状況に応

じて）スピードを出せること。もっとも大事なのはブレーキ。信号待ちでも、ハンドルから手を離すな。いいか、ワスレルナ！」

　矢継ぎ早の注意は、まるで教習所のようでした。同じ場所で同じように注意され続けたので、今でもそこを通るたびに、鬼教官だった高倉の声が聞こえるようです。

「僕が左ハンドルの運転に慣れているからかもしれないけど、左側通行で左ハンドルは理に適(かな)ってるように思える。でも、僕が左ハンドルの車を運転するとき、ひとつだけ気をつけなきゃいけないのが、一車線の道では、信号の前で先頭に止まらないこと。

　左ハンドルの車の運転席だと、歩道側から顔が見えやすいでしょ。前にこの道走ってたら、通り沿いの店の人が僕のことを見つけて、手を振ってきた。知らん顔できないほど、あんまり一生懸命手を振ってくれるので、かるーく会釈したの。そしたら次の日から、その店の窓辺で待ってるようになって。気を使わせちゃ悪いから、時々、道順かえたんだけどね」

　高倉は、「車種を変えてるのに、何で分かるのかね」と不思議そうでした。

「それと、やっぱり信号待ちで車を止めてたら、パン屋のご主人に気がつかれてね。店のパンを摑んで猛スピードで駆け寄ってきて、車のドア叩くんだよ。（『そうでしたね。何でパンを持って帰ってきたか聞きましたものね』と私）そう、あのパンね。『急に走られるのは危ないですよ……。気をつかわせてすみません』って受け取ったけど（笑）。その店から何度もいただくようになったんで、『美味しいパンでした』って、映画のポスター届けに行ったろ。とにかく信号の一番先で止まらないように気をつけるように！」

自分の運転エピソードは、尽きませんでした。

やっぱりこれじゃないな。変えよう！　——お洒落のこだわり

「やっぱりこれじゃないな。変えよう！」

高倉は就寝前、翌日着ていくものを揃えておくのが習慣でした。夜の口癖は、「明日の天気は？」。漁師さんさながらに、翌日の天候を調べ、上着（防寒着など）までコーディネート。名入り刺繍のハンカチは、いつも折り目を斜めに少しだけ出して、ズボン後ろの右ポケットに入れていました。

そして、翌日。ズボンに通してあるベルトを引き抜いて、一からすべて選び直します。

「大事なのは、今（の気分）だから」

特に気を配ったのは、そのベルトでした。ベルト専用ラックに掛けられている、特にお気に入りの数十本のなかから、丁寧に選び直すのです。

一本のウエスタンベルトを手にして、こんなエピソードを聞かせてくれました。

「これは、『ザ・ヤクザ』（一九七四年）の時にアメリカ側のスタッフが、ジーンズに合わせてたやつ。バックルも恰好良くて、ひと目で気に入ったから、『カッコいいのしてるね。よかったら是非、譲ってほしいな』って頼んでみたら、『これは特別にオーダーしたものだから、ダメ』って当然、断られた。でも、『あなたが使いこんで、ますます

よくなってるよね』って撮影の間ずっと繰り返してたら、『本当に、ケンは変わってるな。でも、これで僕のこと忘れないだろう』って、撮影が終わった時、プレゼントしてくれた。いい革は、使い込むほど馴染んでくるね」

ウエスタン、コードバン、プレーン、メッシュ……。あわせて百本以上になるベルトたち。汚れをふき取ったり、オイルを塗ったり、日ごろの手入れを怠りませんでした。

「最近、稼ぎがなくてね」

ふだん着ることが圧倒的に多かったカジュアルウエアは、こなれ感にこだわりました。

「今日、ミーティングしてたとき、『高倉さん、あの、そちら破れてますが……』って僕のポロシャツの襟(えり)に気がついて注意してくれた人がいたよ。あとで、その人がバツ悪そうに下向いちゃって。僕は『わざわざありがとう。最近、稼ぎがなくてね』って言っといた（笑）」

帰宅後に、笑いながら話してくれました。このとき着ていったのは、ノーブランドの黒地のポロシャツで、襟が擦り切れるほど着込んだ愛着の一枚だったのです。

ラルフ・ローレンの言葉「自分はスタイルを追いかけているのであって、ファッションを追いかけているのではない」に共感していた高倉は、清潔感を保ちながら、ブランドに縛(しば)られない独自の洒落感やスタイルを愉しんでいました。

高倉は、新品のワイシャツ、ポロシャツ、ボトムスなどを何度も水に潜らせ、一年以上手をかけてから、着ることも少なくありませんでした。

コットンや麻の長袖白シャツと、ブルージーンズ。足元はイギリスのジョン・ロブか、フランスのジェイ・エム・ウエストンの焦げ茶。これが、最も多かったコーディネートです。

高倉は、シャツの襟を両手でキュッキュと軽くしごいて、折り目をあえてゆるめて、袖口は二折返します。これが、腕時計の邪魔にならない袖口ライン。「シャツは胸で着るものだからね」と、胸筋トレーニングも欠かしませんでした。

高倉は足にぴったりくるスニーカーを見つけたら、二足、三足とまとめ買い。

「僕の買い方が、普通じゃないのは、自分でもよーくわかってる。子供の頃、戦争中、モノがない不安を体験したからだろうね。今は、世の中すっかり変わって、モノが溢(あふ)れてて、焦っていくつも買わなくたって大丈夫だと頭ではわかってるんだけど、この歳になっても不安が消えてない。

俳優になりたてのころ、金はないし、着る物だってろくなの持ってないから、時間ができると、仲間と上野のアメ横に行ってね。革ジャンが欲しくて欲しくて、米軍から流される中古品の専門店に通って、それもかなり買いたたいて手に入れたことがあった。大したもんじゃないけど、大事に着てたから愛着もわいてたのに、火事で燃えちゃってね……」

高倉は、革ジャンに対して、特別な思いがあるようでした。

「これパリで見た時、デザインがいいなあって買ってきたんだけど、日本じゃこの色は着られないね。焦げ茶とかに染め直してもらおうかな」と、買ってから一度も外出着となっていないターコイズ・ブルーの革ジャンがありました。また、「今、軽くて温かいダウンとかフリースができたから、革なんて着てられないと思うんだけど、このデザインが好きなんだよ」と見ているだけで満足感を得られるもの。革ジャン・コレクションは膨大なものでした。

ですから、革ジャンの部屋干しは真夏の恒例行事でした。高倉は、日当たりのよい窓辺に革ジャンを吊るし、前身頃、後ろを数日ごとに返しながら、古着のようなほど良いこなれ感や焼け斑にまでこだわり、根気よく日に当ててました。

そして、撮影現場にサイズの合うスタッフがいると、惜しげなくプレゼントする。なんとも身離れの良い道楽でした。

ファスナーの開け閉めは、命にかかわる

──ダウンジャケットに一家言あり

高倉のストレス解消法の一つはショッピング。人目を気にせず過ごせる海外でのことが多かったようですが、小物雑貨から衣類まで多種多様でした。

ある時、「これ、いいでしょ」と、都内のインテリアショップで籐（とう）のバスケットを買ってきたことがありました。ずっしりと重たいそのバスケットには、五、六人用のピクニックセットがきれいに納められていました。内側には、赤と白のギンガムチェックのキルティング地が張られていて、高倉が何より、大好きなその柄に魅かれたことは一目瞭然でした。

私は、あまりにも意表をつく土産物に、「……これ、どうしましょうか？　一度、庭で使ってみますか？　ピクニックには行かないでしょうし、行けないでしょう？（笑）」と訊くと、高倉はそこでハッと気づいたらしく、「いつか使うかもしれないから……、とっておいて」と、苦笑いでした。

「フォーマルなの（スーツ）はまったくないと困るけど、僕はそういう場が好きじゃないから、積極的に買ってるつもりはないけど、確かに衝動買いは多いよね。ストレス

（発散）だね。

採寸しながら、『こんな生地もあります』って言われると、選ぶのが面倒になって『じゃあ全部』って。行きつけの店の顧客リストに今まで買ったものを書き込んであって『これとこれは、以前お買い求めになられてます』って言われたこともあったね。着てないことがわかっちゃうよね。反省するよ」

スーツやジャケット類は、数えるのが徒労に終わるほど持っていました。誂（あつら）えばかりではありませんでしたが、高倉の体型がほぼ変わらなかったため、極端に流行を追ったカッティングでない限り、すべて着られるものでした。

「僕が（アメリカ）西海岸によく行ってたころ、〝DORSO〟っていうロデオ・ドライブ一のメンズショップがあった。デパート王のマグニン家ってのがあって、そこのジユリーとアイの兄弟でやってたんだ。駆け出しの頃のラルフ・ローレンをバックアップしてたのが、マグニン家の人だって聞いたよ。

ほかによく通ったのは、〝リュー・リッター〟。メンズファッション扱ってる店の裏手で、靴屋兼床屋をやってた。部屋に、床屋専用の椅子が一つだけ置かれててね。あれは、儲けようというんじゃなくて、選ばれた顧客のためだけに用意された贅沢な空間なんだね。『ブルータス』って雑誌の創刊号の表紙になってるらしいよ。僕が行ってたのは、まだウィルシャー・ブルバードのウエストウッド寄りにあった時。買い物が終わったら急に雨が降り出して困ってたら、リュー・リッターさん自ら、ベンツを運転してビバリーウィルシャー・ホテル（当時）まで送ってくれたことがあった。親切にしてもらった。

あとは、〝MR. GUY〟とか、『将軍』ってテレビ映画のプロデューサーが経営してたキャロルカンパニー。『四十七人の刺客』の市川（崑）監督と、キャロルカンパニーの服の話になったことがあった。『ほぉー、健さんも（キャロルカンパニーを）着てるんですか』って。何かね、あの時、お互いヤルじゃないかみたいな、認めあう不思議な雰囲気だったたね」

アメリカ西海岸でのショッピングには、楽しい思い出がたくさん詰まっているようでした。

「これ、いいタイでしょ。店の人が僕のこと覚えてくれてて、行くと取り置いてましたって、奥から出してくれるようになった（笑）」

ネクタイのブランドは、ドミニク・フランスやシャルベが多く、「これは肌に優しいよ」と、シャツの満足感もシャルベに行きつくとのことでした。

ジャケットの内ポケットにもファスナー

高倉はスーツの上着やジャケットの内ポケットすべてにファスナーを付け、さらにファスナータブの紐（ひも）にもこだわりました。アウトドア用品のファスナータブは、赤や黄などの目立つ色が多いので、「目立たない色がないかな」とのリクエストにこたえ、アースカラーのファスナータブを大量に手作りしました。

ダウンジャケットについても、高倉は一家言ありました。

「こういうのは、寒くなきゃ着ないものだろ。寒さをどうやって凌ぐかが大事なんだから、ファスナーの開け閉めは、最終的に命にかかわることなんだよ。大げさに言ってるんじゃない。極地を経験したら、笑ってる場合じゃなくなるよ。（防寒着に）ファスナータブが最初から付くようになったのは、最近だよ。いちばん大事なところを、なんでもっと摘まみやすく工夫しないのかね。手袋したままでも摘まめるほうがいいに決まってる。作るヤツがいち早く気が付かなきゃいけないのに。その点、パタゴニアはずいぶん頑張ってるよね。

僕なら、いくらでもアドバイスできるよ、（誰も）訊きにこないけど（笑）。僕みたいな極寒経験者は、多くないはず」

映画『八甲田山』や『南極物語』など極寒での撮影経験は、高倉のその後のすべてに影響しているようでした。

ひと手間かかってるのが贅沢なんだ　――ワッペン・アプリケ好き

「これ、『南極物語』のとき、北極にも南極にも持ってった僕の相棒。すぐに取り出せるところにしまっておいて欲しいな。僕の戦友なんだ」

それは、ロイヤルブルーのコットンパーカーでした。左胸に縫い付けられた〝TAKAKURA　PROMOTION〟のオリジナルワッペンは、パーカーとともにこなれた逸品。壮絶な南極ロケの、高倉の肌守りだったのだと思います。

「これに、何かワッペン縫い付けておいてくれる？」

買ってきたばかりの衣類に、ワッペンやアプリケ、刺繍を施して、自分なりの洒落感にこだわりました。

オリジナルデザインのワッペンは二種類。楕円の黒いフェルト地の中央に〝TAKAKURA　PROMOTION〟と金刺繡された〝南極ワッペン〟のほかに、オリーブ色の長方形の地に〝Ken Takakura〟の金刺繡を施したものがありました。どちらも手のひらに収まるサイズで、ダウンジャケットやブルゾンなどのアウターに縫い付けていました。

このほか、本名の剛一（ごういち）のイニシャル〝G〟は、やや大きめの認め印サイズで、赤色の刺繍がセーターなどを彩っていました。

ネーム刺繍を施したハンカチーフは、数色あるなかからその日の気分で色を選ぶ。カジュアルなお洒落を愉しむ、高倉の日常でした。

鞄へのこだわりも人一倍。ロゴがはっきりとプリントされたブランドバッグの表地をわざと裏側に仕立て直して粋(いき)を愉しみ、内ポケットも自分の好みの大きさや位置を細かく指定。鍵の留め具にまでこだわって、旅行鞄やショルダーバッグをオーダーしました。

「名前の他に、何か入れられる刺繍はない？　それと、ロケに持ってくとき、袋の中身が一目で分かるといいんだけどなぁ」

高倉が、いろいろな候補のなかから選んだ図柄は蜜蜂でした。羽はアイボリー、胴体は焦げ茶と山吹色、目は赤色にしました。髭剃(ひげそ)り入れ、ハーモニカ袋、雨具袋、香具入れ、ポケットアルバムの袋の表裏に蜂と、それぞれの中身の柄を手刺繍して、旅のお供に加えました。

晩年には「小さめの印みたいなもの考えてよ」というので、ブルゾンのカラートップやフラワーホール、胸ポケットの上の部分に、刺繍糸でかがるだけの色のアクセントをつけました。

「これ（刺繍）に気付いて『それは何かのお印ですか?』って聞かれたから、『内緒！』って答えた。僕だって説明できないもんね（笑）。こういうひと手間掛かってるのが、贅沢なんだなって思うよ」

撮影スタッフ用のキャップにも、作品ごとに特徴あるモティーフが刺繍されていました。『南極物語』は白熊の顔、『単騎、千里を走る。』では中国の仮面など、連帯感を高めるのにひと役買っていたようです。

さりげないのがいい　――フレグランスの香らせ方

「すれ違ってから、あれっ？　て気づかれるくらいのさりげなさがいいんだからね。（つけ過ぎないように）気を付けて」

フレグランスの香らせ方にも、高倉のこだわりがありました。ストールの両端やジャケット両袖の内側にワンプッシュずつ。オード・トワレを中心としたフレグランスは、身支度の仕上げに欠かせませんでした。

洗面室やクローゼットの棚の上には、高倉が数十年かけ集めたフレグランスの個性溢れるボトルが、三十本以上並んでいました。

「ここにある幾つかは、古すぎてもう買えないと思うよ（笑）。籐で編んであるこれ（ANTONIO PUIG・Aqua Lavendo）とか、これ（St.JOHNS' Indian Gold）。きれいでしょ。見てるだけでもいい。（瓶を振って）あっ、まだ残ってる！　大切にしなきゃね」

高倉が旅立ったあと、私はしばらく、衣類に触れることさえできませんでした。心の準備を整えて一着ずつ手に取り始めると、私の記憶にあるブランドのものではない香りを、微かに感じました。

フレグランスの香りは、トップノート、ミドルノート、ラストノートと変化して、最後に身に纏った人の体臭と混ざりオリジナルになると言われます。高倉が「今日、僕がつけてったの何だった？　これまでの高倉さんの香りと違うから、教えて欲しいって言われた」と話していたことを想い出しました。

私が感じたのは、紛れもない〝高倉の香り〟。

もう二度とこの世に生みだされることのない〝時代の香り〟に思えました。

殺気みなぎる目で任侠映画界を席捲した
(『網走番外地　南国の対決』1966年公開 © 東映)

〝着流しが似合う俳優〟との評価を得た（『昭和残俠伝　破れ傘』1972年公開 © 東映）

勝新太郎との唯一の共演作となった『無宿』

撮影期間が3年2冬にわたった『八甲田山』(©1977 橋本プロダクション・東宝・シナノ企画)

書斎に額に入れて置かれていた南極ロケ時のスナップ（故・蔵原惟繕監督撮影）

『海へ　See You』のロケで訪れたパリにて
(1988年 港千尋撮影)

「日韓両国の架け橋になれたら嬉しい」との思いで出演した『ホタル』
（2001 年公開 ©2001「ホタル」製作委員会）

第3章　言葉の森　――作品、共演者、監督のこと

ああいうのがスターっていうんだよ
――片岡千恵蔵、萬屋錦之介、石原裕次郎

手元に高倉がずっと保管していた東映の身分証明書があります。
〈昭和三一年二月一日　所屬東京撮影所演技課
右の者當會社専屬演技者たることを證明する
No．289
高倉健〉
二十五歳直前、新入社員高倉のモノクロ証明写真が貼られていました。
「裕ちゃん（石原裕次郎）と一緒に、新人賞をもらったんだよ。でも、五社協定（松竹、東宝、大映、新東宝、東映による俳優などの引き抜きを禁ずる申し合わせ）があったから、結局、共演できなかったね。何度かチャンスあったんだけど……。
僕が無我夢中で働かされてたころ、横浜の近くで撮影してたら、わかーい女の子たちがキャーキャーいいながら、夢中で走っていくのを見たんだ。もう一目散。スタッフに何かあるの？　って聞いたら、裕次郎さんの撮影らしいって。『ああいうのがスターっていうんだよなぁ……』って思わずぼやいたら、『いつかはああなりますよ』って慰めら

東映の新入社員時代の身分証明書

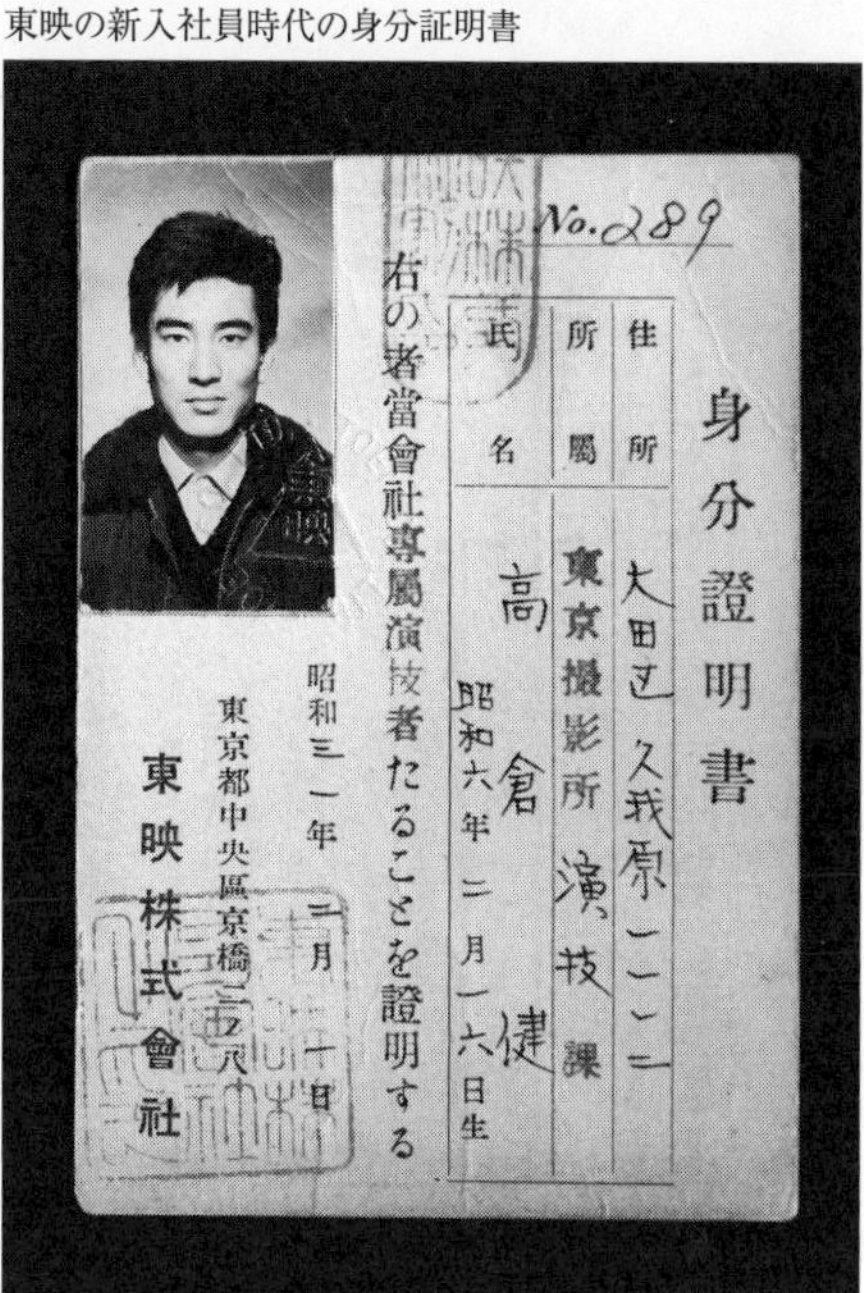

No.289

身分證明書

住所　大田区久我原一一一二
所屬　東京撮影所演技課
氏名　高倉健
昭和六年二月一六日生

右の者當會社專屬演技者たることを證明する

昭和三一年二月十日
東京都中央區京橋二ノ八
東映株式會社

れたことあった」

高倉は、第一回日本映画製作者協会新人賞（エランドール賞）を、石原裕次郎さん、川口浩さんらと受賞しました。

共演はかないませんでしたが、実は石原裕次郎さんと高倉は交遊があり、憧憬すら抱いていたようです。裕次郎さんの二十三回忌に、こんなメッセージを贈っています。

〈石原裕次郎23回忌によせて

裕ちゃん、私の心の中には、今でも貴方の笑顔が生きています。

買ったばかりの300SLを嬉しそうに見せに来てくれた裕ちゃん、日活の撮影所から東映の撮

影所の私に、「インフルエンザが流行っているから健さん気をつけて」と、わざわざ電話をくれた裕ちゃん、

田舎者の自分にはかなわない、裕ちゃんの天性の人懐っこさが鮮やかでした。

戦後の日本人が皆憧れた天衣無縫（てんいむほう）の不良っぽさ、そして男の色気、数々の事件を難なく乗り越えて、なお輝き続ける太陽のような明るさ、貴方自身が本当のスターでした。

素敵な笑顔をありがとう。

高倉健〉

2009年4月

錦之助と値上げ交渉

新人賞をいただいたのちも、高倉はヒット作に恵まれないまま、二枚目半を演じる日々が続きました。そんな中、デビューした年に『恐怖の空中殺人』（一九五六年）で共演した江利チエミさんと、一九五九（昭和三十四）年に結婚。この時、江利さんは二十二歳。デビュー曲「テネシー・ワルツ」が大ヒットし、映画『サザエさん』も評判を得ていたトップスターの一人でした。高倉は自分よりはるかに知名度が高い伴侶を得たことで、当時のマスコミから、〝サザエさんの夫〟〝江利チエミダーリン〟などと揶揄（やゆ）さ

れながら、年に十本以上の作品をこなしていました。

当時、東映には、市川右太衛門さん、片岡千恵蔵さんという時代劇の大スターが、重役としても君臨していました。この二人の〝天皇〟に続く、初代中村錦之助（のちの萬屋錦之介）さん、東千代之介さん、大川橋蔵さんらが出演する時代劇への人気は依然高く、映画館主からも「二本立て時代劇」が強く望まれていました。現代劇への期待は薄い時代だったのです。

「京都ったって、僕はホテルと撮影所の往復。観光なんかしたことないよ。空き時間においしい珈琲が飲めて……。あぁそうだ、鍵善（鍵善良房）って葛きりが有名なお店があって、そこのは美味かった。邦ちゃん（田中邦衛さん）とよく行ったんだよ。何だか女将（おかみ）さんに気に入ってもらえて、店に行かないと食べられないものを、撮影所にわざわざ出前してくれたんだ。後で聞いたら、僕らだけだったらしい。あれは食べさせたいなぁ」

と、家で食後の甘味を食べながら、葛きりを懐かしく思い出していました。

片岡千恵蔵さんと共演した作品は、『恐怖の空中殺人』をはじめ、『多羅尾伴内　十三の魔王』（一九五八年）などの多羅尾伴内シリーズ、『奴の拳銃は地獄だぜ』（同年）などのギャングシリーズなど十五作品ありました。

「御大（おんたい）（片岡千恵蔵）は、何故か僕にとっても優しくしてくれてね。いろいろ気をつかっていただいたんだ。ふだん、ろくなもの食べてないだろうって料理屋に招いてくれて、ここの肉はほんとに美味いから食ってけ、遠慮はいらんって。何かとかわいがってくれたんだよなぁ」

また、時代劇の『千姫と秀頼』（一九六二年）、『宮本武蔵　二刀流開眼』（一九六三年）で共演した、一つ年下の中村錦之助さんとも、ウマがあったといいます。時代劇では重心を落とした立ち居振る舞いなど、現代劇とちがう動きに、何かと苦労がついてまわり、錦之助さんからは、いろいろなアドバイスを受けたそうです。

「気が合う、合わないってあるだろ。錦ちゃんは、京都で何かと気遣ってくれててね。唐突に、『ねぇ、健さんは今、どれくらい貰ってるの？』って給料の話になった。正直に答えたら、東映への値上げ交渉にまで付き合ってくれたことがあったしね。

京都の家にも、しょっちゅう呼んでくれた。その頃、錦ちゃんは家のなかで大型犬を飼っててね。僕は、小型犬でもトレーナーつけて躾けてたから、錦ちゃんに、最初にちゃんと躾けておかないとダメだよって注意してた。まぁ、錦ちゃんは、仕事で忙しくてそれどころじゃなかったんだろうけど、あのころは行くたびに犬の躾の話してた覚えがあるなぁ」

芝居なんかするどこじゃなかった――『八甲田山』の真実

高倉が最後に観た出演作は『八甲田山』（一九七七年）でした。ケーブルテレビの番組をザッピングしていたら、偶然、放送されていたのです。高倉は自分の出演作を積極的に観るほうではなかったので、「ちょっと、これ観ようか」と、チャンネルを変えずにいたのを珍しく思いました。

雪中行軍のシーンになると、高倉の解説が始まりましたが、天候が崩れはじめると、高倉は思わず見入って、言葉も途切れがちになりました。

「これ……、もうね……、ドキュメンタリー。芝居なんか……」

画面から冷気が吹き込んでくるような感覚のなか、

「（芝居なんか）するどこじゃなかったねぇ。吹雪待ちなんだから。それでも（雪が）足りないって、スタッフが僕たちに雪を降らせるんだよ。撒くんだよね。台詞ったって、口がまともに開かないよ。フードを目深に被るところで、コートの襟を一生懸命頬に寄せてるでしょ。あれは演技じゃないよ、少しでも風に背を向けようとするのは、生きる本能だよ。

あぁ、これ……観てて辛いよね。よくやってるよな。雪ってここじゃ叩きつけてくるんだよ。雪に殴られてるような感じ。しかも、待ってる時間が圧倒的に長いんだから！一歩間違えば、スタッフともども遭難するところだった。そんな状況が、たくさんあったよ。

北海道で『(網走)番外地』やってたから、寒いのは想像してたけど、これほど酷いと思わなかった。休憩できる場所がないときもあってね。考えてるのは、『コノヤロー』と、『負けるもんか』。着る物(防寒下着)を着て、カイロ。擦ると熱くなるやつ。非常食を用意してね。チョコレートとか。それと、食堂の棚に革が巻かれたスキットルが並んでるでしょ。あれに、ブランデーとかリキュールを入れて持ってたんだよ」

「依頼を受けたときは、ゾクッとしたね」

「『八甲田山』の依頼を受けたときは、ゾクッとしたね。喫茶店で初めて、橋本(忍、プロデューサー・脚本家)さんにお会いしたら、森谷(司郎)監督が、徳島大尉はどうしても高倉さんにやってもらいたいと言っているって……。食堂のテーブルに、徳島大尉役候補の俳優名を書いたカードを置いて、監督と野村さん(芳太郎、プロデューサー)に選ばせたら、二人が僕以外の分を全部裏返しにしたんだって。選んでいただいたんだなあって思えて、嬉しかったね。それまで、ほとんどヤクザもんだったから。独立したからって、本当に食っていけるかどうか、不安でしょうがなかった。そんな時に、大きなチャンスを頂けて……。まさか、こんな目に遭うとは想像もしてなかったけどね（画面を見ながら苦笑）」

『八甲田山』の撮影期間は、足かけ三年二冬にわたりました。青森八甲田連峰主峰大岳の標高は一五八五メートル。緯度が高いので、三〇〇〇メートル級の北アルプスに匹敵する厳しい自然環境で知られています。

日露開戦前の一九〇二（明治三十五）年一月、帝国陸軍は、極寒のシベリアで戦うことを想定し、耐寒訓練と交通路確保のため、雪の八甲田山踏破を計画します。

二百十人という大部隊で臨み、百九十九人の死者を出した神田大尉（北大路欣也）の青森第五連隊と、雪山を熟知した地元案内人に先導され、三十七人（劇中では二十七人）の小部隊が、一人の犠牲者も出さず生還した徳島大尉（高倉）率いる弘前第三十一連隊を対比して描いた物語です。

「この映画の撮影一冬目は、雪が思うように降らなかったんだよ。撮影のために天気が都合よく変わってくれるわけじゃないから。吹雪待ち、それも半端じゃない猛吹雪待ちなんて、なかなかないよぉー。けっきょく、思ったような吹雪にならずに、次の冬まで持ち越しになった。

こっちも変な意地張って、（この映画の）撮影が終わるまでコマーシャルの仕事も受けないぞって気持ちになってた。わかるでしょ。何だかわからないこだわり。やらないって決めたら、もう梃子でもやらない（言葉のママ）。引き受けない。

でもね、始まったときは、こんな延びるなんて思ってもみなかったからね。そのあいだ、まったくどこからも金が入ってこないから、社員じゃなくなったんだって改めて思い知った。仕方なくオアフ島のマンション売って繋(つな)いで……。そこはダイヤモンドヘッドが見えてね、いいとこだったよ。

それでもダメで、次は、京都の大原に三千院てあるでしょ、その近くの土地も現金にして。二度と手に入らないような、本当にいい土地だった。いまでも、あそこ（を手放したの）はちょっと悔しいね」

撮影が長引き、三年間の資金繰りについての痛い話もしてくれました。

「何食ってもシャリシャリ」

「（撮影中の）ご飯は、昼、夜、夜食、いっつも雪の中。定番はカレーライスなんだけど、ご飯が凍っててシャリシャリしてるやつ。それと、豚汁、おにぎり。おにぎりも凍ってた。何食ってもシャリシャリ。ご飯の印象はそれだけ」

映画のストーリーに集中できないほど、高倉から当時のエピソードを聞かされ続けた私は、自分もまるで雪中行軍の場に居るような錯覚に陥り、途中から頭も身体も重怠くなっていました。

「この雪中行軍の撮影のとき、主演だからって、僕のために移動用の雪上車が用意されたんだけど、僕ひとりだけ乗ってくわけいかないだろう、他の役者が大勢いるのに……。だから、毎日、現場までみんなと一緒に歩いていって、宿まで歩いて帰ってくる、その繰り返しだった。毎朝五時起き、六時出発。深夜二時まで撮影っていう日もあったね。歩くんじゃなくてもう雪の中を泳ぐ感じ。

若手の俳優に『どうして君たちは、この映画に出ようと思ったの』って訊ねたら、『高倉健さんが出るって聞いたからです』って言われたんだよ。もう、（心が）痛かった。なぁーんか責任感じてね。それ聞いてますます、『負けるもんか』ってなったね。

雪ん中、歩きっぱなしじゃなくて、途中で待つだろ。それからカメラの位置変えて、また歩きだすでしょ。その間『休んで下さい』とか『休憩』っていわれたって、まわり全部雪だから、どこにも逃げ場なんてないんだよ。足跡付けるわけにもいかないから、腰まで雪に浸かったままで動かなかった。このときは、意地だけ！　もちろん口なんか利かない。ピリピリしてたね。

『吹雪がくるまで、待ちまーす』って言われて。監督なんか平気で半日くらい待たせたからね。寒いのはスタッフも同じだって言い聞かせたけど」

この厳しい撮影には、高倉のお母様も心を痛めたそうです。

「お母さんがこの映画観たあと、『もう、あんな雪のなか這いずりまわるだけの映画は、観てられない。早く貯金して、あんなのやめなさい』って言ってきてね（笑）。映画のストーリーなんてどうでもよくて、雪のなかを這いずるのだけはやめてほしいっていうんだから……。『お母さん、俳優ってのは、自分からこれをやりたいなんて言えないんだよ。これやるか？　と言われて（映画に）出て、初めてお金貰えるんだから』っていくら言ってもわかってくれない。背中に入れ墨してたときも、お母さんは切ないよって言ってきた。

だからかな、南の島でヨットに乗って、鼻歌が出るような映画に出たいって思ったのは……。お母さんに、安心して欲しかったんだよね。『良かったねぇ』って、一回でもいいから喜んで観てもらえるような映画に出たいって。とうとう、そんなのは一本もなかったけどね」

台詞が飛んでしまいました ——『八甲田山』の驚き

私が出会ったとき、高倉はすでに立派な嫌煙家。そのきっかけも『八甲田山』でした。

「負けるもんかってつっぱってるけど、寒さの中にいると体力の消耗が激しくて、体にいいわけないいんだよ。この撮影が一体いつ終わるんだろうって、わかんなくなってたからね。だから、願をかけて、煙草をこの時から完全にやめたんだ。とにかくこの映画を無事に終わらせなきゃいけないって。いろいろ（精神的に）苦しくなってたね。

もう煙草はやめた！　って決めた翌日（一九七六年元日）から、ラークのコマーシャル（一九九五〜九七年）引き受けるまで、一本も吸わなかった。まわりのやつに『煙草やめた』って言ったら、『なんですぐやめられるんですか』って聞かれたから、『なんでやめられないいんだ？』って聞き返してやったよ。要は、真剣さだろ」

一日七十本以上の煙草を吸っていたことは、このときはじめて知りました。四十五歳を前にしての禁煙でした。

「この映画で、（北大路）欣也の青森第五連隊の隊員として出てる若手俳優が何人か脱走したんだよ。『もう死んじゃう』って言ってたらしい。夜中、こっそり宿を抜け出したんだけど、駅で捕まったんだって。そりゃそうだよ、一日に何本も列車があるわけじゃないからね。いろんな仕事してきたつもりだけど、脱走は聞いたことなかった（苦笑）」

「欣也がいたんだよ」

「雪の八甲田のどこかですれ違いましょう」という約束を果たせず絶命した、神田大尉の亡骸（なきがら）と対面する場面――。

「ここ、僕の台詞でてないだろ。参ったんだよ。柩（ひつぎ）の蓋（ふた）をずらしたら、実際の欣也がいたの……。どうしたんだ、なんでだって思ってね。僕はこの撮影が始まるまで、何時間も待ったんだから、欣也も柩に入って粘ってたんだって思ったら、何も言えなくなっちゃってね。何で、こんなことまで、寒かったろ……って。気持ちがめちゃくちゃ。

欣也は死んでる役なんだから、息ができない。氷点下での撮影だと、息が白く写っちゃうからね。欣也のことを推薦したのは僕だったから、いろんなこと思い出してね。

カットがかかったあと、森谷（監督）に『スミマセン。台詞が飛んでしまいました』って謝ったら、『そのまま頂きます』って。あの時の涙は、芝居じゃないんだよ……。

このシーンは忘れられないね」

高倉は『八甲田山』の撮影で、スタッフの方々と撮った一枚の写真を大切にしていました。

「これ見ると、八甲田、思い出すねぇ。これが、西やん（西田忠光、大道具）。青森出身。『八甲田山』がはじめての仕事で、最後に一緒にやったのは『四十七人の刺客』（一九九四年）。東宝退職してから会ってなかったけど、『あなたへ』（二〇一二年）の撮影で東宝のスタジオいったら、撮影所の門のところに奥さんと立ってて、手を合わせて僕を拝んでるんだよ。『西やーん、僕はまだ死んでないよ（笑）』って。そんなこともあったね。

それから、これがまもちゃん（森護）。まもは東映の衣装部で、『そんなえらいしんどいとこに、ダンナ一人で行かせるわけにいかへん』って、会社（東映京都）の許可もなしに一年目の冬の（八甲田）撮影に、ひとりで来ちゃったんだ。東映の社員なのに、会社勝手に休んで。

早く帰さないとクビにされちゃうだろ。『僕はもう東映（の社員）じゃないし、（まもは）ここでは仕事できないんだから、来ちゃダメなんだよ』って説得したけど、しばらくいたねぇ。まもは普段、体鍛えてないのと寒さで、ヘロヘロになっちゃってね。あまりに（環境が）ひどいんで、二冬目は来なかったけど（笑）。でも、その気持ちがね……。

僕は、こういうスタッフの思いをもらって、いままで負けないで仕事できたんだよ」

「案内人殿に向かって、かしらー、右」

映画の最終盤、春を迎えた八甲田周辺の穏やかな景色に、テロップが重なります。

〈三十一連隊の徳島大尉以下の雪中行軍隊と／五連隊の倉田大尉　伊東中尉らは／二年後の日露戦争中、／極寒　零下二十数度の黒溝台で／二昼夜飲まず食わずに戦い／続く奉天大会戦を勝利に結びつけ／全員戦死した／今に残るのは本州最北端の地にうすれかける記憶で語りつがれる――／八甲田山雪中行軍の物語だけである〉

「当時の関係者の子孫の方々から、映画を観たってお手紙を頂いたことがあってね。映画の中での僕の物言いが、非人間的に思えたって内容だった。映画は作り物で、俳優はあくまで台本通りに話してるだけなんだけど、俳優が（登場人物を）生き物にしちゃうんだね。見てよ、このテロップ……。

雪中行軍で雪のなか這いずり回って生き残った軍人ですら、そのあと最前線に送られて戦死してる。だから、実在の人物（を演じること）は重たいんだよね。重たい、すごく……。

秋吉君（久美子、案内人・滝口さわ役）に向かって『案内人殿に敬礼』ってシーンが、僕は好き。軍人が一般人にこんなことはしないんだよ。でも、これで、（僕が演った）役の人柄がにじみ出たって思えるね」

高倉は雑誌のインタビューでも、このように答えています。

「映画のセリフのなかでいくつか忘れられないものはあります。例えば『八甲田山』のなかで、農家の嫁をやった秋吉久美子さんが僕ら軍人を案内するシーンのセリフがそれです。暴風雪のなかをかよわい女性が先頭に立って、軍人たちを案内する。道案内を終えた秋吉さんにお礼をするために、僕が号令をかける場面があるんです。

『全員、整列』

『案内人殿に向かって、かしらー、右』

一列に並んで敬礼をするんですが、あのときは出演者みんながジーンとしました。映画のなかでも印象に残るシーンなんです」（「プレジデント」二〇〇六年二月十三日号）

高倉の人生を変えた一本の映画、『八甲田山』。

すべての思い出が鮮やかに蘇った二時間四九分でした。

僕は極地俳優――『南極物語』の苛酷

「ちょっとこれ、開けておいて」と言いながら、帰宅したばかりの高倉が車から降ろした荷物は、両腕でひと抱えするくらいの大きなビニール袋でした。中から出てきたのは、寝袋です。ひとまずリビングに広げておくと、部屋着に着替えた高倉が言いました。

「それ、最新の素材でね、薄くて温(あ)ったかいんだって。今日は、それで寝てみるからねっ！」

その様子は、まるで冒険を前にワクワクしている少年のようでした。

庭の樹々が落葉するころ、高倉にとって待ちに待った暖炉の季節となります。自宅のリビングにある暖炉の前の床に身丈ほどのクッションを置いて、寝そべるのが好きでした。

薪のくべかたのこだわりは、まるで鍋奉行ならぬ薪奉行、気の済むまで積みなおします。種火を薪に近づけ、炎が安定してくると、パチッ、パチパチという薪のはぜる音がしはじめ、やがて、ボオッとか、シュッといったリズミカルな音が加わり、炎が揺らめきます。珈琲を味わいながら、その穏やかなときを、何よりも楽しみにしていました。

そして、炎が小さくなるころ、寝袋の出番となるのです。

毎年、毎年、新作の寝袋が増え、そのたびに買ってきたばかりの寝袋で一晩過ごすのが、いつの間にか習慣となっていました。

「いつまた、南極に行って下さいっていわれるか、わからないからね」というのが寝袋の購入動機でしたが、試しに寝てみるのは家のリビングですから、ご愛嬌です。七十歳を過ぎてからは、「この歳で南極に行ったら、ころっと死んじゃうね」と笑いながら、爽やかな季節になると寝袋の虫干しに精を出しました。

もう一つ、季節のアイテムとして必ず手に入れていたのが、ダウンジャケットでした。それも街着ではなく、南極などの極地対応のものでした。

「これがいいらしいんだよね」と買ってきた新しいダウンを自慢気に着て、「どう？」と聞いてきます。極地対応のものは、命を守る大切なアイテムです。南極の気象条件の厳しさを知らない私は、いい加減な返事が憚（はばか）られ、「サイズはいいんじゃないですか？」と答えるにとどめました。脱いだあと、「はい」と手渡されたダウンを丁寧に専用の袋に詰めて、購入年度とメーカーを書いたタグを付け、ダウン用の棚に横置きに並べました。

「『南極物語』は、ドキュメンタリーだよ。マイナス五〇度って想像できる？　できっこないよ。『八甲田山』のときも酷いを通り越してたけど、南極はもう、さすがに今は行けない。あそこは、気力だけじゃどうにもならない。体力がないとね。北極と南極の両方で撮影した俳優は、僕だけだと思うよ。だからね、僕は極地俳優。

耳が凍傷にかかって、ジュクジュクになってね、このままもげるんじゃないかと思ったよ（笑）。取れなかったのは、ラッキーとしかいいようがないんだけど。

顔にほくろみたいな黒いものもできたから、日本の病院で診てもらったら、『これは皮膚癌の可能性もあるので生検に回します』って言われたな。でも、撮影を中断するわけにいかないから、先生には、『わかりました。じゃあまた次来たときに（結果を教えてください）』って、そんな感じ。あとから結果を聞いたら、大丈夫だったって。患者の立場なんて弱いもんだよ。『はい、癌ですね』って言われても、自分じゃどうしようもないもんな。

目をガードするためのゴーグルを、うっかりつけ忘れてたら、雪盲（せつもう）（雪の反射光による目の炎症）になって、急に見えなくなった。次から次に、体がおかしくなってくんだよ。まるで、人体実験だった」

このときの体験があったからこそ、下着に至るまで、防寒への備えを怠らなかったのだと思います。

「もう、二度と（南極は）無理だけどね。行けないよね」と口にしながら……。

「俳優はどんなところにだって行く」

書斎の固定電話の傍らには、高倉の思い入れが特に強い写真が額に入れられていました。

「この写真、見てよ。目が泣いてるよ。この時の気持ち……、思い出すとね、何でも我慢できる。何だってやれるって思える。だから、毎日使う電話のそばに置いてあるのは、すごく意味がある」

それは、『南極物語』のロケで、たった四人しか入ることが許されなかった南極でのロケ中、ブリザードに遭遇し、命拾いをしたあとの写真。蔵原惟繕（これよし）監督が撮られたもので、高倉の魂が映る一枚なのです。

『南極物語』（一九八三年）は、結果的に、観客動員千二百万人、日本映画史上初の興行収入百十億円超えを達成し、この記録は十四年間破られませんでした。

高倉が『南極物語』への出演を打診されたのは、森谷司郎監督作品『海峡』（一九八二年）の撮影が始まっていた、夏の中休みのときでした。蔵原監督から直接電話をいただき、後日、初めて会ったとき、監督はこの企画についてとても熱く語られたそうです。

蔵原さんは、石原裕次郎&浅丘ルリ子コンビの作品を数多く手掛け、日活の黄金時代を支えた監督の一人です。日活を退社してから、弟の惟二（これつぐ）さんと蔵原プロダクションを立ち上げ、『キタキツネ物語』（一九七八年）を大ヒットさせていました。

『南極物語』はフジテレビ映画部が十年ぶりに手掛ける作品で、制作陣の総意により、高倉への出演交渉が続けられていました。蔵原監督の次は、フジテレビ映画部の角谷（かくたに）優（まさる）プロデューサーが、『海峡』の撮影が再開されていた青森・竜飛岬（たっぴみさき）に赴いたのです。

一九八二（昭和五十七）年一月下旬、交通網が大雪で混乱したため、角谷さんがロケ地に着いたのは夜になってからでした。極寒のなか、深夜零時を過ぎてもなお、撮影が続けられていて、高倉は自分の出番が終わっても宿に戻ることなく、暖も取らず、共演者の撮影を最後まで見届けていたそうです。

高倉のその姿を、間近で見ることとなった角谷さんは、自著のなかでこう回想しています。

〈鼻水をすすりながら近寄って、「寒いですね」と声をかけると、

「こたえますすね。もう、そう若くはないですから……」

「角谷さんの出演依頼は知っています。自分には、どうしてこう北へ北へという映画ばかり話が来るのでしょう。寒いところは寂しいです。体も気分もこわばってしまう」

「一日が終わって解放されたと思っても、もしかしたら氷の上の寝袋で寝なければならないと思うと、南極へ行く仕事なんて。もうこんどは勘弁してほしい気持ちです」

そう答えて、すっとその場を離れていかれた〉(『映画の神さま ありがとう』扶桑社)

角谷さんは、高倉に一通の手紙を残しロケ地を後にしました。

〈蔵原監督は、南極へ向かう船中での肋骨骨折にもかかわらず、ガムテープを巻いてそのまま旅を続け、いま現地で実景を撮っています。弟の惟二プロデューサーは、陽も昇らぬ暗黒の北極で、正月も犬の調教を続けています。高倉さんには苦労をかけないなどと、おいしいことは言えません。でも、この映画を国民全体に見てもらえるような作品にするために、どうしてもあなたが必要なのです。この映画に情熱を賭ける仲間のひと

りに、どうか加わっていただけませんか〉（同前）

その後も、主役が決まらないまま、『南極物語』の制作発表の準備は続けられ、高倉の『海峡』の撮影も進行していきました。

「『南極（物語）』の打診で、角谷さんが竜飛に来て下さって、寒い寒い、風が強いって感じられただろうけど、僕は、『（網走）番外地』（シリーズ）から、『八甲田（山）』も『駅（ＳＴＡＴＩＯＮ）』も（風に吹かれながら演って）、それで『海峡』でしょ。ほんとに、強い風ばっかりに吹かれるってのは、身体の疲労とか消耗が激しいだけじゃなくて、心が強張ってくる。人に優しくなれなくなってくるんだよ。

僕は、マゾじゃないからね。何も好き好んで、寒いとこばっかり行ってるんじゃないよ。俳優は肉体労働。どんなところにだって行って仕事する。東映出てから、寒いところが続いたのは、過去（生）にどんな悪いことしてたのかしらないけど、偶然っていうか、何かめぐり合わせだったんだろうね。

同じ風だって、ハワイの風が気持ちいいにきまってるよ！　ハワイはいいよ。いっつも気持ち良過ぎて寝込んじゃってたけど。あそこで、いつも完全に気分を変えてた。

『八甲田（山）』の時、金がショートしてマンション売っちゃったけど（笑）。

竜飛では、到着早々言われたね。『車のドアとか、建物の扉の端に、絶対に手をかけたままにしないで下さい。突風で指先、なくなります！』って。そんなところだから、ただ歩いてたってヨロヨロするんだよ。〝ちゃん爺〟（森繁久彌）なんか、会食のあと気持ち良さそうに『知床旅情』歌いながら、『もう、私は、いい加減年寄りなんだから、こういうところは、カンベンして欲しい』って、本音をもらしてた。そのくらいの強風。笑い話じゃないですよって、竜飛に僻地医の秋浜先生っていらっしゃって、『何人も、そういう人（指先を失った人）診てますから』って」

四季折々、風の話に触れた高倉が、映画の本編映像からは伝わりにくい、寒さや強風の生々しさを、笑いを交えて話してくれました。

我が往く道は精進にして、忍びて終わり悔いなし

——江利チエミさんの死

一九八二（昭和五十七）年二月十三日。高倉は、『海峡』で初共演し親しくなった森繁久彌さんとの対談番組「日曜日のお客様」の収録に入っていました。そこに、事務所から連絡が入ります。離婚した江利チエミさんの訃報でした。

歌手・女優であった江利チエミさんと高倉は、一九五九（昭和三十四）年に結婚、それから十一年目に自宅が全焼する火事に見舞われていました。

「僕はその時、家のなかにいてね。火が小さいうちに、何とか消そうといろいろやってみたけど、だめだった。火が回るのって、思ったよりあっという間でね。もう手のつけようがないって家の外に逃げた。

トレーナーをつけるほどかわいがってた犬が八頭いたんだけど、みんな焼け死んだ。四十分……たった四十分。あっけないなって……。自分の目の前であっという間に燃えて無くなった。もう、あんなことはやだね！」

高倉は空（くう）を見つめながら、話してくれたことがありました。

高倉が家電のコンセントや、仏壇や神棚のろうそくの火の始末に、神経質すぎるほど

だった理由が、納得できました。それ以来、犬が大好きなのに、どんなに環境が整っても飼おうとはしませんでした。火事のトラウマは、一生、続いていました。

実は、その火事をきっかけに、当時夫妻と同居していた江利さんの義姉による横領事件が発覚し、裁判に発展。その後、江利さん側からの申し入れにより、翌年に離婚が成立したのです。

享年四十五。元妻のあまりにも突然の訃報でした。高倉のコメントを求め、マスコミの取材が自宅に殺到するなか、高倉は何も語らず、独り東京を離れました。行き先は、比叡山のお寺でした。

「あの時は、阿闍梨(あじゃり)さん（酒井雄哉(ゆうさい)、大阿闍梨）のところに行ってね。ただ阿闍梨さんの後ろで手を合わせてた。いろんなことが思い出されてね……。

ある日、お経を唱え終わって静かに目を開けたら、阿闍梨さんが焚(た)いてた線香の煙が、真っ直ぐに立ち上がるのが見えたんだ。別の世界を覗いたって気がしたね。（両手で円筒を作り）こんな感じ、ボーンって真っ直ぐ。お堂だからね、どっかから風が通り抜けるはずなのに。天井に向かって一直線。

阿闍梨さんに話したら、黙ったまま、ふっと和(なご)やかなお顔になられた。気の塊っていうの？　阿闍梨さんのエネルギーみたいなものがあんな風にさせるんだって……。かなり強烈だったよ。

飯室谷(いむろだに)（阿闍梨様の住まい）を離れるころに、『南極物語』への出演依頼があることを阿闍梨さんに話した。そしたら、『我が往く道は精進にして、忍びて終わり悔いなし』って。自宅への帰り道、運転しながら阿闍梨さんの言葉が頭のなかで繰り返されて……。そういえば、撮影は北極に行くって言ってたよなぁ……そうだ、北極の風に吹かれようって（決めたんだ）」

「我が往く道は精進にして　忍びて終わり悔いなし」〈我行精進　忍終不悔〉は、「大無量寿経（だいむりょうじゅきょう）」に説かれている「阿弥陀如来のお言葉」です。たとえどんな苦難にこの身を沈めても、さとりを求めて耐え忍び、修行に励み決して悔いることはないという意味です。

高倉は、この時から、この言葉に寄り添うように日々を送りました。

『南極物語』制作発表を翌日に控えた三月四日、高倉は『南極物語』への出演を決意します。アメリカに先行するため一人で成田空港に向かう途中、蔵原監督に電話で、「突然ですが、監督、北極へご一緒させて下さい」と伝えました。蔵原監督と角谷プロデューサーはすぐに成田空港に向かい、空港のＶＩＰルームで高倉と握手を交わしたといいます。

高倉の極めてプライベートな心模様が織り込まれながら、『南極物語』の旅が始まりました。

気づいたら、テントがないんだよ——『南極物語』二度の遭難劇

「タロー、ジロー!」

氷原を疾走する犬に向かって高倉が叫びます。映画『南極物語』のテレビCMは、ヴァンゲリスのシンセサイザーの音色が、シンプルで強烈なインパクトを残しました。

タロとジロは、一九五六(昭和三十一)年、文部省の南極地域観測隊第一次越冬隊に同道した樺太犬の名前です。猛烈な気象条件のため、持参した機材は役目を果たさず、観測隊の移動手段、犬橇(いぬぞり)を牽引(けんいん)した犬たちは、隊員にとって離れ難い仲間になっていきました。

二年後、第二次隊への引き継ぎが悪天候で中止され、止むを得ず第一次隊の隊員だけが南極を引き上げます。犬十五頭は、無人の昭和基地に鎖で繋(つな)がれたまま、置き去りにされました。このあと、犬たちのサバイバルが始まります。一年後、第三次越冬隊が南極を訪れたとき、隊員と再会できたのが、タロとジロの二頭だったのです。

高倉の撮影は、北極から始まりました。カナダ・アルバータ州エドモントン市から北上し、ノースウェスト準州イエローナイフ市を経由して、定期便が就航している最終地点レゾリュートベイを拠点に、一九八二(昭和五十七)年の冬のおわりから、翌春にか

けての五か月におよびました。

高倉は、この北極で一人のインド人と出逢いました。ベゼル・ジェスダソンさんです。彼は、西ドイツ（当時）の工科大学の機械科を出たエンジニアで、レゾリュートでの発電設備建設にたずさわるため、この地を訪れたのだそうです。ヒンディー語、英語、ドイツ語、イヌイット語に堪能でした。

世界中を旅して回る超富裕層のリクエストに応じて、北極熊をヘリコプターで追ったり、探検家をサポートするサイドビジネスが本業以上に成功。エクスプローラーハウス（探検家の家）という宿泊設備を建て、現地ガイドやコーディネーターとして八面六臂の活躍をしていました。

「最初挨拶したとき、どうしてこんな寒いところに、インド人が住んでるんだって、不思議だったんだよ。だって変だろ。暑い国の人だぞ。でも、僕は、そのベゼルさんのおかげで命拾いしたんだよ」

高倉は北極ロケで、命が危ういと感じるほどの危険に遭遇しました。

「レゾリュートの先に、（昭和基地の）オープンセットがあってね。徹夜の仕事が終わって、車で宿舎に戻るとき、猛烈なブリザードに出くわした。もう車がどっちから来たのか、どっちに向かおうとしているのかまったくわからなくなって、そのままスタック（立往生）したんだね。バッテリーふかしまくってたら、あがっちゃって。普段は、そんなことしたらバッテリーがあがるって分かってるけど、いざ、あの状況になると冷静になれないんだって、つくづく感じたよ。

極地だから磁石は利かないし、無線だってどうにも使い物にならなくなってて。焦ってるから、全部悪い方向に働くんだよね、ああいうときって。

外はマイナス五〇度くらいだったんじゃないかな。車がだんだん冷凍庫みたいになってきて、身体が痺れてくる感じ。あのままだと、凍死だったんだろうな。何もできないままで、二時間くらい。カッチカチで発見されてたら、僕はここにいられなかったね。その時、ベゼルさんに助けてもらったんだよ。救いの神だった」

その頃、別の車両で帰ってきたスタッフが、先発したはずの高倉の車両が着いていないことを知り、ベゼルさんに無線連絡。彼は北極では一瞬の判断ミスが致命傷になることを熟知していたので、すぐに除雪車を手配し、高倉たちの救出に向かいました。運よく、正規ルートを外れた氷原でスタックしていた高倉らの車を発見して下さったおかげで、高倉は、まさに命拾いしたのです。

この救出劇のあと、高倉とベゼルさんの距離が一気に縮まりました。空き時間には、イヌイットの生活を見せてくれたことも、思い出の一つとなったようです。

「（イヌイットの）家では、獲れたアザラシを家の外で解体して、あとは屋根の上に放り投げておくんだって。天然の冷凍庫だよ。凍ったアザラシの肉は岩みたいでね。ナイフなんか歯が立たない、まず斧でぶった切る。

イヌイットは、ビタミン補給のために生肉を食うんだよ。内臓もね。壊血病にならないように。ベゼルさんに連れられて（イヌイットの）長老の家に行ったら、部屋に（アザラシの）血の臭いが染みついてた。あの臭いはやっぱり強烈だね」

宿舎には、シロクマ撃退のため、ライフルを持った見張りまでいたといいます。北極では、あらゆる価値観が違いました。

「余計なものは、一切持ち込めない」

「北極にはペンギンはいないんだよ。だけど（蔵原）監督は、どうしても僕とペンギンの一緒の画が撮りたいって言って、日本（での撮影）が終わってから、南極に行ったんだ」

南極大陸は、人間を寄せつけない特別なエリアです。九八％は氷で覆われていて、オーストラリア大陸の二倍ある陸地のほとんどは、一年中氷雪に閉ざされています。冬の内陸高原の気温はマイナス六〇～七〇度に達し、生き物はペンギンとアザラシのみ。大陸の軍事的利用は禁止されていて、領有権凍結などが国際間で取り決められています。

「移動はね、アメリカ空軍の軍用機（輸送機）C－130。（ニュージーランド）政府から許可が出たのは、監督と、椎塚（彰）カメラマンと、助手の田中（正博）さん、そして僕の四人だけ。

旅客機じゃないからね、人も貨物と一緒。機内の壁に荷物みたいに括られる。兵隊から不時着したときの注意とか説明があって、サンドイッチとジュースをポンって渡されて、それから耳栓ね。機内は轟音でね。あぁ南極に島流しか、なんてところに行くんだろうって思ったよ」

高倉らのフライトは、南極のニュージーランド・スコット基地が物資の補給に使っている米軍輸送機C－130で、ニュージーランド・クライストチャーチから、南極アメリカ・マクマード基地まで八時間。同年十月十九日、高倉のメモによれば、アメリカ・マクマード基地の気温はマイナス二八度でした。

「荷物の重量制限がとっても厳しかった。余計なものなんて一切持ち込めない。本が一冊だけ許されるっていうんで、僕はこれをもっていった。もう、ボロボロだね」

そうして高倉が書棚から取り出したのは、グラフ社から出版されていた『男としての人生　山本周五郎のヒーローたち』（木村久邇典著）でした。

この本の裏表紙には、アメリカ基地の名前、スコット基地の緯度経度など、高倉の筆圧の高い黒いボールペンの文字が、刻みつけられるように書かれていました。

Mcmurdo
Cape Crozier
Cape Royds

Scott Base 1957 緯度
77°51' 03" S, 166°45' 45' E
昭和基地1957年　1911-12年白瀬隊
69°00' 22" S, 39°35' 24" E
1956年11月8日宗谷130人第一次隊。
JHON隊長officer in chrge OIC
Collin　filed officer
Gary　Doggo
Petter Nelson
Bill
（原文のママ）

そして、開き癖がついたページごとに、赤い線が引かれていました。

〈火を放たれたら手で揉み消そう、石を投げられたら軀で受けよう、斬られたら傷の手当てをするだけ、——どんな場合にもかれらの挑戦に応じてはならない、ある限りの力で耐え忍び、耐え抜くのだ〉（『樅ノ木は残った』）

〈身についた能の、高い低いはしようがねえ、けれども、低かろうと、高かろうと、精いっぱい力いっぱい、ごまかしのない、嘘いつわりのない仕事をする、おらあ、それだけを守り本尊にしてやって来た〉（『ちゃん』）

〈苦しみつつなお働け、安住を求めるな、人生は巡礼である〉〈ストリンドベリー『青巻』〉

「ウンチがこんなに大変だと想像もしなかった」

「南極着いたら、何やったと思う？　すぐにペンギン見つけに行けたわけじゃないんだよ。まず、一週間はサバイバルトレーニング！　結局、ああいうとこ行ったら、自分の命は自分で守れってこと。何かあったとき、ＳＯＳ！　とか、電話して助けて下さいなんて、そんなのはない。スコット基地の隊員から、その訓練を受けたんだ。

氷から水を作るやり方だろ、非常食の取り扱い方、テント張りを習うんだけど、わざわざものすごい強風のなかでそれをするの。遊びに行ってるんじゃないって、思い知らされる。それと、イグルーってイヌイットの人たちが作る雪の家。固めた雪をブロック状に切り出して、それをドーム型に積み上げてく。何が大変かって、それをマイナス何十度って寒いなかでやるわけ。一緒にやらされてた藏原（監督）が途中で音を上げて、『健さん、あの隊員に健さんから言ってもらえませんか？　日本から来た四人のなかで、僕は最年長で年寄りだから、もう勘弁してやってもらえないかって』って真面目に訴えてきた。体力が続かないいんだよ。

向こうの隊員はそれ聞いて笑ってた。ザイルとかピッケルの使い方、クレバスの見つけ方、渡り方、泊まるところの掃除、炊事、荷物運び。とにかく全部、平等。自分のことは自分で。あそこじゃ、俳優だとか何だとかって、まったく関係なし」

南極ニュージーランド・スコット基地は、南極点から一三〇〇キロのロス島にあります。南極入りして十日後、スコット基地のベテラン隊員四人の協力を得て、ペンギン・ルッカリ（営巣集落）を手掛かりに、橇二台、犬十六頭とともに出発。二日がかり八〇キロの道のりでした。

探検隊のような生活を続け、三日目に目的地ケープ・クローディアに到達しましたが、一年前には群れをなしていたというペンギンの姿は、一羽もみあたりませんでした。その日は、大きな氷山の割れ目（氷河トラップ）を前にそれ以上進むのは諦め、テントを張り、寝ることにしたそうです。

話し込んでいた蔵原監督が、高倉と椎塚カメラマンのテントを離れてからまもなく、午前四時ごろのようですが、猛烈なブリザードに遭遇しました。風速六〇メートル以上だったのではないかといわれています。

「気づいたら、テントがないんだよ。床に敷いてあったはずのシートは引きちぎられて、同じテントで寝てたはずの椎塚さんが見あたらない。大声で名前を呼んだら、かすかに声が聞こえたんで、あっ、良かった生きてるって。『眠っちゃダメだ、寝ると死ぬぞ』って叫んだよ。『八甲田（山）』で言った台詞だなぁ、こんなこと実際に言うんだ、なんて妙に冷静になってたな。

ただね、ドッ、ドッ、ドッって地響きが聞こえてきて、それはそれは不気味だった。それまで聞いたことない音だったから……。目だって開けてられない。寝袋ごと浮き上がってるようだったし、まるで芋虫。昼間見たあのクレバスが思い浮かんで、あそこまで飛ばされてったら、もう命はない。撮影とか、映画とか言っている場合じゃない。

こんなんじゃ、誰か死んだかもしれないなぁ、僕もこのまま死ぬのかな、人間って簡単に死ぬんだなぁって考えてた。助け出されたとき、四時間くらいたってたらしいよ」

高倉たち一行は基地で、隊員全員の明るい歌声に迎えられたそうです。なかでも、ジョン隊長は、基地のなかでは自分のことはすべて自分でしなければならないという規則を破ってまで、食堂で卵焼きを作って高倉たちの無事を祝ってくれたのだとか。

この時の様子を高倉はメモ帳に書き付けています。

〈Oct. 26日　TENT　マイナス32°　鼻が白く凍るのを初めて見る。乱氷地帯に入る。やむなくCAMP。ウンチがこんなに大変だと想像もしなかった。

28　マイナス33°　TENTぶっ飛ぶ。命からがらSNOWMASTERへ逃げ込む。これは一体なんだらう。21時45分風少し弱まる。和洋混合の昨夜の残飯をCollin作ってくれる。TENTに戻るが寒くて寝れず。時々気を失うようにしてまどろむ。Gary, Peter, Collin, Bill.

皆本当に良くやった良く助かったと思う。生々而加護〉（原文のママ）

　基地に戻った翌日、ペンギン・ルッカリの新情報をつかんだ監督が、ケープ・ロイズへ出発すると言い出したとき、高倉は、

「これは、もう正気じゃないと思ったね。前の日死にそうな思いをして、僕は耳がもげそうな凍傷になってて。でも、そうか、ここ（南極）にはペンギンを撮りに来たんだって思って……。もう、監督の執念だよ」

　ペンギンとの共演を無事果たしたあと、高倉は凍傷の手当てを受けるため、同年十一月九日、スタッフよりひと足先に、南極を離れロサンゼルスに向かいました。

「あぁ、やっと生きて地獄を抜け出せる」と思う反面、自分だけ先に南極を後にした後ろめたさに包まれながら。

『南極物語』が、高倉のその後の人生にもたらした影響は、次の言葉に集約できると思います。

「今度の南極ロケで人生観が変わりましたね。何よりも、死を身近に感じて命に限りがあることを痛感しました。もう人生の〝持ち時間〟があまりないなということ。残りの人生でどれだけのことができるのか、結局生きるとはどういうことか、南極ではそんなことばかり考えていました」（「読売新聞」一九八三年一月八日夕刊）

高倉が『南極物語』、『海へ　Ｓｅｅ　Ｙｏｕ』の二本でご一緒した蔵原惟繕監督は、二〇〇二（平成十四）年十二月二十八日に亡くなりました。

晩年、『南極物語』リニューアル版ＤＶＤを観終わって、高倉が言いました。

「（同世代の）蔵原監督も椎塚カメラマンももう死んじゃったんだよね。椎塚さんとテントの中でずっと話してたんだよ。寒すぎて寝られないんだから。今、ベッドで暖かくして寝られるって、それだけで極楽。（今まで）良くやってきたよね」

二〇一九（令和元）年、『南極物語』の三十六年前の35ミリフィルムが４Ｋにリマスターされました。一九九八年に発効した「環境保護に関する南極条約議定書」により、南極に元来ない動植物種の持ち込みが禁じられたことで、南極大陸でペンギン越しに犬橇が走るシーンは、歴史的にも貴重な映像となっています。

僕はマスコミに殺されたことがあるからね

――エイズ死報道への怒り

「僕は、世代の違う人から話を聞く機会がなかなかないから、へぇ～そうなの？　こんなの面白いね」

高倉は、雑誌や新聞記事を収集する有料サービスを利用し、「高倉健」について書かれた記事に目を通していました。少ない時でも月に三十件ほど、多いときには百件以上になりました。

本人が取材を受けた記事以外に、高倉に対して、世の中がどのような関心を持っているのか、興味深いものも見つかりました。

「この漫画、全巻揃えておいてよ」といわれたのは、若手評論家が、イメージキャストに高倉を推していたもの。

テレビの番組のコメンテーター候補として、高倉を挙げていた記事については、

「僕は本音しか話さないから、きっとピーピーだらけで番組にならないね。生（放送）には、あのピーッも入れられないだろ。だから、翌日から、その番組がなくなる可能性もある。番組潰しの健！　いまはＣＭもやってないから、どこに迷惑かけるわけでもな

し（笑）」

と、冗談を言いながら盛り上がることもありました。

それらの記事の中には、年末などの特集企画として、過去の出来事を報じるものもありました。物故者として高倉の名前が見出しに含まれていたので、私が事情が呑み込めずに、その記事を読み始めると、「僕はマスコミに殺されたことがあるからね」と、高倉が言葉少なに語りました。

高倉が「同性愛者でエイズに罹り死亡した」という記事が、日本で取り上げられていた頃、私は海外で仕事をしていたため、そのことを知りませんでした。しかし、その表情から、どれだけ不快な思いをしたかは、すぐに察せられました。

家での高倉は、喜怒哀楽の感情を隠すことなく、ありのままに出しました。特に「怒り」のスイッチがオンになるのは、たいていコンマ数秒。途端、それまでの穏やかな会話が一転、取りつく島がなくなります。形相が変わるので一目瞭然です。高倉の感情がとても繊細であることと、ずば抜けた記憶力の良さが相乗効果となり、水に流せないまま無理矢理閉じ込めてきた過去の不快な思いが、一気に噴き上がるのです。

そんな時、私には静観するしかありません。うろたえながらも日常生活を続けました。理由を問うことは許されないのが小田家のルール。一切の肉声が途絶えた家のなかで、扉が閉められる音は強烈で、蛇口からの水量は最大限、そして〝ドス、ドス〟と階段を上り下りする足音が響きました。用意した食事も、手を付けることはありませんでした。

このときは、無言から二日後、唐突に沈黙が破られました。

「あぁ、お腹空いた！　いやぁ、あの時のことを一気に思い出して、たまらなくなった。今でも忘れてないよ。誰も何も確かめずに、一方的に書いて。なんたって、ぼくは、いちど、ころされた」

高倉が「マスコミに殺された」と話すのは、『海へ　See You』（一九八八年）の海外でのシナリオ・ハンティングを終えたころだったようです。

「高倉健は同性愛者で、エイズに罹り死亡か？」といった事実無根、センセーショナルな見出しが、新聞、雑誌などで躍りました。二十社七十件以上の報道が確認できました。

「バカヤロー、泣いてないで、ちゃんと話せ」

「僕が海外に出てるときは、こっちから一方的に事務所に電話するだけ。しかも決まった時間じゃないし、今みたいに誰でも携帯電話持ってるわけじゃないからね。この時は、久しぶりに事務所に連絡したら、事務所の子がしどろもどろで途中から泣きだして、『あっ、社長（高倉のこと）……』って言ったきり次の言葉がなかなか出てこない。『大丈夫……なんですか？』って絞りだすように聞くんだよ。

　こっちは訳わからないから、『大丈夫だから電話してるんだろ！　バカヤロー、何があったんだ。泣いてないで、ちゃんと話せ』って怒鳴ったら、例の件（エイズで死亡説）だった。

僕からの電話はホットラインになってて、やっとそれが鳴ったから、はっ！　としたんだろうね。でも、いきなり泣かれるとびっくりするよね。

僕が話してる間ずっと、数台ある事務所の電話が鳴りっぱなし。あれじゃ誰だって、パニック起こすだろうな。僕からの連絡もなくて、不安になってたはずだから。『元気だから心配いらない』って、とにかく帰国することにした。何のためにそんなデマが流されているのか、海外ではまったく情報が摑めなかった。インターネットの時代じゃなかったからね。『新聞、全紙買っておけ』って事務所に頼んで、帰って読んだら、いいように書かれ放題。死んだはずの僕が帰国したってわかると、今度は、家の前に張り込まれた。

テレビで顔見たことがある女性の芸能レポーターとカメラマンが来てて、こっちはシャッター開けて車出すのに危ないって思ったから、外に出て『どちらの局の方ですか。まず、その担いでるカメラの電源を落としてくれませんか？』って丁寧に頼んだら、レポーターはずっと下向いて黙ったまま。カメラマンに『君はこういう仕事をしたくて、カメラマンになったのか？』って訊ねたら、そいつも俯（うつむ）くんだよ。

『いえ、ほんとは映画の仕事をしたかったんです』って、僕の目を見て言うから、『だったら、次は映画の撮影現場で会おうな』って話したの覚えてるよ」

高倉はその騒動ののち、一九八七（昭和六十二）年五月二十一日、次作『海へ　Se

e You』の制作発表に臨みました。この時、高倉が同性愛者ではないなら、また、死んではいないのなら、すぐに姿を現して会見をすべきでなかったかという質問には、言葉を選びながら、このように応えていました。

「自分の生き方を変える気はありません。正しいことはいずれ年数がたてば、わかってもらえると思ってますから」（「サンデー毎日」一九八七年六月七日号）

「僕よりよっぽど芸がある」

「（エイズ）騒動の記事、全部目を通した。裏なんかとってないし、いい加減なもんだよ。間違ってたら『ごめんなさい』って謝るのが当たり前だろ。少なくとも、僕のお母さんからは、そう教わったぞ。『お礼とお詫びは早く』ってね。

とにかく僕は、知らない間に殺されたんだからね！　少しあとになって、どうやら製薬会社が、エイズの新薬発売のタイミングで、僕の死亡情報を流したって記事が出てた。その情報だって、らしいってだけで結局うやむやだよ。

わかるだろ。どこにもぶつけようがない……、ホントに。自分から行った南極で死にそうな目に遭ったのとは、訳が違うよ。完全な悪意だろ」

この二年前にアメリカの有名俳優ロック・ハドソンが亡くなり（享年五十九）、同性愛者で死因がエイズであると公表されました。当時、エイズは不治の病と恐れられていましした。高倉が怪情報を流されたのは五十六歳のとき。ロック・ハドソンと年齢も近くくネームバリューもあるので、日本の広告塔となるには好都合だったのかもしれません。

LGBT（レズビアン、ゲイ、バイセクシャル、トランスジェンダー）という言葉が日常的に使われている今と違い、一九八〇年代後半は、まだ同性愛への偏見は強く、世間には衝撃的なニュースとして大きく扱われました。

なぜ、高倉の名前が出されたか――。東宝でラインナップされていた新作映画の制作が急に中止されたこと。エイズ治療で有名なパリの病院で目撃されたなどの怪情報が飛び交いはじめたとき、事務所が高倉の所在を確認できなかったこと。自宅に若い男性（当時の付人）とともに入っていくのを写真週刊誌に掲載されたこと。複数の記事をまとめると、これらが主な根拠のようでしたが、高倉が映画の撮影が終わるたびにふらりと海外に旅に出ることは、東映時代から「健サン失踪」と書かれるほど日常的でしたし、離婚後、女性の噂も絶えませんでした。にもかかわらず、なぜいきなり同性愛者と決めつけられたのか――。

裏をとることなく、本人が知らぬところで言葉の暴力により殺されたという事実は、俳優になるだけでも父親から勘当されるような土地柄、九州筑豊出身の高倉にとって、笑ってすまされない深い心の傷となったのです。

もっとも高倉は、同性愛者を差別することはなく、ゲイの方々ともお付き合いがありました。

「『(網走)番外地』のころ(昭和三十〜四十年代)は、(ゲイを)みんな〝おかま〟って言ったぞ。〝およし〟って当時有名なおかまがいて、しげおちゃん(長嶋茂雄)に連れられて店に行ってたんだよ。

あの時代、おかまは生きてくの大変だったよ。でも、生き残ってるおかまには〝芸〟があって、世の中の動きにも詳しくて、話術にも長けてた。政治もよく勉強しててね。僕なんかよりよっぽど芸があるなって思って、監督に紹介して映画に出てもらったよ」

高倉のいう〝およし〟とは吉野寿雄さん。一九三〇(昭和五)年生まれで、高倉より一つ年上、店は六本木の「吉野」でした。『網走番外地　北海篇』(一九六五年)に出演し、持ち味を発揮されていました。

高倉が亡くなる数年前、「吉野のママ引退」とテレビ番組で取り上げていたのを偶然見て、「まだ、元気なんだねぇ。会ってみたいな」と、懐かし気でした。

「およしが出た『(網走)番外地』に由利(徹)さんも出てて、空き時間になると『おしゃ、ま、ん、べ……』って笑わすんだよ。ただの地名なのに、由利さんが言うと、みんな大笑い。あれが芸なんだよ。青春だったなぁ。

『男の血潮がこだまする』(一九六一年)って映画のタイトルを、『おとこのちちをこどもすう』って。もう大爆笑」

「それからね……」と、「殺された」話は脇におき、笑い声が部屋に響き続けました。

まるで、泣き虫健ちゃんだな ――涙腺（るいせん）ゆるみっぱなしの『鉄道員（ぽっぽや）』

「もーう、寒かった。久しぶりの北海道だっただろ。装備はばっちりだったけど、出てるところがね（と鼻や耳をひっぱるように触りながら）。でも、今回は、地元のおばちゃんたちが、毎日熱々の炊き出しで、世話してくれてね。イモ団子っていうんだったかな？　これが美味かったんだよ。他にも、料理がたくさん並べられてたけど、僕はイモ専門。今度作ってみてよ」

『鉄道員』（一九九九年）の北海道（南富良野町幾寅（いくとら））ロケから帰宅した高倉の第一声は、地元幾寅婦人会の方々の、手作りジャガイモ餅の美味しい思い出でした。ジャガイモを使うのはわかりましたが、一体どんなものなのか、見当がつきません。ジャガイモの種類を高倉に聞いてもわかるはずもありませんが、お菓子のような甘味が強いものですか？　それとも食事で召し上がるような味ですか？　と聞いてみましたが、

「甘くもなく、しょっぱくもなく……。とにかく、ジャガイモなんだよ！　（中指と親指で○をつくり）このくらいの大きさで、厚みはこのくらい（食パンの八つ切りの厚さ）。作れるでしょう？」

と、サイズだけが伝えられました。

試行錯誤の末、男爵イモを生のまますりおろして片栗粉を少し加え、オリーブオイルで両面を少しキツネ色に焼いてから、甘醤油で味を調える、自己流ジャガイモ餅を作りました。高倉は「ちょっと味は違うような気がするけど、これも美味いよ」と食べてくれ、幾寅に少し寄り添えたような気がしました。

『鉄道員』は、私が高倉と出逢ってから、初めて撮影に入った映画でした。

「みんなが泣くから、もらい泣き」

『鉄道員』は、『動乱』（一九八〇年）以来十九年ぶりとなる東映作品で、前作の『四十七人の刺客』（一九九四年）から五年振りの映画出演でした。

東映東京撮影所（以下、東撮）坂上順（すなお）所長から、一通の手紙と原作本『鉄道員』が届けられたことから始まりました。手紙には、企画を立案したのが東撮の石川通生プロデューサーであること、かつて東撮で高倉と苦楽を共にした活動屋の多くが、定年を目前に控え、最後は高倉の作品に参加したいと切望していることが綴（つづ）られていました。

「坂上ちゃんらしいな」と高倉は苦笑いしていました。

「坂上ちゃん」こと坂上所長は、『新幹線大爆破』（一九七五年）や『野性の証明』（一九七八年）で一緒に仕事をした仲です。

「みんなの想いは嬉しいけど、この本（原作）でいいのかわからない。僕は、これじゃないって思うけど」
とつぶやき、「ホン（脚本）を読んでみないと答えが出せません」と返事をしました。前作『四十七人の刺客』から数年間の空白を経て、主演の責任を果たそうと納得できるほどの思いは、まだ生まれていませんでした。

高倉は普段から、業界関係者に接するのはごく稀で、いただいた企画について、少しでも前向きな気持ちにならなければ、担当者にお会いすることはありませんでした。『鉄道員』の最初の脚本が届けられてからも、坂上所長とは手紙のやりとりのみが続けられていました。この作品になくてはならない雪景色の撮影を考えると、高倉の結論待ったなしという段階になって、「ちょっと行ってくる」と、脚本に名前のあった降旗康男監督のご自宅を訪ねたのです。

帰宅した高倉の声は、弾んでいました。

「『降さん（降旗監督）、これ本当にやる気なの？』って聞いたんだ。最初のうちは、奥さんがお茶を運んできてくださってたんだけど、長居しないつもりが長くなってね。最後は、降さんが自分でお茶淹れてくれてたよ（笑）。いろんな雑談して、帰り際になって『どんな映画になるんですか？』って聞いたら、『五月の雨に濡れるような映画……』とかって言うんだ。（降さんは）東大出だからね、言うことが難しいんだよ！僕には煙に巻かれた感じ、さっぱりわからない（笑）」

のちに高倉は、出演への経緯をこのように話していました。

「演(や)ってみようかという気になったのは、プロデューサーの『撮影所の連中が最後の記念写真を撮りたいと言っている』という殺し文句だったんです。うまい殺し文句でしたね、これが。一緒に映画作りをしてきた人たちの多くが、あと二、三年の間に定年で撮影所を去っていくんですね。コロッとまいって、一枚の記念写真のつもりが、一本の映画を撮ることになった」(「アサヒグラフ」一九九九年六月十一日号)
こうして、『鉄道員』は難産の末、出発進行しました。

温かな涙、切ない涙、感慨無量の涙……

『鉄道員』で高倉が演じたのは、廃線が決まった北海道のローカル線の終着駅を守る駅長・佐藤乙松。親子二代で〝ぽっぽや〟一筋に生き、生後二ヵ月の一人娘を亡くした日も、妻に先立たれたその時も、「仕方ないっしょ。ぽっぽやだから……」と、定時安全運行を守り抜きます。孤独にあってもひたすら職務を全うし、気づけば、廃線と定年が目前に迫っていた——。

この映画で高倉はそれまで見せたことのない涙を流しました。駅長・佐藤乙松として見せた涙、父親としての懺悔(ざんげ)を思わせる温かな涙。記者会見やインタビューで東映時代を振り返るときに見せた切ない涙、映画賞授賞式での感慨無量の涙……。

衣装合わせで大泉の撮影所を訪れた日から、高倉の涙腺はゆるみっぱなしのようでした。

「参ったよ、今日は！　予定よりかなり早く着きそうだったんで、（迎えの車の）運転手さんに言って、撮影所の周りを回ってもらったんだ。見事に様子が変わっててね、自分が通ってたころが、ずいぶん遠い昔になったような気がした。で、門をくぐったら、みんな整列して出迎えてるんだよ。僕はそういうことが一番苦手だってわかってるはずなのに……。

部屋に入ったら、僕がいたころのまま、神棚までそのまま置いてあってね。僕が東映辞めたあとも、スタッフがとっておいてくれたんだって。たまんなかった。僕のこと、そんな風に思ってくれてたんだって、ちょっとグッときたね。そのあとは、何とか部の誰それですって、懐かしい顔が次々挨拶に来てくれて。みんなが泣くからさぁ……もらい泣き！」

帰宅後すぐに、自宅の神棚に祓詞（はらえことば）を言上（ごんじょう）していたことが忘れられません。さぁ、走るぞ！　という気合の現れでした。

一九九九（平成十一）年一月からの、北海道南富良野幾寅駅（作中では幌舞（ほろまい）駅）での撮影が始まりました。

「幾寅の撮影のあと、滝川で雪子（娘）のお土産に人形を買うシーンの撮影に入ろうとしたら、泊（とまり）ちゃん（懋（つとむ）、元プロデューサー。当時東映アニメーション社長）がカチンコ持って、立ってるんだよ。もうびっくりして『泊ちゃん！　何でここにいるの？』って聞いたら、『健さんが、東撮（東映東京撮影所）の映画撮るって聞いて、せめてカチンコだけでもいいから、参加させてくれませんかって頼んだんです』って。もう、そういうことされると困るよね。大社長がカチンコ打つためだけに、はるばる来てくれたって聞いて、ほんと参った」

一九九八（平成十）年十二月十八日、帝国ホテルで『鉄道員』製作発表記者会見が開かれました。

「すばらしいスタッフとキャスト、故郷の東映東京撮影所。先日も十九年ぶりに衣装合わせに行って、感慨無量になったんで……（長い沈黙）。一生懸命……燃焼しようと思っています」

と高倉は挨拶。その長い沈黙の意味を尋ねた記者への返事は、「世の中には、一言で説明できないこともあります」でした。

沈黙や涙の訳を訊かれたことへのささやかな抵抗からか、

「記者会見の時、知らない記者から、帽子を取って顔が良く見えるようにして欲しいって言われたけど、僕のことだからね、言われてからよけい目深に被り直したんだけど」

と、そんな天邪鬼秘話があったことも明かしてくれました。

そして、撮影中の様子を、雑誌で次のように語っていました。

「胸のなかを、こんなにも激しい感情がよぎったのは初めてでした。役作りのときにいつもなら、ムチ打って感情を引き立たせたものでしたが、今回は逆にブレーキをかけるのに苦労しました。自分の気持ちを押し殺さないと演技にならないというシーンがいくつもあった。人前で笑ったり泣いたりしてはダメだと言われて育った九州の男ですが、演じていて自然に泣けてしまった場面もあります。シナリオで読んでいたときや、テストのときとはがらりと変わって、本番で心のコントロールができなくなってしまった。こうした経験は、これまで『八甲田山』でたった一度あっただけです。（中略）

（主人公・佐藤乙松と同じ世代であることについて）特に意識はしませんでしたけど、同世代の共感みたいなものはあったかもしれません。だから、感情がゆさぶられて、涙が出たんだと思います」（前出「アサヒグラフ」）

「まるで、泣き虫健ちゃんだな……」

泣き顔が掲載された記事を見ながら、高倉は照れていました。

生きるために……、俳優になって……

——『鉄道員（ぽっぽや）』受賞スピーチ

『鉄道員』は公開されると、配給収入は二十億円を超え、今まで縁のなかった海外の映画賞もいただくことになりました。

「受賞者はケン・タカクラ！」

一九九九年九月六日（現地時間）、カナダで開かれた第二十三回モントリオール世界映画祭で、主演男優賞に高倉の名前がアナウンスされました。日本人男優として、初受賞となりました。

コンペティションには十九作品がエントリーされ、審査委員長をつとめたスウェーデンの女優ビビ・アンデルセンから、「あれだけ寡黙な演技で人を感動させる俳優こそ賞に値する」という強い支持を受けてのものでした。

地元紙「ガゼッタ」には、

〈物静かで悲劇的な力を備えた映画（中略）高倉演じる乙松はバスター・キートン以来の最も悲しげな顔をした鉄道員〉（「読売新聞」一九九九年九月十日夕刊）

とも書かれました。

モントリオール映画祭の受賞式を欠席した高倉が発表したコメントです。

〈不況の日本映画に『鉄道員』は大勢の皆さまに劇場に足を運んでいただき、それだけでも大変な喜びなのに、このような賞まで受賞して感動しております。気をもってこの映画の製作に携わってこられた方々に心から感謝を申し上げ、また喜びを分かち合いたいと思います。評価は謙虚に受け止め、明日への反省にしたいと思います。一生懸命な人たちと仕事をするのは悪くないとしみじみと思っています。うれしいです〉

目から熱いものが

映画公開の翌年二〇〇〇（平成十二）年、『駅　STATION』（一九八一年）以来、十八年ぶり四度目の日本アカデミー賞最優秀主演男優賞を受賞しました。しかし授賞式当日、高倉が会場入りするかどうか、関係者全員がその日を不安の中で迎えることになりました。式典嫌いでモントリオール映画祭も欠席していたうえに、式典出席が最優秀賞受賞の暗黙の条件となっていることに、高倉は前々から疑問を呈していたからです。

例年にない授賞式の緊張感が、テレビ画面を通して伝わってきました。

高倉健の名前は聞いたことがあるけれど、どんな人？　本当に生きてるの？　そんな方々が会場に大勢いらしたと思います。式は進行し、最優秀主演男優賞として高倉の名前が呼ばれ、受賞スピーチとなりました。

記念の像を両手でしっかり包み込み、ややうつむき加減だった高倉が背すじを伸ばし、さらに、ひと呼吸あって、話しはじめました。

「生きるために……、俳優になって……」

ここまで話し、再び言葉に詰まります。目から熱いものが頬を伝いました。

さらに少しの間があって、

「あっと言う間に四十数年やって、心が冷えてかたくなになっていたのが和みました。すみません、興奮して……。何度いただいてもうれしいです。またいただけるように一生懸命がんばりたいと思います」

絞り出すようにはじまり、力強く締めくくりました。TV画面の前で、私もようやく肩の力が抜けました。

このスピーチでの冒頭「生きるために……、俳優になって……」と言葉を詰まらせたとき、高倉が通り一遍の挨拶ではなく、映画『鉄道員』を支えて下さった大勢の方々への感謝の気持ちを、映画俳優としての強い覚悟をもって、伝えたかったのだと察しました。自ら望んだわけではない俳優業で、深く傷ついたことも少なくなかった高倉の心の叫びを、この短いスピーチと涙が、物語っているように思えてなりませんでした。

受賞スピーチの最後に「またいただけるように一生懸命がんばりたいと思います」と話した高倉ですが、若い人の受賞の機会を奪わないために、という思いから、こののち日本アカデミー賞の対象者から自分を外すように要望し、受賞者として登壇することはありませんでした。

高倉にとって第二の故郷として、思い出が積み重なった北海道がロケ地となる作品は、三十四作あります。『鉄道員』がその最後となりました。

ロケ地となった幾寅駅周辺には、ロケセットがそのまま残されました。雪解けの季節になると、ホーム周辺には色とりどりの花が咲き揃います。幾寅婦人会の方々の手入れの賜物(たまもの)です。

二〇一八（平成三十）年、北海道は命名から百五十年を迎えました。道立美術館四館（釧路、帯広、札幌、函館）をおよそ二か月ごとに巡回した高倉の追悼特別展の開催が、北海道の記念の年と重なりました。

北海道巡回展のキャッチコピーは、

〈おかえりなさい、健さん。北の大地へ〉

『鉄道員』原作より

――初雪の降った十一月十日の生れだから、雪子ってつけた――

十一月十日が、高倉の命日となりました。

『鉄道員』との不思議なご縁です。

ドキュメンタリーを撮ってみたいね ——『ホタル』出演の序章

高倉はドキュメンタリー番組が好きでした。英国BBCや米ディスカバリーチャンネル、ヒストリーチャンネルなど海外のものをよく観るいっぽうで、「はじめてのおつかい」シリーズもお気に入りでした。

「こういうの、一度撮ってみたいね」などと感想をもらし、親交のあった中国の張芸謀監督に、気に入ったドキュメンタリー番組の一本としてDVDを届けたこともありました。

そんな高倉が偶然目にしたのが、日本テレビ「知ってるつもり?!」で取り上げられていた鳥濱トメさんです。戦時中の特攻隊員にとって〝知覧の母〟として知られる方でした。

番組を見終わったあと、高倉は導火線に火がついたように、訓練兵となったお兄様のことを話しはじめました。

「僕たちは四人兄妹（兄一人、妹二人）。昭二兄さんは、普段優しい顔しか見たことなかったのに、一度だけ、完全に人が変わったと思ったのが、終戦後、予科練から家に戻ってきたとき。〝回天〟って聞いたことある？　飛行機で敵陣めがけていく特攻隊は知ってるだろ？〝回天〟はその潜水艇版で人間魚雷っていわれたものなんだ。一人乗りで、爆薬積んで敵に体当たりする。飛行機は目視できるけど、回天は前が見えない。潜望鏡が頼りの、鉄のかたまりだった。潜水艦から一度発進したら、敵艦に命中してもしなくても、操縦士の命はない。

どっちにしたって、十代そこそこで背負わされる運命としては、考えられないほど残酷だよ。生きて帰れない、生きて帰っちゃいけないいんだってわかったうえで、出撃していくんだから。

昭二兄さんは回天の特攻隊員だったんだけど、結局、乗り込まずにすんで、命拾いしたんだ。でも、家に帰って来てからすぐは、まるで別人。声もかけられない。少し家にいたあと、日本刀を持ち出して、何日もどこ行ったかわからないままだった……。

それが次に帰ってきたときは、いつもの穏やかな顔に戻ってた。そのとき、何があったのかは聞けなかったし、そのあとも話してくれなかった。戦争がもし長引いていたら、僕だって同じ立場になってたんだよ。こうして生きていられるのは、運が良かっただけ……。不思議な気がするときがある」

五年振りの出演作『鉄道員』が話題を集めた翌年の二〇〇〇（平成十二）年、高倉が世紀の変わり目を前に、（映画俳優として）自分にできることは何かと考えていた時、この特攻隊のドキュメンタリー番組を見たのです。それが翌年に公開された『ホタル』につながりました。

キャッチコピーは、〈二人で一つの命じゃろうが〉。史実をもとに竹山洋、降旗康男により脚本化されました。

鹿児島知覧基地を望む漁港で漁師として生きる主人公・山岡（高倉）は、元特攻隊員。特攻で死んだ元上官の許嫁・知子（田中裕子）を妻に迎え、仲睦まじく暮らしていました。元号が昭和から平成に変わる節目に、特攻隊の生き残り仲間の自殺の報に触れ、また、腎臓透析を続けていた妻の余命が残り少ないことも知らされました。山岡は妻とともに、妻の恋人だった上官の遺品と想いを、上官の故国・韓国の遺族へ届けに行く旅を決意するのです。

題名の『ホタル』は、出撃する特攻隊員が言い残した「敵艦を撃沈し、ホタルになって帰ってくる」に因るものです。

高倉は一九八九（平成元）年、『ブラック・レイン』の撮影中に共演したアンディ・ガルシアに付き合って、アメリカでボートを見に行きました。「アンディは気に入ったのがなかったんだけど、冷やかしで見に行った僕が、衝動買いしちゃったんだよ」と、ＣＡＳＡ　ＢＬＯＮＣＯ（カーサ・ブロンコ）と名付けられたクルーザーを日本で所有していました。

それまで船舶免許を取る機会がなかったので、操舵はいつもマリーナの方にお世話になっていました。ところが、この『ホタル』での役は、漁師です。そこで、七十歳を目前にして高倉は一念発起し、一級船舶免許取得のため南の島に赴きました。

「（船の揺れで）吐いた、吐いた」と、時折現地から入る電話で大笑いし、「みんな僕よりうんと若くてね、情けないところ見せられないから、気を張ったよ！」と、最年長参加者ながら持前の負けず嫌いが、顔を覗かせていました。

免許取得後、持ち帰った筆記用具や海図、コンパス、三角定規を整理しながら、

「海に出て、船上で計算とかさせられるんだけど、慣れてないうえに、揺れる船の上で読まなきゃいけない字がさ、とにかく小さいんだよ。参ったね。今度の（作品）は、船の操舵ができないんじゃ、話にならないからね」

と、舫（もや）い結びの手順を、身体に馴染ませるよう繰り返し練習していました。

「古賀（政男）先生がギターをお教えしたいと」

この映画では、ハーモニカを吹くシーンが印象的にインサートされます。

「何か楽器を弾けるといいんだけど……。結局これなんだよね。楽器っていえばね、東映でヤクザ映画撮ってるとき、『古賀（政男）先生が、高倉さんにギターをお教えしたいと仰られてます』って、唐突にプロデューサーか誰かに言われたことがあったね。

そのころ、撮影だけで精一杯で、それどころじゃなかったから、『お気持ちだけ、ありがたく頂戴します』って伝えてもらったのは覚えてるけど、タイミングさえあえば、習っておいても良かったね」

と、高倉が日ごろから手にしていたのは、ハーモニカでした。凝り性の高倉らしく、八本ほどのコレクションがあり、その日の気分で吹き分けていました。

「僕は漁師（の役）だから、上手く吹きすぎないほうがいいんだよ。演出部がお手本の録音テープを用意してくれてるけど、演奏家じゃないからね」

と、家では、あえて音を外して、「赤とんぼ」や「故郷の空」を吹いていました。

「『駅　ＳＴＡＴＩＯＮ』のとき、大晦日の飲み屋で、倍賞（千恵子）さんが少し音を外しながら『舟唄』を歌う、あれを手本にね。（役者は）どうしてもうまく見せたいってなって、何でものど自慢したがるけど、僕は、上手く吹きすぎないほうが、役の人物を感じて貰えるって思うね……」

ロケ間近になると、手の感触がほど良く馴染むマイハーモニカを選びました。

『ホタル』のロケ地となった漁港は、鹿児島県垂水市海潟（かいがた）でした。撮影中、大勢の漁師さんや婦人会の方々に、お世話になりました。このロケ中に、地元のカンパチ養殖の漁師さんの家に、男児が誕生しました。

「名前を付けて下さいって頼まれてね。『そういう大切なことは、親とか親戚とかでしょう。僕でいいんですか？』って何度も聞いたけど、どうしても縁にあやかりたいって言われてね。とってもお世話になった漁師さんだったんで、〝誠治〟って付けてきた」

ロケ先から戻り、高倉が話してくれました。

高倉は魚が苦手で、「ここのカンパチはとても美味しいです」と、どんなに強く勧められても、「僕は、苦手なので食べません」と正直に言い続けたようです。ですが、ロケが終わる最後の最後まで、遠慮してるだけなんじゃないかって思われて、断るのが大変だったと笑っていました。

「日韓両国の架け橋になれたら」——韓国人留学生の死に心打たれて

「(故郷の) 福岡は、韓国、中国に近いからね。学校の同じクラス四十人くらいの中に、五、六人は韓国の子がいたよ。仲良くなった友達から、『アリラン』とか教えてもらってたから、(『ホタル』の韓国ロケで) 歌うとき、そいつのことを思い出したね。懐かしかった」

高倉は、「アリラン」の練習をしながら、話してくれました。

日本公開後、『ホタル』はロケ地になった韓国での上映が決まり、二〇〇二年一月十四日、ソウルでの記者会見に臨みました。日本では劇場挨拶をしなかった高倉が、韓国へ向かった理由は二つありました。

一つは、高倉は常々、日本映画に刺激を与えるには、国籍や文化の異なる人々と積極的に仕事をするべきであり、自分がその布石になれないだろうかという思いを抱いていたためです。それが、「両国の映画の架け橋になれたら嬉しいです」という、現地での挨拶につながりました。

もう一つは、この前年の一月、東京のＪＲ新大久保駅で、ホームに転落した男性を助けようとして亡くなった韓国人留学生、李秀賢（イスヒョン）さん（当時二十六歳）の墓参でした。李さんのことをニュースで知った高倉は、これこそまさに日韓の架け橋だと受け止め、李さんのご両親に上映会にお越しいただき、お悔やみを伝えたのだそうです。

高倉は『ホタル』で、第二十一回藤本賞特別賞を受賞しました。

藤本賞は、映画プロデューサー藤本真澄（さねずみ）氏の功績を称え、一九八一（昭和五十六）年に東宝が設立しました。二〇〇八（平成二十）年以降は、映画演劇文化協会が主催し、主に、映画製作者に贈られており、俳優がこの賞の対象になることは、珍しいことでした。

海軍から支給された懐中時計

『ホタル』の主人公には濱園（はまぞの）重義さん（当時七十七歳）というモデルがいました。撮影終了後、濱園さんから貴重な話を伺った感謝の気持ちとともに、高倉は劇中で使用した腕時計を贈りました。

ほどなく、濱園さんから送られてきた小包には、戦時中、海軍から支給されたスイス・ロンジン社製の懐中時計が、時を止めたままおさめられていました。

「こんな大切なものを……」これが濵園さんと共に戦った〝戦友〟だと察した高倉は、この時計を蘇らせることができないかと、時計メーカーの知人に事情を説明しました。すると、「スイスの本社には、腕のいい職人が大勢います。古いものなので、パーツの在庫はもうないと思いますが、必要なら職人たちが作り直してくれるでしょう。時間はかかると思いますが、お送りしましょうか」と言われたとのことでした。

こうして、濵園さんの懐中時計は、スイスへ旅立ちました。

数か月後、時を刻めるようになって、高倉の元に戻ってきました。そこには、仲介した時計メーカーの方から、一通の手紙がそえてありました。

「高倉さんの想いを意気に感じた時計職人が、すでに引退していたにもかかわらず、快く修理を引き受け、もう使えなくなっていたパーツを、一つひとつ手作りして下さいました」と、書かれていました。

「ありがたいね」と、高倉は、その職人魂に感激していました。「こういう話を、映画にできないかと思うんだよ」と。

そして、その懐中時計は無事に、濵園さんのお手元に戻されました。

「あと少し生まれるのが早かったら……、僕は、こうして生きてなかったかもしれない」

そう思い続けていた高倉だからこそ、戦争を生き抜いたこの時計に、強く心を寄り添わせたのだと思います。

僕にとって第二の敗戦だ　――東日本大震災と遺作『あなたへ』

「見てごらん。きれいだよ～」

二階で『あなたへ』の脚本を読み終えた高倉が、一階のキッチンにいる私に声をかけてくれました。声のした部屋に急いで向かうと、高倉は窓辺に立ち、細く棚引く雲間を縫って、夕陽が沈んでいくのを見ていました。

静寂の刻（とき）……。

夕陽が地平に吸い込まれると、「一瞬だったね」と低く呟（つぶや）きました。そして、残照が弱まることなく、むしろ力強くより鮮やかな赤みを帯びていく様子を見続けながら、

「もうみんな、僕が死んじゃったと思ってるかな」

と苦笑いしていました。

『あなたへ』の前に出演した映画は、二〇〇六（平成十八）年公開の中国映画『単騎、千里を走る。』。その後は、同じ年にTBSの世界遺産十周年スペシャル特別版のナレーションを受けただけで、五年間、コマーシャルにも出演していませんでした。

「それにしてもちょっと、間を空け過ぎてるよね。怠けてるのかなぁ」

と、高倉はこの冬眠期間を振り返っていました。

この冬眠期間中に再読した一冊に、池波正太郎の「最後の目標」（『完本池波正太郎大成29』講談社）があります。高倉が赤線を引いたくだりには、こう書かれています。

〈人間の欲望は際限もないもので、あれもこれもと欲張ったところで、どうにもならぬことは知れている。一つ一つの欲望を満たすためには、金よりも何よりも、それ相応の〔時間〕を必要とする。一を得るためには、一を捨てねばならぬ。時間のことである。人生の持時間こそ、人間がもっとも大切にあつかわなくてはならぬ〔財産〕だとおもう。三日に一度ほどは、ぼんやりと自分が死ぬ日のことを考えてみるのは、徒労でもあろうが、一方では、自分の中の過剰な欲望を、打ち消してくれる効果もあるのだ〉

高倉のなかに、追いかけるものへの変化が確実に生まれていたように思います。

「僕は完全無欠の〝イラチ〟」

二〇一一（平成二十三）年三月十一日、東日本大震災が起こりました。高倉、八十歳。発災のとき、高倉は行きつけの床屋さんから車で自宅に戻る途中でした。徒歩で買い物に出ていた私は、急ぎ帰宅しました。床に物が散乱した状態に茫然（ぼうぜん）としながら、どこから手をつけるべきか悩んでいると、固定電話が鳴りました。

「あぁ、繋がってよかった。今、〇〇あたり、車はゆっくりだけど、動いてる。何とか帰れると思うから、心配しなくていいよ」

「はい。お持ちしています」と短く返しました。

ですが、もう戻ってきてもいい頃になっても帰宅の気配はなく、携帯電話は不通でした。そのことが、どれほど高倉を苛立（いらだ）たせているか、想像に難くありませんでした。

「僕は完全無欠の〝イラチ〟」と本人が言って憚（はばか）らないほど、高倉は典型的なイラチ目イラチ科です。「遅いことは誰でもできる。（頼んだことは）早いのが嬉しいよ」が、口癖でした。

私は、高倉の帰宅が遅れていることが気がかりな一方、一刻も早く部屋を片付けることで頭がいっぱいでした。

十人がけの大きなテーブルの上に積み重ねられていた書籍や書類が、雪崩を起こしていて、重ねた本の上下が入れ替わるだけで機嫌を損ねる、高倉の不快な顔が頭をよぎりました。倒れたガラスランプや額のガラス類が割れていないかを確かめ、高倉が怪我をしないよう、とにかく足場の確保を最優先に考えました。

やがて、私の携帯に「大丈夫？」とメッセージが入りました。高倉はそれまで、「必要ないだろ」と頑（かたく）なにメールを拒否していたので、切羽詰まった状況であることが、察せられました。

この震災が教訓となり、「いざとなったら、メールしか通じないと、覚えておくべきだね」と高倉は本格的にメールを打つ練習を始めました。

高倉が無事帰宅できたとき、

「電話通じたのは、あのワンチャンスだけだった。あのあと、パタッて（車が）動かなくなるし、いつもの二倍半くらい、時間がかかったのかな？　でも、まずは戻れてよかったよ。車を乗り捨てて歩かなくちゃいけないかな、とか、歩けない距離じゃないなとか、いろいろ考えてた」

と、初めての事態に疲れた表情を見せていました。

翌日から、高倉はしばらく家にこもり、被災地からのテレビ報道をつぶさに見て、「諸行無常だなぁ……」と、言葉数もどんどん減っていきました。

原子力発電所の放射能漏れ事故、津波で無辜の多くの命が失われた事実。為すすべのない事態に、「これは、僕にとって第二の敗戦だ……」と語りました。

日ごろから、俳優としての矜持を口にしていた高倉は、

「どんな職業でも、その職業の地位を少しでも高めるために、努力し続けることができるかどうかが大切なんだよ。どんな職業でもね！　こんな時、映画俳優は何の役に立つんだ？　何もできないでいるのは、ただの爺だな……」

と、途方もない無力感に苛まれていました。

『あなたへ』の台本に貼られた被災地で水を運ぶ少年の写真

蹴りを入れられた気がする ——被災地の少年の写真

地震発生から、世の中が少しずつ日常に戻りはじめたころ、高倉は震災関連の膨大な記事のなかから、一枚の写真に目を留めました（三月十四日宮城県気仙沼市）。ピンクの長靴、上半身を覆う大きなサイズのカーキ色のジャンパー姿で、背丈よりも高く積まれた瓦礫のなかを、水を満たした酒用のペットボトルを両手に提げて歩く一人の少年。ぐいっと引き締められた口元と、伏目がちに歩く姿が、彼の決意を物語るかのようでした。

月刊「文藝春秋」（二〇一一年六月号）で作家・塩野七生さんが、この写真を見たイタリア人記者の「面がまえがいい。日本は必らず再興する」というコメントを紹介されていました。

「これ、切り抜こう」と高倉が言いました。Ａ４サイズに拡大したカラーコピーをとって、額に入れました。頻繁に目にする廊下の壁に、高倉が亡くなるまで掛け続けました。

「この子がどんな思いで日々を過ごしているか、いろんなことを想像するね。この子だけじゃない。被災地でみんなが生きる努力をしてるとき、僕が何も出来ないでいるのは、情けない。俳優は、映画で何かを伝える以外、ないんだ。この写真見てると、（少年が）『絶対に負けない』『負けるもんか』って全身で訴えてきてるよね。蹴りを入れられた気がするよ」

この決意から、高倉は遺作となった『あなたへ』に出演しました。台本の余白にこの少年の写真を貼り、被災者の方々への鎮魂の思いを込めて、撮影に臨みました。

映画のキャッチコピーは、〈大切な想い　大切な人に　届いていますか――〉。

二〇一二（平成二十四）年公開の『あなたへ』は、東宝配給、降旗康男監督作品です。降旗監督とは、東映時代の『地獄の掟に明日はない』（一九六六年）から、二十作目になりました（『単騎、千里を走る。』の日本部分を含む）。

富山刑務所の指導技官・倉島英二（高倉）のもとに、亡くなった妻・洋子（田中裕子）が、生前託していた手紙が届けられます。そこには、〈故郷の海に散骨して欲しい〉と書かれていました。

もう一通、平戸郵便局留めの手紙があり、その保管期間があと十日と知らされます。倉島は退官後、妻とともに旅する予定だったキャンピングカーで、妻の故郷・長崎へ向かいます。その道すがら様々な人に出会い、散骨を通して妻の思いに触れ、新たな人生を踏み出す物語です。

「もう、そんなに何本も撮れないよ。いつまでも生きてるわけじゃないからね。考えてごらんよ。今までのペースだったら、撮れたとしても、まあ二、三本？　そんなにないかもしれないね」

岡村隆史さんとの約束

高倉は『あなたへ』で、一つの約束を果たしました。『鉄道員』で日本アカデミー賞最優秀主演男優賞を受賞したときに、贈呈式の会場で、ナインティナインの岡村隆史さんと交わしたものです。

二〇一七（平成二十九）年に収録されたBS朝日ドキュメンタリー番組「高倉健の素顔　孤高の映画俳優・83年の人生」で、その時のことを岡村さんが振り返っていました。

主演映画『無問題(モウマンタイ)』が話題賞を受賞した岡村さんが、司会者から壇上で、目標とする役者はいますか？　という質問を受けたあとのことです。

「『やっぱり高倉健さんみたいになりたいなと思います』って、僕ゆうた瞬間、ピタッて空気止まってましたからね、会場の。どえらいこととしてしもたと思いましたから。よくあんなことゆえた、若かったんでしょうね、僕も。（会場は）何をゆうてんねん、あいつは。役者ちゃうやろ、お笑いやろみたいな」

凍り付いた会場の雰囲気を破ったのは、高倉が岡村さんに送った拍手でした。自分のテーブル席から、ひとりすっと立ち上がった姿が、映像に残っています。

「助けられた思いです。健さんが立って拍手して下さったことが、何かこれでいいんだみたいな空気になったんですよね。みなさんで写真撮影があったときに、健さんの方からふわって来ていただいて、お声がけしてもらったんですよね。『（番組）見てますよ』って。ええっ？　と思って。『いつか一緒にお仕事しましょうね！』って、ゆっていただいたあとに、『冗談じゃなくてよ』って言ったんです、健さんが。それを、僕ずーっと待ってたんです。いつか一緒にお仕事出来る日が来るんだろうと思って」

そして、岡村さんが心のバランスを崩され療養生活を送られていた時に、高倉が励ましの手紙とともに一冊の本をお届けしたことを、このように話されました。

「いただいた本（『中山博道　剣道口述集』堂本昭彦編著　スキージャーナル）なんですけど、これ、うそでも何でもなく、ここにね、付箋があったんですよ。ここを読みなさいってことなんですね。しかもそこに、赤線が引いてあったんですよ。ただ、その時、気持ち的にもだいぶ落ちてたんで、テレビも見れない、本も読めないっていうすごい苦しい時期やったんですよ。ここだけ開けて、ここしか読めなかったんです。

〈当たる盛りに自戒せよ〉

僕レベルやと、理解できないというか、もう、達人の本なので。ただ僕、この一ページさえ読めなかったら、もしかしたら（療養生活が）もっと長引いてたかもわからないし、僕の中ではほんと命の恩人っていうくらい大きな人です。ほんと」

高倉は普段から、岡村さんの活躍をテレビでよく観ていました。ＥＸＩＬＥのコンサートの舞台に飛び入りで登場して、ダンスをシンクロさせていくシーンを観たときには、「岡村って、ものすごいエネルギー発してるよね」と感心していたほどです。なので、岡村さんがある時期、精神的に不調だと知り、「自分に負けるな」という思いを手紙に込めたのです。

大滝さんの台詞に「思わず涙が出た」

「中国ロケで意外だったのは、ベテラン組に混じって若手の、しかも女性スタッフが多かったこと。僕の東映の頃なんか、女性スタッフっていったら、記録さんだろ、あとまあ、結髪（けっぱつ）さん、衣装部……。とにかく男ばっかり。張芸謀はまず現場を体験させて、無言のうちに、スタッフを育てていこうとしてたのが分かったね。

ドキュメンタリー班で、食事もそこそこに少しも休まないで、ビデオカメラを回していた女性は、まだ学生だって聞いた。監督のお眼鏡にかなったんだろうね。彼女も必死に応えようとしてた。チームで、ライバル。監督の次の作品に選ばれるかどうか、緊張感と活気だね。ほんとにいい現場だった」

という前作『単騎、千里を走る。』での体験から、自分のこれからの使命は、次世代に何かを伝えることなのではないか、と高倉は考えるようになっていたようです。『あなたへ』では、長塚京三さん、原田美枝子さん、浅野忠信さん、綾瀬はるかさん、三浦貴大さん、草彅剛さん、余貴美子さんなど、初めての共演となる俳優さん、さらに初めて組む大勢のスタッフの方々に囲まれました。

富山から、飛騨高山、兵庫県朝来市、福岡県門司港を経て、クライマックスの散骨のシーンは、一二〇〇キロ離れた長崎県平戸の薄香港で撮影されました。

散骨を受け入れる地元漁師の大浦吾郎役は、高倉と共演歴の長い大滝秀治さんでした。映画が公開された一か月余り後に八十七歳で亡くなられ、『あなたへ』は大滝さんの遺作ともなりました。

「大滝さんとも久しぶりで。少し身体をお悪くされていて、両脇を抱えられるように現場に入られた。リハーサルの時は、少し声が細くなってるかなって気になったけど、本番は全然違った。『映画の仕事は久しぶりです』って張り切っていらした。僕も久しぶりだったんだけどね（笑）。

散骨のシーンで小さな船を出すとき、大滝さんが『出航！』って、ホン（脚本）にない台詞を言うんだけど、あれは大滝さんの気合。

泳ぎが苦手だって、船を怖がってたから『大滝さん、ここにしっかり掴まってて下さい。万が一、海にでも落ちたら大変だから』って伝えたら、最後まで僕が言ったところをしっかり握りしめて。いい顔されてた。スタッフが、『大滝さん、神々(こうごう)しかったですね』って言ってたくらい」

その後、船上での散骨を終え港に戻ってからの撮影で、思いがけないことが……。

「大滝さん、リハと全然違うんだよ……。僕の知ってる大滝さんは、『八甲田山』も『君よ憤怒(ふんど)の河を渉れ』も『あにき』（TVドラマ）も、どちらかといえば舞台っぽいっていうのかな、濃い芝居だったんだけど、あのときは、大浦吾郎じゃなく、大滝さんなの。

『久しぶりにきれいな海ば見た』なんて、脚本で見たときはつまらない台詞だなって思ってたんだけど、大滝さんが口にされた途端、思わず涙が出てね。カメラが僕の後ろだったから撮られてないんだけど」

『あなたへ』は高倉の七年ぶりの映画出演となり、メディアの関心も高いものがありました。高倉が台本に写真を貼っていることもテレビで紹介されたため、少年（松本魁翔(かいと)

さん）が再び注目されてしまったことを、高倉は懸念していました。その想いを、仮設住宅に移り住んでいた彼に直接、手紙で伝えました。

〈私は魁翔君があまり注目されすぎてしまうことを望みませんでした。人生で一度しか味わえない子供時代の日常生活を、できるだけ平穏に過してほしいと願っているからです。遠くからですが、貴方の成長を見守っています。負けないで！〉（抜粋）

黒澤さんの映画に出てたら、僕の人生は違ってた

——幻に終わった映画出演

「あと、何本できるかな……。僕が、あのとき黒澤（明監督）さんの映画に出てたら、どうなってたかな。僕の人生は、まったく違ってただろうね。そしたら、貴にも逢えてなかったかな」

二〇一四（平成二十六）年四月、検査後、急遽、入院することになった高倉が、慣れない病院のベッドに横になりながら、先ず話したのは、やはり映画のこと。

その映画とは、黒澤監督の『乱』（一九八五年）でした。

「僕は、何度も監督と話をさせて頂いて、僕が時代劇の経験があまりないこと、苦手意識があることも話して。そのあと、監督から頂いた直筆のお手紙に、僕にはもったいないような言葉が書かれてた」

黒澤監督からのお手紙には、もっといろんな話をしたかったこと、年齢を考えると時代劇をつくる機会は今後はないと思うこと、（高倉がオファーを受けた）鉄（修理）は監督として惚れている役であり、かつてない「雄大な武士」を描くため是非出てほしいこと、などが綴られていました。

二〇〇六年三月号の月刊「文藝春秋」でもこのように答えています。

「黒澤監督とのことは今も苦い思い出です。思い返すたびに胸が痛くなります。黒澤監督を傷つけてしまったという思いもあるし、僕自身も傷つきました。（中略）結局、俳優と監督というのはタイミングが大事なんですねえ。『ギャラなんかどうでもいい。馬から落ちる役でもいいからやりたい』と思うほど恋い焦がれていた監督なのに、一度も一緒に仕事をできなかった……。黒澤監督と一作でもやっていたら、僕の人生はまた違うものになっていたのかな、と思うときもあります」

高倉が長く黒澤監督への想いを忘れられなかったのには、もう一つ訳がありました。黒澤監督が一九九八（平成十）年に亡くなられたのち、『乱』での監督と高倉の経緯を知るスタッフの方が、黒澤監督が描かれた高倉の〝鉄修理〟の絵コンテの写真を、届けてくださったのです。

手のひらに収まるほど小さな写真で、鮮やかな朱色に彩色された兜を被った高倉の肖像、左側、右側、正面のやや左向きに描かれた三葉でした。ひと筆ひと筆のタッチは力強く、監督の心の躍動が見えるようでした。

独立後の高倉は、マネージャーを付けず、仕事はすべて自分で引き受けていました。にもかかわらず、この『乱』では、別の映画の撮影中だったため、調整役の方を立てざるを得ず、自らのルールを崩したがゆえに、監督も傷つけ、自らも傷つきました。

高倉は、黒澤監督が描いてくださった自分の肖像を額に入れ、あの日のあの出来事をつねに自戒し続けたのです。

以来、〝仕事の基本は、脚本と人〟という考えが、高倉の中でより強くなりました。

特に、脚本は新たな世界の扉。高倉のもとに脚本が届いても、関係者が間に入ろうとする気配を察しただけで、読まずじまいということさえありました。

「僕が事務所を構えてるんだから、直接、僕に脚本を届けてくれればいいだけのこと。仕事をするのは僕なんだ！　頼むから、間に入ろうとしないでくれ！」

と、高倉が電話口で語気を強めるのを聞いたことは、一度や二度ではありません。残された自分の持ち時間をつねに意識しながら、仕事に真摯（しんし）に向き合う姿勢を、最後まで貫きました。

「引き受けた仕事は全力で」

「『高倉さんが動くと嵐がおきるんですから、映画にどんどん出て下さい』って、藤本賞の贈呈式で、白井（佳夫、映画評論家）さんに声かけられたけど、そういわれてもね、ホン（脚本）次第だもんな。もうそんなにたくさん、できるわけじゃないからね」

お届け頂いた脚本は、すべての出発点。身心ともにコンディションが整うまで、何週間も開かれないままのこともありましたが、集中力がみなぎってくると、「今日、読もうかな」と声がかかりました。

そんなときは、部屋の環境にも気を配りました。午前と午後で差し込む陽射しは変わります。リビング、食堂、書斎、庭には、それぞれ座り心地の違う椅子が置かれていて、「今日は、ここで読むね」と、お気にいりのリーディググラスを持って、高倉は好きな場所に向かいました。

中国茶、日本茶、ハーブティなど、その時のリクエストに副って、ロイヤルコペンハーゲンのマグカップに温かい茶を淹れました。

この時の必需品は、赤鉛筆と付箋でした。赤鉛筆は二種類。朱色のTombow VERMILION-8900と、「もう少し、（書き味が）柔らかめのがないかな？」という高倉からの希望で、赤味が強いKARISMA COLOR Crimson Red PC924を用意しました。心の琴線に触れる箇所への線引きや書き込みは、デリケートなことでした。「この赤鉛筆の先、尖らせすぎ！　ポキッと折れるのが気になるから」とシャープナーで削ったものにダメ出しがあったので、それ以降は、赤鉛筆は和式ナイフで削り出しました。

付箋は3Mの透明見出し683MH Post-it ジョーブがお気に入りで、これしか使いませんでした。

高倉にとって脚本を読む時間は、鳥肌が立つような、あるいはジーンとくる手応えを求める旅です。けたたましく鳴きだす野鳥や、突風で揺れる葉擦れの音すら気になるほどで、ページをめくる音が聞こえるくらい、静かな時空となりました。

読み始めてから十五分くらいで、「今日は、おしま～いっ！」という声が聞こえる時は、「やはり自分のものではないと思います」とお返事をすることになりました。

「僕は俳優として、はっきりと劣等感がある。だから、引き受けた仕事は、とにかく全力でやる。悔いを残さないって思ってるから。現場で、一緒に汗を流せるスタッフに囲まれてるのが、なにより落ち着くんだよ。スタッフが黙々と仕事しているのを見てるだけで、よーしって気持ちになってくる。

そんなときに物見遊山で『どうも、どうも』とか言って、汗かかないヤツがのこのこ現場に来るのはすごく嫌。呼んでもないのに来るヤツとは、口も利かない。見せ物じゃねーぞって。親戚にもそう言い続けてた。

仕事場って、僕にとっては命をかけてるところなんだよ。成功させなきゃ、次がないんだから。はーい、次、お願いしますって、ほいほい何も考えずにバッターボックスに立てたら、どんなに楽なんだろうと思う。でも、そういう仕事の取り方をしないために、フリーになったんだから。

受けるより、断るほうがずっと辛い。いくら僕が野球音痴でも、バッターボックスに立たなかったら、ホームランも三振も放棄することになるくらいわかってるよ。ただ、あとどれくらいの回数バッターボックスに立てるか、無様な姿を見せたくない、三振をしたくないって気持ちが強くなるんだよね」

年を重ねるごとに、仕事に対して慎重になっていく、高倉の本音でした。

なぜ『Mishima』の出演を見送ったのか？

ほかに高倉が出演を見送った作品に、『Mishima』があります。一九七四（昭和四十九）年に『ザ・ヤクザ』の脚色を担当したポール・シュレーダー氏が、映画監督として企画した作品でした。『ザ・ヤクザ』をきっかけに、兄レナード・シュレーダー氏とともに、日本人俳優・高倉健の活躍を、大いに期待していたのです。

一九七九年に、アメリカ・ニューヨークのジャパン・ソサエティで「高倉健映画特集」が組まれたのも、レナード・シュレーダー氏の尽力によるものでした。『ザ・ヤクザ』を始め、『昭和残侠伝　死んで貰います』『幸福（しあわせ）の黄色いハンカチ』など、高倉の出演作十一本が上映され、高倉健はこのように紹介されました。

〈高倉健は、過去十五年にわたり、主演した映画が撮影期間の短いかつ低予算の作品であったにもかかわらず、戦後、日本の男がどんな役割をはたすべきか、大きな影響力を及ぼした俳優です。さらに、ジョン・ウェインやジェームズ・ディーンのように、俳優の枠を越えた存在でもあります。自動車がアメリカを代表し、バレエがロシア（ソ連）を象徴するがごとく、高倉健は日本人が『日本の健さん』と呼ぶ、唯一の存在なのである〉（抜粋）

シュレーダー兄弟と関係を深めた高倉は、『Mishima』の企画を温めていました。一九八三（昭和五十八）年にはスポーツ紙各紙に、〈三島役に高倉健?〉と書かれるなど、情報はなかばオープンにされていたにもかかわらず、なぜ出演を見送ったのか、話してくれたことがありました。

「『Mishima』を進めていて、撮影の前にどうしても避けて通れないと思ったのが、三島（瑤子）夫人のことだった。僕は、それまでに『八甲田山』とか『動乱』で実在の人物を演ってきたから、『Mishima』についても、僕のなかではご遺族の了解は不可欠に思えた。それが、礼儀じゃないかって。

シュレーダー（兄弟）は僕と、同じ情緒なわけないから理解しにくいかもしれないけど、僕にとって三島さんは、あまりにも生々しいイメージだったからね。三島さんが市ヶ谷の自衛隊駐屯地に行ったとき、僕は撮影所にいたんだけど、割腹のニュースを聞いたとたん、もう気持ちがざわざわして、撮影を中止してもらったことなんかも覚えてるし。

だから、三島さんと親しかった横尾（忠則）ちゃんのところに行って、その場で三島夫人に電話をしてもらった。映画化のことを察してらしたように、即お断りになった。予想通りっていうのか。でも、『Mishima』を諦めたことに、まったく後悔がない」

高倉健追悼特別展についてのご相談に、私が横尾さんのアトリエにお伺いしたときに、この話題に触れておられました。

「高倉さんは、あの時かなり思いつめた顔で僕のところに来られて、未亡人の結論にたいしてスパッと諦められたのね。あまりに、潔くね。そのあと、憑き物が落ちたような顔つきになられてね。高倉さんにはお伝えしなかったのだけれども、僕はあれだけ温めていらしたのだから、演ってしまわれたらいいのにと、実は、思っていたんです。

あの後、緒形拳で映画化された。僕も出演したんだけれども。結果的には、高倉さんはお演りにならなくてよかったと、今は思っています。三島さんのおっしゃられた礼節を、高倉さんはあのときすでに、あちらから受け取っておられたのだと思いました」

「無法松、演っておきたかった……」

映画俳優・高倉には、未完に終わった夢がありました。それは『無法松の一生』の無法松＝富島松五郎への想いでした。

「無法松、演っておきたかった……」

最後にその思いが語られたのは、やはり病室のベッドの上でした。

『無法松の一生』は、岩下俊作の原作で、福岡県小倉、現在の北九州市が舞台です。日露戦争が終わったばかりの時代の、荒くれ者の人力車夫・富島松五郎と、急死した陸軍大尉の遺族、吉岡未亡人と幼い息子・敏雄との交流を描いた作品です。

これまで映画化は四度。一度目は一九四三年（昭和十八）年でモノクロ作品。無法松は当時四十一歳の阪妻こと阪東妻三郎が演じました。

二度目はカラー作品として一九五八（昭和三十三）年に公開され、無法松は三十八歳の三船敏郎が演じ、第十九回ヴェネツィア国際映画祭で金獅子賞を受賞しています。高倉は、稲垣浩監督によるこの二作品をＶＨＳテープ版でくり返し観直していました。高倉が遺した五十八年間のインタビュー記録のなかで、もっとも繰り返し話していたのも、この『無法松の一生』でした。

「マキノ（雅弘）監督が、僕の松五郎でやりたがってくれてたんだけど、その時は映画化権が東宝にあって、（東宝の）田中友幸さんが温めてた。『海峡』のあと森谷（司郎監督）が一緒にやりたいといってくれたけど、僕が森谷でやったら、マキノ監督が悲しむだろうなとか、いろんなこと考え始めちゃって。僕は、マキノ監督を裏切るようなことはしたくないって気持ちが強かった。それを森谷に話したら分かってくれたけど、あんなに早く亡くなるって分かってたら（一九八四年、享年五十三）、森谷とやっておいてもよかったのかな……。タイミングが合わなかった」

年を重ねるごとに、原作の松五郎の年齢から離れていくのを実感しながらも、どこかで諦めきれていない高倉が、時折思い出しては、話してくれました。『無法松の一生』は、高倉が長年想いを抱き続け、何度も出演を熱望されながら、実現させることができなかった幻の作品です。

ぶん殴ってやめてやろうと思った ――内田吐夢監督の〝愛のしごき〟

「監督をぶん殴ってやめてやろうと思ったんだよ（笑）。今日こそ、今日こそって、毎日思ってた。この時はきつかった。どんなにやってもOKでないんだ。とにかく、僕だけしごかれたね。『君の手には、アイヌの哀しみがない』って言われて、何やっても大声で怒鳴られて、とにかく追い込まれた。内田監督との最初の映画で、これがいつものやり方だなんてわからないからね。毎日が嫌で嫌で仕方なかった……」

撮影時のダメ出しばかりが思い出になってしまった作品が、内田吐夢監督の『森と湖のまつり』（一九五八年）でした。原作は武田泰淳、北海道の大自然を舞台に、アイヌと和人の民族問題を取り上げた物語です。

デビュー三年目に公開されたこの作品で、高倉は、滅びゆくアイヌ民族の運命を背負った青年・風森一太郎役を演じました。アイヌの心の襞をどう表現するかが問われる、これまで取り組んだことのない難しい役でした。

この時初めて出逢ったのが、十年間の満州生活から戻り、東映と専属契約を結んだ内田吐夢監督。内田監督の〝しごき〟は相当なものだったようで、共演の三國連太郎さんも、次のように語っています。

「健さんはそれまでプログラムピクチャーが主流でしたでしょ。ああいう形で大監督の映画に出るのは初めてですから、固くもなっていたんでしょう。それにしても残酷ないじめ方だった（笑）。（中略）健さんは、いい印象はないんじゃないかなぁ。本当にいじめられっぱなし（笑）。（中略）つまり、芝居のつかみ方が違う、というんじゃないのかなぁ。その点では、健さんも触れるものがあったんでしょう」（『吐夢がゆく』映画監督内田吐夢一七回忌追悼記念出版）

高倉は、その三國さんについて、

「連ちゃんの台本、見せてもらったことがあるんだけど、もとの活字が見えないくらい、自分の役の背景をたくさん書き込んであったね。僕はそんなことできないから、とにかく身体でぶつかっていくしかなかったんだよ」

と思い出を話してくれました。

当時六十歳だった内田監督は、大河内傳次郎(でんじろう)主演時代劇『仇討選手』（一九三一年）、『人生劇場』（一九三六年）、『大菩薩峠』（一九五七年）など、数々の骨太の作品を残しています。なかでも『飢餓海峡』（一九六五年）は、毎日映画コンクール監督賞を受賞した不朽の名作で、高倉はこの作品の終盤に、舞鶴署警部補として登場します。

内田監督は一九七〇（昭和四十五）年八月に、七十二歳で帰らぬ人となりました。『吐夢がゆく』に、寄稿した高倉の言葉です。

〈「お前の手は、アイヌの青年の哀しみを、出していないじゃないかッ」

と監督に怒鳴られました。そして〝本当にダメな奴だなあ〟という調子で、スタッフ全員に聞こえるような大きな舌打ちをされるんです。〝衣裳に悲憤を〟さえよく理解できないのに、〝手に哀しみを〟と言われても判るはずがありません。何度も撮りなおしが続きました。

後になって考えれば、そのとき監督は僕の演技がそれ以上出来ないとみて、本当に僕を怒らせようとしたんです。実際、カッとなって〝もうやめて帰ろう〟と思う寸前でした。〝手の演技〟を教えられたのもこの時です。手の表情一つで、女性を口説くこともできるとか……。

（中略）

仕事を離れたときの監督はとても優しく、いろいろな話をしてくれました。「ゴッホにマルクス、それに中国に関するあらゆる本を読みなさい。中国人は偉大だよ」

と言われたのをよく覚えています。

いま僕が俳優を続けていられるのも、当時、内田吐夢監督から身体で覚えさせられたものが、役に立っているからだと信じています。

それほど僕にとって大きな出会いとなった監督です〉

高倉を徹底的にしごき抜いた、忘れようにも忘れられない監督でした。

女優よりはるかに女っぽかった
――マキノ雅弘監督の教え

「僕は、今までに何人の監督と仕事をしたのかな？　書き出してみて」

『鉄道員』（一九九九年）のキャンペーンを終えた後、高倉にそう言われたことがありました。高倉と一緒に正の字をつけながら書き出していったメモが残っています。

〈津田不二夫（五）、小石栄一（十六）、伊賀山正光（三）、佐伯清（十四）、小林恒夫（十一）、小沢茂弘（十六）、佐々木康（四）、松田定次（二）、マキノ雅弘（二十）、関川秀雄（七）、内田吐夢（六）、飯塚増一（二）、島津昇一（三）、若林栄二郎（一）、工藤栄一（二）、石井輝男（二十）、渡辺邦男（六）、小西通雄（一）、井上梅次（三）、村山新治（二）、沢島忠（二）、渡辺祐介（二）、深作欣二（三）、中島貞夫（三）、降旗康男（二十）、鳥居元宏（一）、佐藤純彌（七）、山下耕作（十）、伊藤大輔・山内鉄也（一）、加藤泰（一）、ロバート・アルドリッチ（一）、斎藤耕一（一）、シドニー・ポラック（一）、田中登（一）、森谷司郎（三）、山田洋次（二）、蔵原惟繕（二）、リドリー・スコット（一）、フレッド・スケピシ（一）、市川崑（一）、張芸謀（一）〉

高倉の生涯出演作品数は二百五本、組んだ監督は、外国人五人を含め、四十二人でした。

そのなかで、特に大きな影響を受けた一人が、マキノ雅弘監督（一九〇八〜九三年）です。高倉のデビュー三年目、『非常線』（一九五八年）が最初で、作品数としては石井輝男監督、降旗康男監督と並び、最多の二十作に及んでいます。

ヒット作に恵まれないままデビューから九年目を迎え、高倉は『日本俠客伝』（一九六四年）に主演しました。『千姫と秀頼』（一九六二年）に続き、マキノ雅弘監督と組む三本目の作品でした。

この映画を高倉はこう振り返りました。

「『日本俠客伝』は、僕は代役だったんだ。本当は、錦ちゃん（中村錦之助）が主役だったんだよ。でも錦ちゃんはその時、違う映画を撮ってて、そのあと舞台があって、スケジュールのやりくりが難しくなったらしい。そのうえ、俳優組合の問題にもかかわってたから、映画が予定通りできなくなりそうだって、まわりが慌てはじめたんだよ。

錦ちゃんに（僕の主演じゃどうかと関係者が）聞いたら、それならいいって返事が来たんで、僕が代わりに出ることになってね。しかも、僕が主役ならって、忙しい錦ちゃんがちょっとだけ、わざわざ応援で出てくれたんだよね。僕はあの映画のおかげで、少しものが言えるようになったんだ」

このときの高倉の変化を、マキノ監督も感じておられました。

「役者として花が咲きはじめたのは、デビューして九年目くらいからですか……。この年ぼくも、健坊の主役で〝日本俠客伝〟をとりました。（中略）下町の江戸弁をしゃべらなくてはならない。文字では簡単に書けても、セリフとなるとこれがむずかしいです。たいへん苦労して、それでもちゃんと覚えてきました。（中略）非常にすなおで、クセのない性質なんです。（中略）撮影中は、身体をはって仕事をする男です。だから、顔だけでなく、身体全体で人を斬る芝居ができるんです。一生懸命、肉体をきたえていましたしね。

こういう真摯な態度は、人気スターになってからもまったく変わりませんでした」（一九七七年、出典不明）

高倉は代役をしっかり受け止め、マキノ監督の期待にこたえようと必死になりました。そして、翌一九六五（昭和四十）年に公開された石井輝男監督の『網走番外地』が主題歌とともにヒットしたことで、客を呼べる俳優として、会社からようやく認められるようになったのです。

「マキノ監督は、何もかも特別。（監督自身が）子役を経験してるからかもしれないけど、まず自分でやって見せてくれてね。こうだろ、そしてこうって。男優だけじゃなくて、女優さんのもね。それが、女優よりはるかに女っぽくてね。こうやって、まず膝つけて立って、足首を斜めにして片足を後ろにずらして……。健坊、大事なのは重心だって教えられた。腰に重心をかけて動けって」

と、身振りを交えながら話してくれました。

「健坊、いいか、役者は変化(へんげ)やで」

「監督が女優さんに品(しな)をつけてるときは、完全に女。なりきってる。まず、女優さんのかわりに監督が僕と絡むんだけど、そのときの監督はもちろん見た目は男だけど、心は女。品だけじゃなくなるんだよ、心も一瞬で女に変わるっていうのかな、変な言い方だけど。女優さんたちより、よっぽど色気があるんだよ。女優さんて、もってるものは、むしろ男だからね。

僕の台詞の言い方にもこまかくてね、『親分、いるか』っていう台詞は大きな声を張り上げるんじゃなくて、静かに言うから、より凄みが利くんだとかね」

マキノ監督の父上・マキノ省三さんも有名な映画監督でした。

「監督が子供のころ、お父さんから猿の観察を言いつけられたって話を聞いたな。来る日も来る日も、晴れてる日も雨の日でも、動物園の猿の檻(おり)の前に行けって。興がのると、僕たちにも、その猿を披露してくださるんだけど、それがすごくてね。猿なんだよ、もう猿にしか見えない。そのマキノ監督が、僕に言ってくれた言葉、『健坊、いいか、役者は変化やで』って。あれが、ずーっと耳に残ってるんだよね」

マキノ監督が猿の観察をさせられたのは、マキノ省三監督の映画の撮影のためでした。猿として虎の檻に放りこまれ、本物の虎に襲われる撮影が行われたというのですから、驚きます。それ以外にも、大凧に括りつけられ空高く舞い上がらせられたり、真冬の滝つぼに飛び込まされたり、幼いころから、演技を仕込まれていました。

マキノ監督は、一九二六（大正十五）年に富澤進郎の名前で『青い眼の人形』を監督し、その後五十年弱の間に、二百六十本以上の映画作品を遺しました。

二〇〇〇（平成十二）年を過ぎたころから、東映の任俠シリーズが次々にＤＶＤ化されていきました。東映時代の作品を高倉が積極的に観なおすことはまれでしたが、「これ、マキノ監督の作品だから一緒に観よう」と言って選んだことがありました。

『俠骨一代』（一九六七年）は、富沢有為男の小説の映画化で、昭和初期の芝浦が舞台です。軍隊を除隊となり運送業の坂本組で働くことになった伊吹龍馬（高倉）が、一帯を牛耳り芝浦港独占をねらう宍戸組のあくどい嫌がらせに憤り対決。組同士の抗争を描きながら、龍馬を助けた娼婦は、亡くなった母に瓜二つという設定です。

「（藤）純子（現・富司純子）ちゃんが、いい役なんだよね、これは。僕のお母さんの役と、僕を助けてくれる娼婦の二役をやってて。こんな役はなかなか回ってこないよ。純子ちゃん（娼婦）が、僕を助ける金を工面するのに、日本よりもっと苛酷な外国に働きに行こうとするんだよ。社会の底辺で生きる娼婦が外国に出て行くっていうのは、もっと落ちぶれていくってことなんだけど、毅然としてるわけ。決して、惨めじゃない。それこそが、その女の愛の表しかた……。

この時、マキノ監督は娼婦の牛乳の飲み方に、すごくこだわってたなぁ」

と、熱く語りました。

東映を離れたあと、マキノ監督との仕事は実現しませんでした。

一九九三（平成五）年十月二十九日、八十五歳で永眠された監督へのお別れの手紙に、こんなくだりがあります。

〈東映時代、京都撮影所で「日本俠客伝」の撮影中四年に一度しか来ない監督の誕生日を迎えて御祝いに祇園のお茶屋へ富司純子さん、亡くなられた藤山寛美さんたちと出掛けたことがありました。（中略）

その夜はとても監督の御機嫌が良く「先生、あの猿の芸を見してもらえまへんか」寛美さんのたっての願いで「一回だけやで」と猿のものまねを見せてくれました。

それは本当に絶妙で、先生が見せられる猿に不思議な品さえありました。

映画の撮影のため先生のお父様、故マキノ省三監督から四才のとき、猿の動きを覚えるようにとの厳命が下り、番頭さんに連れられて、来る日も来る日も動物園の猿の檻の前で一日中、猿の動きを観察させられる日々が続いたんだそうです。

汗を流しながら踊ったり、ものまねを見せたりして、皆を笑わせている監督を見ていて、監督の心の中にある演技の根のようなものを感じました。

それは優しさです。

裕福な家庭に生まれ育ちながら、いつも周囲の人たちに優しく接しようとする心、富や権力をひけらかす者に対する反骨精神、任俠ということはそういうことなんだなと今でも思っております。

「野暮な客は芸者に踊らせて酒を飲んでる。粋な客は自分が踊って芸者を喜ばせる。粋とはそういうもんやで。」

得意そうな監督の顔が今でも目に浮かびます。〈合掌〉

マキノ監督との出逢いによって、俳優・高倉健は、俳優という生業が恥ずべきものではなく、貪欲に何かを追い求めてもいい職業であるということや、粋に生きるということを考えるきっかけを、与えられたように思えます。

家の書棚には、マキノ監督との思い出が詰まった一冊が残されていました。

一九〇七（明治四十）年発行、山吹色の革表紙の本、那珂通世訳註『成吉思汗実録』。マキノ光雄専務が企画し、マキノ雅弘監督、主演・中村錦之助、子分役に高倉健が抜擢された原作本です。一九五七（昭和三十二）年にマキノ専務が亡くなられたため、製作が中止され映画は幻となりました。

高倉がデビューまもない頃の大型企画で、東映東京撮影所大泉スタジオのオープンセットで、マキノ雅弘監督ご自身が、出演予定の俳優に、馬の跳び乗り、落馬の仕方など、乗馬のイロハを教えられたのだそうです。

「亡くなられたマキノ雅弘監督が『健坊、お芝居って変化だよ』って。どこかがパッと変わる、見せるのはそれだけだ、役者が考えるのはそこだけだって。こんな悪い奴がまた悪いことするだろうって思ったら、いいことするっていう」（「ＣＡＲＤＡＧＥ」一九

九五年四月号　立木義浩のもう一度あの人に逢いたくて）

マキノ雅弘監督からいただいた言葉の贈り物、

「健坊、役者は変化やで」

いろいろな機会で、高倉は強く語っていました。

重たい雪で、息ができなかった　――転機となった『網走番外地』

「『(網走)番外地』の一本目のとき、北海道ロケで温泉宿に泊まってた。ある朝、(石井輝男)監督が現場で見当たらなくて、部屋にいるらしいっていうんで、僕が迎えに行ったことがあったんだ。まだ寝てて、よくみたら布団にうっすら雪が積もってるんだよ。部屋の窓ガラスが割れてて、そこから雪が吹き込んでるの。そんなのものともせずに寝続けてる姿見たら、切ないなんてもんじゃないんだよ……。いくら予算を削るったって、監督が窓ガラス割れてる宿に泊めさせられてるなんてね。カラーの予定がモノクロになるし。

この映画の時はとにかくがむしゃらだった。僕が今までやったことがない役を、監督とやらせてもらえるって、頑張れたんだね。それがたまたまヒットした。

歌は、確か三人が同じ歌をレコーディングして、嫌々歌わせられた僕のが、一番売れた。やってみないと、ほんとに分からないんだよ」

『網走番外地』(一九六五年)は、二本立ての添え物として公開されながら大ヒットし、高倉の代表作の一つとなりました。三十四歳の時でした。

『網走番外地』は、一九五九(昭和三十四)年に日活で一度映画化されています。リメイクを打診された石井監督は、雪の北海道を舞台に、日本版『手錠のまゝの脱獄』（一九五八年、スタンリー・クレイマー監督）を作りたいと以前から構想を練っていて、自らシナリオを仕上げました。しかし、主役が脱獄犯で、ヒロインも登場しないのでは客をよべないと、予算は大幅に削られます。せめてカラー作品に、と高倉が直談判するも願いは叶わず、石井監督との九作目は、逆境の中でのクランクインとなったのです。

主題歌の「網走番外地」は、網走刑務所の受刑者たちが歌い継いでいた歌詞を元に作られたものです。そのため日本民間放送連盟により、長く要注意歌謡曲（放送禁止歌）に指定された（一九八三年廃止）ことも、話題を集めました。

「だからみんな健チャン好きになっちゃう」

石井輝男監督は、一九二四（大正十三）年東京生まれ。新東宝創立時に助監督として入社しますが、一九六一（昭和三十六）年、新東宝倒産を機にニュー東映東京に移った監督一作目が、高倉主演の『花と嵐とギャング』でした。

「『番外地』の馬に引きずられるシーンで、最初人形使ったんだけど、軽すぎてポンポン飛び上がるから、人形ってすぐにわかっちゃう。だから、『監督、僕がやります』って。あんなこと言うんじゃなかったって後悔したけどね。

画面で見てるとわかりにくいんだけど、重たい雪で鼻も口も塞(ふさ)がれて息ができないの。

走ってる馬に、途中でスピードを調節しろなんて、無理だからね。あれはよく気絶しなかったなって思う。二度とやるもんじゃないって、勉強になった（笑）」

高倉が石井監督と組ませて頂いた作品は二十を数えました。作品のシリーズ化に当たっては、石井監督が高倉の印象を語っています。

「本番中に、カメラ越しに急に注文付け加えても、パッとその通りやってくれますし、大人なんですよ。子供っぽい役者だと、このセリフはどうの、必然性がどうの、なんてすぐいい始めますからね。それから健チャン、専用の椅子なんか持ってない。大抵、立って見てますね。そういうのが好きなんですョ。だからみんな健チャン好きになっちゃう。ボクだって、そうでなけりゃ何本も組んでやりませんョ」（「バラエティ」一九八〇年三月号）

デビューした年から、年間の出演数は少なくても八作品、多いときで十三作を数えました。途切れることなく映画を撮り続けることに変わりありませんでしたが、『日本俠客伝』十一作、『網走番外地』十八作（うち『新網走番外地』八作）、『昭和残俠伝』九作など三つのシリーズ化が始まりました。

映画俳優・高倉にとっての大きな転機の一つが、石井輝男監督との出会いでした。

東映を離れた後、ご一緒する機会のないまま、石井監督は二〇〇五（平成十七）年八月十二日逝去。享年八十一。〈安らかに　石井輝男　　高倉健〉

高倉直筆の文字が、北海道網走市内の潮見墓園の墓石に刻まれています。

勝ちゃんは神経が細やか。豪快に振る舞ってるだけ

——夢の共演

「勝（新太郎）ちゃんは、ものすごく神経が細やか。豪快に振る舞ってるだけ。いつもいつも映画のこと、映像のことを考えてて、どうしても現場で口が多くなってね。監督（斎藤耕一）のほかに、もう一人監督がいるみたいになっちゃった。スタッフが混乱してた」

『無宿』（一九七四年）は、勝新太郎さんが一九六七（昭和四十二）年に設立した勝プロダクションが製作し、東宝で配給されました。

一九七〇年代前半は、『ゴッドファーザー』、『ポセイドン・アドベンチャー』など、ハリウッドの話題作が次々に公開され、邦画は苦戦を強いられていました。危機感を抱いた映画人が打開策を模索し続けるなか、勝プロダクションが、東映所属の高倉との共演を熱望したことで、事態は動いたのです。

〝スターを貸さない、借りない、引き抜かない〟という五社協定が七〇年代前半に自然消滅したあとも、各社の看板俳優が他社の作品に自由に出演できる状況ではなかったようです。

勝さんが東映作品『海軍横須賀刑務所』（一九七三年）に出演することで、暗黙の縛りを乗り越え、高倉が他社への出演を初めて叶えることができたのが、『無宿』でした。刑務所を出たばかりの二人（勝新太郎・高倉健）が、足抜けさせた女郎（梶芽衣子）とともに、海底に眠るバルチック艦隊の秘宝を探す物語です。

「海の中に宝探しにいく話だから、潜る恰好をするんだけど、これ（潜水服）はほんとに大丈夫かっていうものだった。一人じゃどうにも着られないし、宇宙飛行士みたいだろ？（笑）

頭から被る球体にホースがつなげてあって、船の上から酸素が送られるようになってるんだけど、ダメだったら呼吸できないわけだからね。バックアップ態勢なんてないから、潜水服の撮影のときが一番不安だった。映像は抜群にきれいだけどね」

高倉が、同い年の勝新太郎さんと共演できたのは、この一作のみでした。

スタントマンなし、命綱もなし——アンチ・ヒーローを演じて

高倉は東映を離れる前年、『新幹線大爆破』（一九七五年）でアンチ・ヒーローを演じたことが話題になりました。

「『新幹線大爆破』は最初、犯人を説得する宇津井健の役（運転指令室長）で出演依頼がきたんだ。でも、脚本読んだら犯人役が圧倒的に面白い。で、そっちをやりたいってお願いしたら、劇場の館主が僕に犯人役はさせられないって言ってるって、一度は断られてね。その頃は、館主さんたちの意見が強かったから、結論でるまで時間かかったんだよ。

高速道路から吊った縄梯子で下の道に降りてくところは、本当に僕がやった。スタントマンなし、命綱もなし。簡単そうに見えるかもしれないけど、地面まで結構高さがあって、脚が力むと、縄梯子ってどんどん〝く〟の字に曲がっていって、無様なんだ。だから、あそこはほとんど腕の力だけで降りてる。猛烈に鍛えてた頃だから、事故なくできたけど。

（興行的には）当たらなかったみたいだけど、演ってるほうは、それなりに見せ場があったから、僕は好きな映画だね」

高倉は東映を離れる数年前から、シリーズ作品で固まったイメージを、払拭したいと望んでいました。それには、犯人役を演じた『新幹線大爆破』は、うってつけの一本だったのです。

物語は、高度成長期後の不況時代、倒産した町工場の経営者・沖田哲男（高倉）が、それぞれに事情を抱えた仲間とともに、新幹線爆破を企てるものです。新幹線の速度を八〇キロ以下に落とすと爆発する仕掛けで、大金を要求。作戦は成功してお金を手に入れますが、沖田が海外逃亡目前に、空港で射殺されるという劇的な幕切れでした。「映画芸術」誌恒例の年間ベストテン一位に選ばれ、高倉の好演も評価されましたが、興行的には、三週間の公開予定を二週で打ち切られるという結果に終わりました。

ところが、海外では高い評価を受けたのです。

一九七五年秋に開催されたミラノ国際映画見本市では、オリジナル版の一五二分を短縮して上映したことが功を奏し、バイヤーの買付が競合して当時の海外販売額の記録を更新したといいます（『東映の軌跡』）。

改題したフランス語版『Super Express 109』（一〇〇分）は、ヨーロッパで大ヒットし、そのフランス語版に日本語字幕が付けられ、一九七六（昭和五十一）年十二月に日本で再上映されました。アメリカ版は『The Bullet Train』（一一五分）として公開されるなど、欧米での注目度は高いものでした。

一九九四年に世界的な大ヒットとなった『スピード』のヤン・デ・ボン監督は、影響を受けた作品の一つとして、この『新幹線大爆破』を挙げています。

もっとも、高倉はこの撮影で、思い出したくない体験もしたようです。

「空港から高跳びに失敗して、羽田沖で射殺される最後のシーン撮ったときは、水際までヘドロが酷く溜まっててね。あのあと、物凄く不機嫌になったのを覚えてる。臭いが身体に染みついたっていうか、毛穴から染み込んだのかっていうくらい、洗っても洗っても取れない。あそこでの撮影は、もう二度とごめんだね」

落ちる場所が違っていたら、死んでたかもね

――『神戸国際ギャング』での違和感

ある日、ケーブルテレビの番組表に『神戸国際ギャング』（一九七五年）のタイトルを見つけました。高倉が東映を退社するきっかけとなった作品です。

この作品は、終戦直後の混乱期を生きた愚連隊の実録もの。高倉は、伝説のヤクザ・菅谷政雄（すがたにまさお）がモデルの、闇市を荒らし回るギャングのボス役でした。

「あの映画は、何もかもがいつもと違ってた。監督は日活から呼ばれてて、ホン（脚本）にそういうシーン（ファックシーン）があったから、僕がここはどうも（やりたくない）……ってプロデューサーに言っておいたのに、朝、撮影所いったら、スタッフが、『あの……相手の女優さんがいらしてます』って。どうなってるんですかって改めてプロデューサーに聞いたら、このまま帰したらギャラが出せなくなってしまうから、撮るだけ撮って、そのあと編集で切るって。撮影したあと、気になってラッシュ見にいったら、切る約束になってたシーンが、まんま繋がれててね。

その時、〝あぁ、僕は要らない〟ってことだなって、あれでまず（東映を出る）決心がついたんだ。だからもう、そのあとあれこれ言うのはよそうって……」

当時の複雑な心模様が語られはじめました。

高倉が『神戸国際ギャング』でこだわった問題のシーンは、

〈健さん〝日活流〟ぬれ場

〝禁欲〟破らせた田中監督の意気　東映初演出〉

とスポーツ紙（「スポニチ」）の見出しにもなっていました。

「ほんの少しでも落ちる場所が違っていたらと思うと、死んでたかもね。ぞっとするよ。死ななくても、寝たっきりとか、脳の障害とか負ってたかもしれないし。とにかく、俳優は続けていられなかっただろうね」

撮影最終日の高倉の転落事故は、生々しい話でした。

「一緒にやってたガッツ（石松）さんには、ここは特に危なそうだから、印を付けて、入り込まないようにとか、（スタッフに）カメラから見えないところにマットを何重にも敷くように頼んで、共演者には十分気を遣ってたはずだったのに……。

まさか自分が落っこちるとは、思ってもみなかった。ほら、ここ、傷があるでしょ。下の前歯が、ここから突き出てたんだ。口の中、血だらけ。血のりじゃなくて本物の血の味。気持ち悪かったな。ああいう記憶は、妙にいつまでも残ってる。わかる？　ここ。（搬送された）京都の大和病院で、先生がこりゃ酷いねって呆れながら、下唇を消毒して応急処置をしてくれた」

そう言いながら、右下唇の下にできている傷を見せてくれました。

「消えてないよ、傷」と複雑な表情で、高倉は続けました。

「落ちてから気絶してたみたい。ピリリとも動かなかっただろうから、死んだかもって思われてたのかも……。どのくらいの時間だったんだろう？　ふって気が付いたらうつ伏せで、すぐに起き上がろうとしたけど、全身打撲ってやつだったんだろうね。体が重たくて、すぐに動かせないから、あーとか、うーって声だしたら、まわりがざわざわする気配がわかったんだ。（うつ伏せで）見えてなかったけどね。

　生きてたら生きてたで、大変なことになった、どうしようって感じだったんだろうね。だぁーれもそばに寄ってこなかった。最初はガッツさんが声をかけてくれたと思う。とにかく、あの映画はすべての歯車が、いつもと違ってた。脳震盪起こしたんだと思うけど、落ちる前、どうだったかもよく覚えてないんだ。その（転落）シーンが、そのまま本編に使われてるんだよ……」

「自分で自分のことが許せなかった」

　東映京都撮影所に作られたオープンセットは、一九四七（昭和二十二）年当時を再現した、コンクリートの骨組みだけの焼け跡のビルでした。高倉が落ちたのは、このビルの高さ四メートル、二階のベランダからでした。

　高倉は回想するだけ。この映画を改めて観ることはありませんでした。

「僕は、撮影中に怪我するやつはプロじゃないって思ってたから、自分で自分のことが一番許せなかった。スケジュールも狂わせたしね。コノヤロウってほど、暇があればトレーニングやってたのに。俳優会館に空いてる部屋があるっていうから、そこにいろんなもの（トレーニングマシーン）を備えてもらってね。過信があったんだろうね。アクションで無様なことになるわけないって」

高倉が体力維持だけでなく、見せるための体作りを意識してジムに通い始めたのは、三十八歳の時でした。翌年には、太秦の東映京都撮影所俳優会館の四階にトレーニング室がつくられ、大阪のミズノ本店から、高倉がリクエストしたベンチプレス用の器具をはじめ、ヘッドストラップ、バーベル、ダンベルなど、さまざまなトレーニング機器が搬入されました。

体を鍛え、怪我に備えてきたからこそ、この時の転落事故は、口惜しさも一入だったのです。

「この撮影を京都で終わらせて、最終（の飛行機）で東京に戻って、次の日から久保家（親しくしていた家族）に行って、久保ママにご飯食べさせてもらってたんだ。アゴは腫れあがってて、唇は紫だろ、縫い合わせたところに絆創膏、もう見られたもんじゃなかったね。

あのとき、顎を強く打ち付けたせいで、歯もガタガタ。小坪先生（歯科医師）にはお世話になったね。ほぼ毎日、通ってたよ。ほんとうに親切にしてくれたなぁ。

『高倉さんは、映される人ですから』って、いつも以上に慎重だった気がするね。『こういう治療で大切なのは、作られた歯ではなく、あくまで高倉さんの歯にみえることだと思っているんです』っておっしゃるから、『先生、それはどういうことですか』って聞いたら、『嚙み合わせが一番大切です。まあこれは人によっても考え方は違ってくるところなんでしょうが、僕は歯並びを整え過ぎずに、高倉さん本来の歯の形を大切にしながら治したいんです。それでいいですか』って。『はい。それでお願いします』って答えた。

奥歯を食いしばってるから、すり減り方が酷いですねって（笑）。その時に先生からマウスピースをすすめられた。事故の直後は、いろんな治療に行って、終わると久保家のプールサイドで、横になって休ませてもらって」

このあと、高倉は東映を退社しました。

「馬と同じだよ、馬！」

「僕が、会社やめさせていただきますって伝えにいった時、ひとっことも、これっぽっちも（親指と人差し指を狭めて）、引き止められなかった。二十年近くやってたのに、お笑いだよ。

精一杯仕事してきたつもりだったからね。ああそうかい、それなら勝手に出て行けばいい、そんな風だった……。あまりにもそっけないというか、あっけなかったね。

だから、もうこれで俳優は続けられないかもしれないな、そしたら、何で食ってくかな……、そんなこと考えたよ。

あの時、きっと会社（東映）は、しばらくほっとけば泣きついてくるに決まってるって思ってたんだろう。うちを出たら、食ってけるわけないいんだからって。

俳優なんて、弱い立場だよ。所詮は、選ばれることでしかメシは食ってけないからね。体壊したら、保証があるわけじゃない。組織にいたから、ローテーションに組み込まれて、次はこれです、また次はこれですって台本が渡されたけど、馬と同じだよ、馬！ 騎手の思い通りに走れないなら、もういらないってことなんだよ。役者一人食えなくなったって、世の中、何も変わるわけじゃない。

でも、そうならなかった。逆に東映を出たら、次から次に話がきたんだよ。不思議だろ。

『八甲田山』と『幸福(しあわせ)の黄色いハンカチ』が続けて当たって、（東映の）館主組合からどうして〝高倉健〟を掛けられないんだってクレームが来たらしい。それで、『あにき』（TBS連続ドラマ）やってるときに、どうしても一本東映でって頼みに来た。それで『冬の華』（一九七八年）をやることになったんだ」

「運が良かったんだね、運だよ運」それが高倉の実感でした。

鬘(かつら)は似合うと思えない ——断れなかった『四十七人の刺客』

「『今回のお話は自分のものじゃないと思います』って映画会社の担当者に伝えたら、(市川崑)監督が、『それなら会って断られたい』と仰られてますって言われて、お目にかかった。時代劇っていうだけで、完全に断る理由だったんだけど、『健さんじゃなければ、今回の内蔵助(くらのすけ)は成り立たないんですよ』って口説かれて。結局、演ることになった」

と、高倉は笑いました。

『四十七人の刺客』(一九九四年)は、池宮彰一郎原作の、赤穂浪士討ち入りをテーマにした時代劇でした。

高倉の時代劇への出演は、この作品を含めて、わずか五本を数えるのみです。高倉がニューフェイスに採用されたころ、東映は時代劇中心のラインナップから、より短期間で撮影を終えられる現代劇への過渡期でした。高倉は東京撮影所の現代劇要員として、採用されていたのです。

東映所属時代、美空ひばりさん主演の『千姫と秀頼』(一九六二年)では浪人・片桐隼人役。中村錦之助主演の宮本武蔵シリーズ五本のうち『宮本武蔵　二刀流開眼』(一

九六三年）、『宮本武蔵　一乗寺の決斗』（一九六四年）、『宮本武蔵　巌流島の決斗』（一九六五年）の三本は、佐々木小次郎役。

それから二十九年ぶり、最後の時代劇出演が『四十七人の刺客』となりました。市川監督作品にふさわしい豪華な女優陣も注目されました。内蔵助の妻りく役に浅丘ルリ子さん、浅野内匠頭の正室瑤泉院役に古手川祐子さん、浪士達が利用する鎌倉料理茶屋の女主人きよ役に黒木瞳さん、内蔵助の子供を宿す愛人かる役に宮沢りえさん。

「砂浜での鍛錬」

日本テレビの担当者から、『四十七人の刺客』が二〇〇一年十二月に放送されると聞き、高倉が「久しぶりに、テレビで観ようよ」と、映像を見ながら沢山のエピソードを話してくれました。

「鬘って、どうも自分じゃなくなる感じがする。着物はずいぶん着たけど、ほとんどが着流しで、鬘いらなかったから、良かったけど。やっぱり鬘は、自分で似合うと思えない。

出ると決めてから、そうだ、しばらく刀を身につけてないなぁと思って、下田のよく行く宿で合宿してね。宿の前の浜辺は、人目をあまり気にしなくてよかったから、毎日、鬘と装束と刀をつけて、こうやって腰を落としてね（と実演しながら）、砂浜をできるだけ長い距離を行ったり来たり、早歩きとかして。足腰の鍛錬もかねて訓練を積んでから、撮影に入った。

刀を身体にそわせるっていうのか、身体の一部にまでさせるためにね。観られて無様なのは嫌だから、歩いた、歩いた、歩いた！」

映画での幻となったシーンについても話してくれました。

「撮影の終盤、吉良（上野介）の首を刎ねるのを、自分にやらせてほしいって監督に頼んだんだ。吉良は、内蔵助にとっては仕留めなければならない獲物。だんだん内蔵助に馴染んできたら、人の首を刎ねるなんてことは、少しくらい感情が昂った程度じゃできない、理性じゃなくて動物的本能だから、斬り落とした吉良の首を咥えて、皆に見せたいって思った。戦利品だね。監督からは、すぐにＯＫの返事はこなかったよ。すごく悩まれたんだと思う。で、撮影はした。

僕は気持ちが昂り過ぎて、そのシーンが終わったら何度も吐いてね。自分でもどうにも抑えきれない激しいものが、宿ったんだよね、あの時。

でも、監督はそのシーンを本編では使わなかった。編集権は監督にあるからね……」

書斎の壁の棚には、討入シーンを前に打ち合わせをする市川崑監督と高倉の二人の写真、そして、市川監督の直筆絵コンテを飾っていました。

毎年、ひとり静かに泉岳寺へ向かう高倉がおりました。

勝新太郎って役者をご紹介します

――『ブラック・レイン』出演秘話

『ブラック・レイン』（一九八九年）は、ハリウッド映画三作目でした。

二〇〇八（平成二十）年にデジタル・リマスター版として製作されたＤＶＤには、日本語の吹替えが新たに加えられました。出演者である高倉にも、吹替えの依頼がありましたが、「英語の台詞をわざわざしゃべってるのに、自分で自分の日本語吹替えは僕にはできない」と、お断りしたものでした。

ニューヨーク市警殺人課の刑事ニック・コンクリン（マイケル・ダグラス）が、日本人ヤクザの佐藤（松田優作）を殺人犯として逮捕し、同僚刑事チャーリー・ビンセント（アンディ・ガルシア）とともに、日本への護送任務に就きます。ところが大阪空港到着直後、刑事になりすました地元ヤクザに誤って引き渡す失態を演じ、日本国内での職務権限がない二人の監視役として、大阪府警松本正博警部補（高倉）が付くことになりました。

偽札製造を巡るヤクザ同士の抗争に巻き込まれてチャーリーが惨殺され、日米の警察組織の垣根を越え、ニックと松本が協力して事件解決をはかる物語です。

送られてきたDVDを観ながら、撮影の時のエピソードを聞きました。

「これは、最初のホン（脚本）を読んだ印象がすごくよくなくて、すぐに僕のものじゃないって思った。だって、向こうが求めてるキャラクターは、ずんぐりしてて、酒飲みで……。体形からして違うでしょ。

それにあの時は、次のことなんて考えられないほど、（前の映画の）無惨だった嫌な疲れが残っててね。どうにか気分を変えたかったけど、海外に行く気にもならなくて、西表に行ってたんだよ。ここまでは誰も追いかけて来ないだろうって。

そしたら、ケンが休暇で島にいるなら、リドリー（・スコット監督）たちがそこまで行くって言ってますって（事務所から）連絡がきてね。こっちは、その話は完全に断るつもりでいたから、わざわざ訪ねて来てもらったのに、できませんじゃ失礼だと思って。結局、東京に戻って、リドリーたちのいるホテルに行った。『オファーはとても嬉しいですが、これは受けられません』って正直に言ってから、『僕はこのキャラクターじゃないと思います。この役にぴったりの、勝新太郎って役者をご紹介しますから、是非会ったらいい』って勧めたんだよね。

リドリーたちは当然、『ザ・ヤクザ』を観てるだろうから、僕のリサーチは済んでるはずなのに、なんでわざわざ会う必要があるのか不思議だったんだけど、まぁ、日本でほかの役のオーディションがあるから、ついでに本人と会ってみてもいいかなってことだと思ったんだけど。実際は、カメラテストのないオーディションだったんだよね。

僕は、断ってすうって帰るつもりが、リドリーたちと話してるうちに、キャラクターは（僕にあてこんで）書き換えるからって、流れが変わってきた。『松本役を僕でと思われたのはどうしてですか？』って聞いたら、『マイケルとケンを同じフレームに入れてぜひ撮ってみたい』って、監督が急に立ち上がって握手を求めてきたんだ。ああいうのって何なのかね、思わずつられて握手しちゃったんだよ。断るつもりだから、契約のことなんか何にも決めてないのに。

僕が帰ったあと、リドリーが言ったらしいよ、『今回は我々がケンにオーディションされたね』って」

「優作は極の芝居にこだわってた」

スコット監督が物語の舞台として選んだのは、大阪でした。

「（大阪で）撮影してたときに、マイケルから『ケンは、ディシプリン（規律）だ』って何度も言われたんだよ。その言葉がすごく耳に残ったんだよね。僕はいつも通りなわけだから、最初は何でそんなことといわれるのかわからなかったんだよ。

舞台が大阪だったろ？　どこいっても、人がすごいんだ。大通りの歩道から車道に溢れるほどで、東京と違ってて、関西独特の熱気みたいなもの……。このままじゃ、撮影どころじゃないんじゃないかって感じでね、いつも収拾がつかない状態だった。

そこに、僕が出てったとたん、しぃーんて静まり返るんだよ。さっきまでの喧騒は、いったい何だったんだっていうくらいに。そのことに、まず向こうのスタッフがびっくりしたんだよね。ケン・タカクラって、いったい何者なんだ？　ってことになったらしい。

僕のこの前のハリウッドのものは、シドニー（・ポラック監督）の『ザ・ヤクザ』（一九七四年）だから、スタッフも世代交代してて、ただ日本の俳優も出るくらいにしか思ってなかったはず。それが、目の前で不思議な現象が起きたからね。

マイケルから『ケンさんのようにカリスマ性があるのは、アメリカじゃブルース・スプリングスティーンだけだよ』とも言われてね。僕は、肝心のそのブルースなんとかを知らないから、ピンとこなくてね（笑）。〝カリスマ〟の言葉は理解できたから、嫌なニュアンスじゃなくて、褒めてくれてることはわかったんだけど、実感がわかなかった。あとからスタッフに、そのブルース何とかっていうのが、アメリカの若者から圧倒的に支持されているミュージシャンだって聞いて、マイケルなりに最大限の尊敬の念を伝えてくれたんだってわかったんだよ」

高倉は、アメリカのエンタテインメント業界であれば、フランク・シナトラなどがど真ん中の世代なので、ブルース・スプリングスティーンにはピンときていませんでした。

「この時、マイケルの息子のケムロン（キャメロン・ダグラス、当時十歳）と奥さんのディアンドラさんっていったかな？　が一緒に日本に来てたんだ。『ケムロン、日本で何か欲しいもののあるかい?』って聞いたら、すごく恥ずかしそうに小さな声で、『nintendo……』『えっ? もう一度言って』って聞き返したら『nintendo……』って。アクセントが最初の『ニ』にあって、日本人の任天堂って平板な言い方じゃないから、最初は何だかわからなくてね、『それは、何?』って何度か聞き返したら、ゲーム機だってことがやっとわかった。

　僕にとって任天堂は、花札のメーカーだから、ぜんぜんイメージがかみ合わないわけ。でも、そのゲーム機をケムロンにプレゼントしたら、もう大騒ぎ。僕に抱きついてきたよ。『KE〜NSA〜N。Wooooooohooooo』って。めちゃくちゃな歓びかただったね!」

　この大阪ロケは、ほかにも大変なことが重なりました。

「撮影の許可が出てたはずの場所で撮れなくなって。リドリーは、あまりにも事前の交渉と違ってきてるので、『もう、大阪を離れよう』って、撮りきれなかったところはアメリカで撮影した。優作がマイケルに追い詰められるところは、ナパのブドウ園。泥まみれになるし、漆(うるし)にはかぶれるし、『これじゃブラック・ペインだ』ってスタッフが苦笑いしてたほど、みんな大変だった。

　優作の最後のシーンは、台本では殺さない設定だったんだけど、あまりにも悪役ぶりが際立っていたんで、殺さないと客が納得しないんじゃないかって意見が出て、マイケルが優作を殺すシーンは、すごい時間かけて撮ってた。

そのあと、『スニーク・プレビュー』（映画の題名・内容・監督・出演者などを一切知らせない試写会。観客の反応によって編集や撮り直しをすることもある）をやったら、殺すのは残酷すぎるって意見が多くて、生かして逮捕する方で編集したんだって。

あのときの優作は、複雑だったと思うよ。これで認められて、ハリウッドで活躍できると夢が膨らんでいたんだろうけど、撮ってるときに、もう癌てわかってたわけだからね。

『先輩、いいっすか？』って、ニッコニコで僕と一緒に写真撮ったりね。とにかくあの時の優作は、極の芝居にこだわってた。僕が〝受ける〟芝居をし続けたのと対照的だったって、リドリーに言われた」

そして、日米における撮影環境の差についても、認識させられました。

「マイケルから、どうして日本は〝映画の力〟をもっと考えないのか？　って言われたよ。このとき製作者でもあったからね。大阪で撮影許可が下りなくて、さんざん苦労してた。

アメリカでは、警察に撮影の窓口の部署があって、非番のお巡りさんが、映画とかテレビとかコマーシャルとかの撮影についてくれるんだ。それがちゃんとお小遣いにもなる仕組なんだよね。

ラークのCM撮影でニューヨーク行ったとき（一九九五年十二月）、協力でついてくれた警官が〝『ブラック・レイン』に出てましたね〟って話しかけてきたな……。

マイケルは、日本がまだまだ映画後進国だってことに驚いてた。『ローマの休日』を手本にしたらわかるのにって。その映画がヒットしたら、どれだけの経済効果が見込めるかってことだよね。いまだに、観光客がローマに行ったら、オードリー・ヘプバーンがアイスクリーム食べたスペイン広場に行くだろ。僕だって行ったもん」

「ハリウッド混成部隊って感じ」

イギリス出身のリドリー・スコット監督（一九三七年〜）は、『エイリアン』（一九七九年）や『ブレードランナー』（一九八二年）で脚光を浴びました。

彼の仕事ぶりは、高倉にとって実に印象的だったようです。

「この撮影中に、日本でもアメリカでも、週末ごとにメインスタッフとキャストが集まる、かなりくだけた食事会があった。そんな時でも、リドリーはどこか冷めた眼で見てたね。

リドリーと話したとき、『ケンならわかるだろう？　日本人だから』って。何の話を始めたかっていうと、やっぱりアイデンティティーなんだよ。歴史を背負った国の人間として、リドリーはイギリス人としての誇りをもってる。今は拠点をアメリカに移してるけど、それはあくまで仕事上のこと。ハリウッドのもつマーケットは、ビジネス上、欠かせないものだとわかっているからね。

でも判断の基準は、あくまでもイギリス人。だからこの映画でも、アメリカの刑事と日本の刑事の性格対比が、どちらにも寄り過ぎていないと思う。リドリーは監督として、こんなに働く人がいるのかって思うくらいすごかった。僕が仕事をしてきたどんな監督より、率先して動く。あれは、もう軍隊だよね。司令官が動き続けてるから、下が休むわけにいかない。スタッフはヨーロッパの人を含めたハリウッド混成部隊って感じ。仕事はきつかったけど、すごくいい経験させてもらったね」

マイケル・ダグラスとアンディ・ガルシアとの間で、こんなエピソードがありました。

「僕が英語の台詞に苦労しているのを見てたアンディが、『ケンさんは、この映画が公開されたら、日本ですごい注目されるスターになるよね』って。おそらく、励ますつもりで言ったんだろうね。マイケルがあとで『ケンさんはもう二百本近い映画に出てて、日本じゃ知らない人がいない大スターなんだぞ』ってアンディに教えたらしい。『アンディはこの世界に入って、まだ五年しかたってないんでね』って、マイケルがフォローしてたのが妙に面白かったな。

アンディはそのあと、『もうそのままでいいから、英語の勉強なんてしなくていいから』って、ずいぶん恐縮してた（笑）。しょうがないよね。アンディはキューバ出身で、外国の俳優がハリウッド映画で成功を勝ち取れば、大きなインパクトだってことを言いたかったんだよ。アンディが日本の俳優のことなんか、知らなくて当たり前だからね」

数年前、スコット監督が、亡くなった高倉についてコメントを求められている様子を、テレビで偶然お見掛けしました。

「彼とは、昔『ブラック・レイン』で仕事をしました。撮影中、疲労困憊（こんぱい）の時、ケンが差し入れてくれた小さな小さな黒い薬がとっても効いたので――名前は覚えてないんだけど――帰国するときまとめ買いしたら、とても高価でびっくりした」

と笑顔で話されていました。

拝啓、リドリー・スコット監督

お求めになられた〝小さな小さな黒い薬〟の正体は、高倉が愛飲していた〝救心〟という生薬です。謹んで、ここにお伝え申し上げます。

降りるって言ったんだ──『ザ・ヤクザ』譲れなかった礼節

「だって僕は日本人で、ここ（日本）で飯食ってかなきゃいけないわけだから、そこは絶対譲れないって。もし、このままで変更できないんだったら降りるって言ったんだ」

クランクイン直前にもかかわらず、高倉が脚本の変更を強く申し入れたのは、ハリウッド映画二作目、一九七四年公開の『ザ・ヤクザ』でした。

監督は、シドニー・ポラック（一九三四〜二〇〇八年）。『ザ・ヤクザ』の前年に公開されたロバート・レッドフォードとバーブラ・ストライサンド主演の『追憶』が話題となっていました。原作は同志社大学でアメリカ文学の講師を五年間務めた経験をもつ、レナード・シュレーダー。任侠映画を熱心に研究し、日本側の主人公には、当初から高倉健をイメージして書き上げたといわれています。

『ザ・ヤクザ』は、終戦二十年後の日本のヤクザ社会を舞台に、日本人とアメリカ人それぞれが受けた恩義を返す物語です。

かつて組の幹部だった田中健（高倉）は戦後、堅気となり、京都で剣道の師範となっていました。そこに、私立探偵となったかつての米軍将校ハリー（ロバート・ミッチャム）がある依頼を受け、訪ねて来たのです。

終戦後、フィリピンで戦死したと思われていた田中は復員後、妻の英子（岸惠子）がハリーの愛人となり、金の工面をしてもらったお蔭で生きられたことを知ります。その悶（もだ）えのなかで、英子との関係を兄妹と偽り暮らしていましたが、ハリーへの義理を果たすため、田中は依頼を受け、ヤクザ組織に戦いを挑むのです。

高倉がこの脚本のままでは出演できないと、ポラック監督に告げたのは、役柄の設定に、どうしても納得がいかなかったためでした。

「シドニー・ポラックは、（クランクイン）直前になって、何言ってるんだ？　この作品は全世界（世界四十二か国）に向け公開されるんだぞ、いまさら降りるなんて考えられないって感じだったけど、とにかく僕は、一度アメリカの進駐軍の男と関係ができた女房との間に、もう一人子供を作ってるなんて設定は、あり得ないって突っ張ったんだよ。役だってわかってるよ。役だけど、僕は日本の俳優で、これからも日本で仕事をするわけだから、このままでは、僕が今まで築いてきたイメージが、観客に受け入れられなくなるって、はっきり伝えた。その役の人間性がもっとも大事なんだ。この時の交渉は、一歩も譲らなかったよ」

高倉は、役の上でも昭和の時代背景を重んじ、その礼節については、譲りませんでした。その結果ハリウッドからスクリプト・ドクターとしてロバート・タウンが急遽来日し、高倉の意見を取り入れた脚本修正案を書き上げ、シドニー・ポラック監督案双方の撮影が行われたのだそうです。

「ハリウッドにかなり強く誘われた」

高倉は、脚本でもう一か所、ポラック監督に「ここはおかしい」と申し入れたところがありました。

「敵の親分の家になぐり込みに行くときにだよ、『ゆく川の流れは絶えずして、しかももとの水にあらず』なんて、悠長に言わないって。『淀みに浮かぶうたかたは、かつ消えかつ結びて、久しくとどまりたるためしなし、世の中にある人と住処と、またかくの如し……』斬り合いでこれから死ぬかもしれないって時に、こんなこと言わないだろ。現代の日本人がみたら、おかしいって監督に言ったんだ。

そしたらポラックは、アメリカ人に日本人の精神論を伝える場面だから、どうしても脚本通りにしてほしいって、ここは譲らなかった。このへんが、ハリウッドからみた日本なんだよね。

今観てもへんな感じが残るけど、この年齢（当時四十三歳）だったからかな。今（七十歳過ぎ）、この台詞を言ったら、説得力があるかな。ここだけ撮り直すわけにいかないしな……。

でも、こういう台詞を、アメリカ人が書いてくるんだよね。言いたいか言いたくないかは別にして、日本人を象徴する言葉として『方丈記』をだしてくるんだなぁって、感心したね」

高倉は、この映画のために毎日三時間ずつ、英語の特訓を受けました。先生から、早口言葉の練習をさせられたり、スプーンを口に入れられ、舌の位置をなおされたり……。

共演のロバート・ミッチャムは、一九四二年に映画デビュー。一九五四年マリリン・モンローと共演した『帰らざる河』や、一九六二年の『史上最大の作戦』など、数々の名作に出演しました。晩年はレイモンド・チャンドラー原作『さらば愛しき女よ』で初老の私立探偵フィリップ・マーロウの好演が光りました。

一九七三年にブルース・リー主演『燃えよドラゴン』を公開したワーナー・ブラザースが、カンフーアクションで世界を席巻した好機を逃すまいと、オリエンタル・アクション第二弾として公開したのが『ザ・ヤクザ』でした。そこでポラック監督は、ヤクザ映画に不可欠なアクションシーンで、ミッチャムにはショットガンを持たせ、高倉には剣道の要素を取り入れた殺陣(たて)にこだわりました。殺陣指導を、剣術家中山博道の高弟で、剣道八段の中島五郎蔵に依頼したことからも、その思い入れの強さが推し量れます。

「このあと、僕はシュレーダー兄弟に気に入られて、ハリウッドにかなり強く誘われた。何でもバックアップするから、とにかくハリウッドに来ないかって。でも僕は、何か乗り切れなかった。

まず、仕事をするには言葉の問題は大きい。撮影で役者の台詞は収録してても、最終的に繋がれたの観たら、ネイティブに吹き替えられてたなんて話は、ザラ。アクターズ・スタジオに入れる訳でもなし。見学するんじゃないからね。言葉のレベルが違い過ぎるのは、自分でわかってる。『ザ・ヤクザ』は、舞台がたまたま日本だっただけで、ハリウッドで主役級のアジア人の役なんて、年間でどれほどあるんだ？　って。ちょっと考えたら、想像つくだろ？

ハリウッド映画に出たことで、僕は日本人だってよけい意識した。たまたま二本（一作目は『燃える戦場』一九七〇年公開）ともハリウッドのＡクラスの作品で、力のある監督に出会えて運が良かったんだよ。甘くないよ。夢みただけでは役は来ないし、生活できないのは目に見えてる」

『ザ・ヤクザ』は、チャンバラではない殺陣、ギャングでありながら倫理観を表現する、アメリカ製ヤクザ映画となりました。

恥ずかしいくらい何もわかっていなかった

――アルドリッチ監督への反省

「(ロバート・)アルドリッチ監督は、僕にとても親切にしてくれてね。アジアの小生意気な俳優がハリウッドに行って、(要領が)わからないながら、(契約書に)あれこれ条件だけ立派なこと並べたんだよね。きっと、監督はふふって笑ってたと思うんだけど」

高倉のハリウッド映画初出演は『Too Late The Hero(邦題 燃える戦場)』(一九七〇年)、三十九歳の時でした。

「僕は、最後のパートにほんの少ししか出ないんだけど、スケジュールはゆったり組まれてて、映画ってこういうふうに撮るんだって学んだね。僕は、恥ずかしいくらい何もわかっていなかったって、撮影途中からえらく反省したんだよね。

時間外手当がいくらとか条件だしてたんだけど、途中からあまりにも失礼じゃないかって気づいて、監督に直接、僕はもうエクストラのギャランティーは要りませんって伝えたんだ。そしたら、監督がニコニコしながら、『心配しなくて大丈夫だよ。そんなこと言われたのは初めてだよ。いい奴だなぁ』って、何だかとても気に入られた感じだった」

アルドリッチ氏は、一九一八年生まれで、名門ロックフェラー家と姻戚関係にありながら、既存の権力機構に対する反骨精神を貫いた作品が多い監督です。代表作に『ベラクルス』『何がジェーンに起ったか?』『特攻大作戦』があり、アメリカ政府が国内の共産党員や支持者を公職などから追放した〝赤狩り〟を生き抜いた、数少ない映画人としても知られていました。

物語は、一九四二（昭和十七）年十一月、第二次世界大戦中の南太平洋の小島が舞台です。

イギリス兵十三人と、日本語ができるアメリカ海軍中尉が混成部隊を組まされ、日本軍の陣地に侵入します。通信所を破壊後、偽の暗号を流し日本軍を混乱させる――そんな作戦における人間模様が描かれました。

高倉が演じたのは、終盤に登場する日本軍の山口少佐役。「死んでから英雄になっても意味がない。柩に勲章の重さが加わるだけだ」とジャングルに仕掛けた拡声器を通して、流暢（りゅうちょう）な英語で敵兵に投降を促します。

最後はいともあっけなく背後から射殺されてしまうのですが、フェアプレイを発揮する日本軍人のイメージにぴったりな俳優として、高倉は監督の名ざしで出演をオファーされ、スクリーンテスト（オーディション）をパス。当時はまだ、日本人俳優が海外で活躍するのは、あらゆる面で狭き門でした。

高倉は、この役を射止めたことについて、インタビューでこのように語りました。

「ヤクザ路線で同じ役ばかりやっていたおりであり、この映画出演はボクに大変勉強になった。（中略）（英語のセリフは）ロケにもテープ・レコーダーを持参して、ヒマさえあれば、けいこしたもの。（中略）今後も機会さえあれば海外で〝他流試合〟をしたい」（「スポーツニッポン」一九七〇年十月六日）

アルドリッチ監督は、この映画で局地戦を再現するため、製作費二百万ドル、二年以上の撮影期間、主要スター二十人、エキストラ二千名、スタッフ約二百名、約百時間分のフィルムを回しました。

「アルドリッチ監督から、次も何か一緒にやろうって声をかけていただいてて、台本も届けてもらったね。僕のこと、気に入ってくれてたみたいだった。それってやっぱり嬉しいよね。いろいろあってアルドリッチ監督とは一本だけだったけど、僕にとって初めてのハリウッドAクラスの作品だったから、契約書のこととかとても勉強になったんだよ。大きな一歩だったね」

高倉が出演したシドニー・ポラック監督の『ザ・ヤクザ』は、当初アルドリッチ監督がリー・マーヴィンと高倉の共演作として企画していたものでした。ところが、ワーナー側の意向で、アメリカ側の俳優がロバート・ミッチャムに変更されたために、アルドリッチ監督が作品から降りたという経緯があったそうです。

アルドリッチ監督も、高倉をこのように賞賛しています。

「ケンは実にすばらしいアクターだ。実はこんどはケンの主演で製作費一千万ドル（約三十億円）クラスの大作を考えているんだ。脚本はすでにできている。これぞ娯楽のドロボー映画さ。フィリピン、香港、東京が舞台。仮題は〝オール・ザ・マーブル〟。ケンはシナリオも読んでると思うが、まだ企画の段階だからそれ以上は進んでいない。楽しみにしていてくれ」（「報知新聞」一九七六年九月五日）

結局、高倉の元に届けられていたこの『オール・ザ・マーブル』のシナリオが使われる機会は訪れないまま、一九八三年十二月五日、アルドリッチ監督は六十五歳で亡くなられました。

「写真をお願いしたのはヘンリー・フォンダだけ」

この映画では、高倉にとってもう一つ、印象深い出来事がありました。共演シーンこそありませんでしたが、特別出演したヘンリー・フォンダと記念写真を撮ったことです。
「僕は、あとにも先にも、自分から一緒に写真撮って下さいってお願いしたのは、ヘンリー・フォンダだけ。パーティー会場から車に乗り込む直前に、ファンなんですって呼び止めて、その時一緒にいた澤井（信一郎監督）ちゃんに、『撮れ、撮れ！』って慌てて頼んだ。

その時ヘンリー・フォンダが、『君は、日本人少佐の役で出てただろ。ラッシュ（未編集フィルム）を見たよ』って話しかけてくれて、僕も無我夢中で『怒りの葡萄』や『荒野の決闘』を見ましたっていったら、今度是非、『十二人の怒れる男』を見てほしいっていってくれてね。日本に戻ってから見たんだけど、その時の僕には、映画の内容がよく理解できてなかったね。難しい映画だなぁって印象だった。

ヘンリー・フォンダが〝あぁスターだ〟って思ったのはね、アルドリッチ監督の新しいスタジオの落成パーティーのとき。ゲストはみんな、かなりドレスアップしてきてるんだけど、ヘンリー・フォンダだけは、コットンパンツに素足でスリッポンという、すごくカジュアルな姿。でも、ヘンリー・フォンダのところだけ、まるでスポットライトが当たってるみたいだった。

外見でみせるんじゃない。どんな恰好でいようが、思わず人の目を惹き付けることができるのが、ほんとうのスターなんだって……。人のもってる〝気〟みたいなものがそう見させたんだね」

ヘンリー・フォンダとの思い出を語る時も、アルドリッチ監督を語る時も、高倉は少年が夢を語るような無垢な瞳になりました。

桟橋が人だかりになって、軍隊が出動したんだ

——中国での熱烈歓迎

独立後、最初に撮影されたのが、『君よ憤怒（ふんど）の河を渉れ』（一九七六年）でした。

「（京都での撮影中の）怪我の治療から僕が戻る頃を見計らって、徳間（康快（やすよし））さんがやって来て、『健ちゃん、ここで仕事休んだらダメだ。どんどんやらないと』って。やれやれってしつこく言ってもらえたのが、結果としては良かったのかもしれないね。監督の佐藤純彌さんとは、『新幹線大爆破』で一緒にやってたし。じゃなかったら、しばらく映画はいいかな、なんて思ってたからね」

『神戸国際ギャング』で怪我を負い、心身ともに長い静養が必要かもしれない高倉に発破をかけ続けたのが、大映映画（現・角川映画）社長の徳間さんでした。『未完の対局』や『敦煌』など中国を舞台にしたスケールの大きい映画を数多く作り、スタジオジブリ初代社長でもありました。

『君よ憤怒の河を渉れ』は大映三作目、西村寿行原作、出版物とのメディアミックスで耳目を集める手法の先駆けとして松竹系で公開されました。

国内の観客数は六十万人に留まりましたが、この後、中国で脚光を浴びることになり

ます。文化大革命が終了した一九七八年十月、徳間社長が主導して、北京で第一回日本映画祭が開催されました。『サンダカン八番娼館　望郷』『キタキツネ物語』、そして『君よ憤怒の河を渉れ』などの邦画が公開され、資本主義国の映画の解禁になったのだそうです。

半端じゃない〝熱烈歓迎〟

『君よ憤怒の河を渉れ』の中国でのタイトルは追跡逮捕の『追捕（ツイップ）』。中国全土で十億人以上が観たとも伝えられています。

高倉は、殺人の濡れ衣をきせられた検事役でした。製薬会社という巨大組織に一匹狼として立ち向かう高倉の姿が、文革後の中国の人々を強く刺激し、何より、その恰好の良さに中国の人々が男女を問わず、魅了されたといいます。

それまでの日本人のイメージは、共産主義国の映画を通して印象づけられていた胴長短足、平面顔。それが、高倉がスクリーンに登場したことで、大きく刷新されたのです。

町中の床屋では割高にもかかわらず「健さんカット」が大流行し、「あなたは、高倉（カオツァン）健（チェン）の様だ」と言われることは、男性への最上の褒め言葉で、女性にとっては理想の結婚相手となりました。男女を問わず好感を抱かれたことが、『追捕』大ヒットの要因でしょうか。

市井の人々から圧倒的な支持を受けた『君よ憤怒の河を渉れ』は、中国映画関係者にも強い刺激を与えました。高倉の演技は「冷面表演（クールな演技）」といわれ、感情過多だった多くの中国俳優が、演技を見直すきっかけになったともいわれます。

『追捕』の評判は高倉の耳にも届きましたが、中国映画への出演依頼も、イベントなどでの訪中の要望もすべて断りました。国内と同様、観ていただくのは映画だけで充分という意思を、頑なに貫いたのです。

初訪中は中国公開から八年後、一九八六年六月でした。

「初めてのときは、パーティーには出席しなくてもいいという約束で。歓迎してくださってるっていうのに、僕も意固地だよね。吉永（小百合）さん、邦ちゃん（田中邦衛）と一緒に、吉永さんの知り合いで、日中文化交流協会の横川さんという方に案内して頂いたんだったね。

北京、杭州、それから上海を二日間ずつ。上海だったと思うけど、車で街なかを走ってたら、自転車乗った人が『あーっ！』て叫びながら、横を通り抜けてったんだよ。オープンカーじゃないよ。ガラス越しだから、まさか僕だって分かるわけないだろう……くらいに軽く思ってたんだ。

でも、周りがざわざわしてきてて、三つ先の信号につかまって車が止まったら、もうそこいら中、待ち構えてたように自転車だらけ。車は動けなくなって、どうしようかって困ってたら、集まってきてたなかの誰かが「てぃやりゃりゃー、てぃりゃりゃ、てぃやりゃりゃりゃー」って、映画（『君よ憤怒の河を渉れ』）の中の曲を、ハミングし始めたんだよ。

なんでこんなに人だかりになってるのか、理由もわからず集まってた人たちにも、そのハミングで、高倉健（カオツアンチエン）がいるってわかっちゃったらしい。邦ちゃんの顔もわかっちゃって、もう大変だった。その場にいた全員の大合唱。みんな大声で『てぃやりゃりゃりゃー』って歌ってる、あのエネルギーって怖いくらいだった。

そのあと船に乗ったら、今度は桟橋が人だかりになっちゃって、軍隊が出動したんだよね。みんな映画の曲を歌ってくれて。覚えてるんだねぇ、あの『てぃやりゃりゃりゃー』って曲を。こっちはすっかり忘れてるのに。僕らに対する〝熱烈歓迎〟が半端じゃないってわかったけど、横川さんから、『もう危ないですから、ホテルから出ないようにしましょう』って言われてね。圧死って、あの状況なら、あってもおかしくないなって実感した」

そして徳間さんについていては、こう振り返りました。

「僕は、どっちかっていったら、徳間さんは苦手だったんだよ。大声で話してるから、ホテルのロビーに入ると、あぁ、今日も来てるなって声でわかる。とにかく顔合わせないようにうまく逃げてたんだ。捕まっちゃうと、こっちの約束の時間に遅れるほど、話が長いからね。

でも、『君よ憤怒――』やったあと、徳間さんは目ざとくって、遠くからでも、『おーい、健ちゃーん』って。そしたらみんなこっち見るだろ。僕はできるだけ目立たないようにすぅ〜って通りすぎようとしてるのに、『おぉー』って小走りで近寄ってきて、大声で『健ちゃん、健ちゃん、中国で（日本）映画祭やるから、あんたも行ってくれないか』って話しかけてきたんだ。『いやいや、（中国には）一度行きましたからもういいです』って言っても、人の話を全然聞いちゃいないんだよ。

『そのうち、そのうち』って逃げてたんだけど、知り合い通じて頼まれて、もう断りきれなくなった。それで行ったのが、呼和浩特（フフホト）（一九九〇年、第十三回日本映画祭）。檀ふみちゃんとか、三田（佳子）さんとか、名取（裕子）くんとかが一緒でね。どこに行っても、やっぱり〝熱烈熱烈大歓迎〟だった」

日本は完全に置いていかれてるって思った

――世界に通用する監督とは？

二〇〇四（平成十六）年十一月十九日、『単騎、千里を走る。』は、雲南省麗江の地でクランクインを迎えました。

晴れ渡った青空から突然降り出した雨は、中国では吉祥とされます。張芸謀（チャンイーモウ）監督の〝雨垂れ石をも穿つ〟思いが実った日でした。

張芸謀監督は一九五〇年に中国内陸部の陝西省西安に生まれ、文化大革命の影響を、青春期にまともに受けた世代です。

「張芸謀は、お父さんが（国民党の）軍人。そのころ軍人はみんな台湾に逃げたらしいけど、お父さんが残ったために文革のとき下放（かほう）されてる。お母さんは、お医者さん。ロケを見にいらしたけど、凜とされてたね」

と高倉から聞かされました。

デビュー作『紅いコーリャン』（一九八七年）に続いて、徳間さんの出資を受けた日中合作映画『菊豆（チュイトウ）』（一九九〇年、コン・リー主演）が、国際的に高い評価を受けた張監督が、『追捕』を観て抱いていた夢――、それはいつか高倉健と一緒に仕事をすることでした。

『単騎、千里を走る。』は、中国を舞台にしたロードムービーです。疎遠になっていた息子が、癌で余命わずかであることを知った高田剛一（高倉）が、民俗学者である息子の志を叶えようと、中国雲南省に伝わる仮面劇『単騎、千里を走る。』を収録するため、訪中を決意。中国語がまったくできない主人公と、現地の通訳が片言の日本語で会話しながら、旅先で出会う人々に助けられ、奮闘する物語です。

「今度の映画で、髪、全部白くしちゃおうと思ったんだけど、どう思う？」

脚本を読んだ高倉から、中国での撮影を前に聞かれたことがありました。前作『ホタル』（二〇〇一年）から四年ぶりの映画出演で、この役にふさわしい年齢を感じさせるためのアイデアでした。

ところが、張監督からは、

「中国には『自古紅顔多薄命　不許名将見白頭』（美人は薄命といわれるが英雄は白髪の老いた姿を他人には見せないもの）という格言があり、高倉健は中国の人々にとって、いつまでも格好いい英雄であって欲しい。だから白髪にはせず、そのままで撮影に臨んで欲しい」

との返事がありました。

愛称は〝老高(ラオコウ)〟

高倉は撮影現場で、監督の想いを酌みとろうと、通訳の張景生さんに、張芸謀監督が話す微妙なニュアンスまで、正確に伝えて欲しいとリクエストしました。

監督は、高倉演じる主人公が、中国語がほとんど話せないことで、まさにドキュメンタリーさながらの、一期一会の旅の感覚を随所に盛り込みました。高倉以外の出演者は、一人を除いて、現地で採用された演技未経験者です。物語のキーパーソンの少年、ヤンヤン役は、八万人から選ばれたと聞き、さらにびっくり。このような経験は、映画俳優五十年目の高倉にとって初めてのものでした。

主なロケ地となった雲南省麗江市は、少数民族ナシ族の都で、標高約二四〇〇メートルに位置する風光明媚な街です。北にそびえる美しい玉龍雪山は標高五五九六メートルあり、一日の気温差も激しい場所でした。

撮影開始早々、極度の乾燥に悩まされ、喉や鼻、目の粘膜を痛めた高倉から、日本の目薬や咳止め用のスプレーを送るよう連絡がありました。高地に体が馴染むまで、予想以上に時間がかかったと、のちに話していました。

張芸謀監督が最も懸念していたのは、七十三歳という高倉の年齢でした。スタッフからの愛称は〝老高〟。監督は高倉の体調を案じ、撮影中、専任のマッサージ師を手配してくださったのですが、あに図らんや、スケジュール半ばにして監督自身がぎっくり腰になり、そのマッサージ師は監督専任になったとか。さまざまなアクシデントを乗り越えながら、撮影が進められました。

「（日本語通訳役の）邱林（チューリン）が、食事の時に何にも食わずに席を離れていくから、どうしたのって聞いたら、胃潰瘍だって。張芸謀に絞られすぎたからだってわかってるから、可哀相になっちゃってね。日本から持ってった胃薬、全部渡してやったんだ。

　張芸謀は、平気で五十テイクとか撮り直すんだ。彼等は真面目だから、もろに胃にでたんだろうね。

　張芸謀は今までそういう（新人俳優）の慣れてるだろ。ツボを心得てる。まったくの未経験者を、粘って粘って、妥協せずに撮影し続ける。あれを見て、結局、俳優って何なんだろうって考えさせられたね。

　張芸謀は、プーアール茶ガブガブ飲みながら、毎日変わりなく撮影続けてて、とにかくへばらなかったね。ただ、体に筋肉がついてなかったから、ぎっくり腰やっちゃったけど、それでもへこたれない。集中力と粘着性もあって。いるんだねぇ、ああいう監督って。見てて感心した。

　リドリー（・スコット、『ブラック・レイン』の監督）もすごい司令官だなぁって思ったけど、負けてない。世界に通用するのはこういう人なんだなって。

　それに監督はホンに固執し過ぎない。映画出てるの素人でしょ。どうしたら彼らがもっとセリフを言い易くなるかとか、この方が自然な動きになるんじゃないかとか、まず彼らの動きをじっくり見て、いいと思った方に、すぐ変えるの。スタッフも文句言わずに、どんどんくらいついていくんだね。柔軟性と体力がある。

一日の撮影が終わってから、主要スタッフみんなで反省会になるんだって。今日のどこが良かったか、うまくいかなかったのは何が悪かったのか、次にどうするべきかとか、何時間も話し合うんだって。

しかも張芸謀はそのあと、編集マンが繋いだその日のフィルムを確認して、最後にネットで自分自身のニュースチェックもしてるんだって。

張芸謀に『いったいいつ寝てるの』って聞いたら、ニコーって笑ってた。きっとほとんど寝てなかったんだと思うよ。

彼らが話し合いを重ねて直した翌日の台本が、深夜になってからなのか朝になってからなのか、通訳の張景生に届いて、それが訳されてから、僕のところにくるわけ。とにかく、どんどん変更される。この作品が特別なのってスタッフに聞いたら、張芸謀はそれが普通らしい。常にディスカッションして、一番喋るのは張芸謀らしいけど、スタッフも負けずに意見を言って。とにかく、張芸謀に選ばれたっていうスタッフのプライドなんだね。

あれ見せられると、日本は完全に置いていかれてるって思った。少なくとも、張芸謀がいかにエネルギッシュかってことが、改めてわかったね。

それと、この映画で感心したのは食事。専任のコックさんが、いつもメインの温かい料理を何品も用意して待っててくれて、スタッフと一緒に食べたんだ。日本で冷え切った弁当食わされてるのと違うんだよ。だから、よけいにみんなで旅したって思えたね」

　この映画では、本物の刑務所の中でも撮影が行われ、刑期の残りが一〜二年という模範囚が出演しました。わずか三日間ながら、最後はホテルに戻る自分たちと、塀のなかに戻る受刑者との別れが切なく、『網走番外地』シリーズなどで囚人の役を演じた時代の自分を重ねたといいます。

　囚人たちに撮影協力への感謝を伝える際に、「一日も早く、貴方を大切に思ってくれている人のところへ戻れるよう、精進してください」と話したら、受刑者たちの目に涙が光っていたそうです。

「寂しくてものすごく機嫌が悪くなる」

『単騎、千里を走る。』の撮影は順調に進められていきましたが、終わりが近づくにつれて、高倉は機嫌が悪くなっていきました。

「あぁ、あと少しなんだなって思い始めたころ、例の直した台本がなかなか届かない日があってね。そしたら、急にムカムカしてきて、脚本の直しを部屋に持ってきた張景生を怒鳴ったことがあったんだ。直しが遅くなった理由はどうでもよくて、寂しいだけなんだよ。

そうなったら自分で自分を止められないから、今日は（現場に）行かないって撮影拒否しちゃってね。いろんな苦労を一緒に乗り越えて、気心が知れても別れが必ずやってくる。それぞれの仕事を一生懸命やって、やっとチームとして出来上がってくる頃、解散。まったく同じメンバーが集まることはあり得ないのが、この仕事。だから、クランクアップの前になると、いつものすごく機嫌が悪くなる。いい歳して直るどころか、ますます酷くなった感じ」

ロケ中、スタッフとの中国語会話でもっとも出番の多かった単語は、辛苦了（シンクラ）。日本語での「お疲れさまでした」という意味の言葉として教えられたのだそうです。

クランクアップを迎えた日、またも、雨が……。

「虹がかかったんだよね。クランクインの日も快晴だったところに降ってきただろ。クランクアップの時も、同じようだったんだよ。本当に不思議な気がした。

そこに蒲（プー）（倫（ルン）、助監督）ちゃんが書き続けてくれた日記とか、スタッフの寄せ書きとかプレゼントされて、こんな長く俳優やってて、こんなことは初めてだったから、面食らったね。もちろん中国語だったから、何が書かれてるかはすぐに分からなかったけど。

打ち上げの日、実は、張芸謀が、北京オリンピックの開会式と閉会式の総合演出者に正式に決まったという連絡が入ったから、みーんな興奮してた。でも、張芸謀だけは目が笑ってなくて、もう次の仕事に頭が切り替わってた。流石だよ」

蒲倫さんの日記とスタッフの寄せ書きは、張景生さんに翻訳して頂き、日本語版を限定数冊、私が手作りで製本しました。冒頭に〈これは健さんのためだけに書きました〉とあり、〈ここ数日、疲れすぎて何も書けませんでした。ごめんなさい〉と綴られたページがより切なく、高倉の心に響いていました。

後日、中国側スタッフを日本にお招きした時、高倉は蒲倫さんに日記の御礼を直接伝え、日本語版（蒲倫）日記も手渡すことができました。

この時、高倉は、張芸謀監督からCMの出演依頼を受けました。

「張芸謀が、中国国内限定の食品のCM話を持ってきた。僕は『是非、貴方と仕事をしたいけど、今の自分はその商品に合わないと思う』とその場で断ったんだ。張芸謀と仕事はしたいけど、じゃあ商品は何でもいいのかっていったら、違うと思って。

中国のCMをやるなら、夢を託せる商品がいい。もう、金を追いかける年齢じゃなくなったってことなのかな」

この頃の高倉は、〝人生の持ち時間の中で、どれだけ納得のいく仕事ができるか〟について、よりデリケートに考えるようになっていました。

『君よ憤怒（ふんど）の河を渉れ』が公開されて以降、高倉は中国の俳優からも監督からも〝いつか一緒に仕事をしたい〟と望まれていました。いち早く名乗りを挙げた故・謝晋監督、一九八六年の初訪中の際、北京映画撮影所で案内役を務めた陳凱歌監督、東京で接点があったジョン・ウー監督、日本での対談をお受けした田壮壮監督がおられました。しかし、その夢を叶えることができたのは、張芸謀監督ただ一人でした。

「持ち時間はあんまりないよ。感じる仕事をしなきゃ」と、言い続けた高倉。中国映画への出演はわずか一作品でしたが、中国を舞台にした映画に出たいという思いは、『単騎、千里を走る。』のあとも絶えることがありませんでした。

最初の印象がひどかった ――連続テレビドラマへの違和感

「今見ても古くないね。これ（『あにき』）が、倉本との初めての仕事だったんだ。『健さんに紹介したい脚本家がいる』って、大原（麗子）君からの紹介だった。倉本は会う前から熱心に、映画の感想を書いて送ってきてて、僕のことを見てくれてるんだって、そういう好意を感じてた。

撮り終わる頃、続編を是非って話をもらったんだけど、最後まで（テレビ収録に）なんだか違和感があったし、終わってすぐはやる気になれなくて、『いずれそのうち』って曖昧な返事をしてた。そういう時って、結局、タイミングを逃すっていうのか、具体的なスケジュールが合わなくなるんだよ。物事が進むときは、不思議なほど流れがいい。そうじゃない時はどうやってもダメ。でもこうやって見直すと、続編やっておけば、面白いのが出来てたかも」

ＴＢＳの連続ドラマ『あにき』のＤＶＤを毎日、一話ずつ丁寧に見返しながら、思い出話を聞いたことがありました。

『あにき』の放送は、一九七七（昭和五十二）年十～十二月。

同じ年、『八甲田山』『幸福（しあわせ）の黄色いハンカチ』が公開され、東映時代には縁遠かった映画賞を数々受賞しました。任俠映画の凋落とともに失速したかに見えた高倉が、再び観客を呼ぶことができる俳優と認められ、大きな転機を迎えていたのです。

「小金治さんが台詞を忘れたんだ」

高倉のテレビドラマ初出演は、テレビ創成期の生放送時代、KR（現・TBSテレビ）の連続ドラマ『ぼんぼん頑張る』（一九五六年、毎週三〇分）でした。当時は、俳優デビュー直後だったこともあり、テレビの勝手がまったくわからず、困惑のエピソードも聞かれました。

TBSは、一九五一（昭和二十六）年にラジオ放送を開始し、四年後、テレビ局を開局したばかり。高倉が出演したのは、四月～六月のワンクール（三ヵ月）、夜七時半～八時まででした。

母親役は人気歌手の笠置シヅ子さん、共演者に落語家の桂小金治さん、宝塚出身の新劇女優・南風洋子さん、そして〝ぼんぼん〟役に新人、高倉が抜擢されたのです。

「いやいや、なんてもんじゃないんだよ。ほかの出演者は芸達者で生き生きしてるんだけど、こっちはほんとうに何にもわからないんだから。生だから、時間がきたら、ああもすんもない。

あるとき、小金治さんが、自分の台詞を忘れたんだ。僕はアドリブなんて気の利いたことできなくて、どうしていいかわからないまま、小金治さんのしゃべり出しを待ってたら、『ぼん？　どないしはった』って振ってくるわけ。まるで僕が悪いみたいになって、そのあとのこと、よく覚えていないんだよね。どうしたんだろう……。

だから、テレビドラマはとにかく最初の印象がひどかった。あのスタジオセットの雰囲気が、合わなかったね」

新人俳優の高倉には、テレビ創成期のドラマ生放送は、後味の悪さだけが印象に残り、以降、テレビ出演には消極的でした。東映退社まで、わずか一本。東京12チャンネル（現・テレビ東京）で放送されたドキュメンタリー番組「決定版　これが高倉健だ！」（一九七一年）のみでした。

『ぼんぼん頑張る』から二十一年。娯楽の中心はすでに映画からテレビへ移っていたものの、映画俳優のテレビドラマ出演は、いまだ〝都落ち〟とされた時代でした。

高倉が『あにき』の出演に至った当時の様子を、ＴＢＳ制作プロデューサー大山勝美氏がこのように語っています。

「健さんは、東映で大スターになって、各局ともドラマへの引っぱり出しに躍起になっていたけど、そのころはやくざ映画のブームがようやく去って、健さんが映画で次は何をやるのか話題になっていた時期でね。それまでは、映画で人気のあるスターは、テレビ出演しないのが伝統みたいになってて、テレビに出ると『落ちた』といわれたものだが、その意味でも健さんは、最後の大物といわれていた」（「週刊文春」一九八三年二月

十七日号）

『あにき』は、東京の下町、人形町を舞台にした、再開発の波に抗えない男の人情話です。高倉が演じたのは鳶（とび）の頭・神山栄次。四十三歳、独身。病弱で同居している妹かいに大原麗子さん。妹思いで縁談に奮闘しますが、ぶちこわすこと数知れず。世話になっただんなの一人娘（秋吉久美子さん）に思いを寄せたり、昔好きだった小料理屋の女将（倍賞千恵子さん）と心を通わせたりします。

田中邦衛さん、大滝秀治さん、滝田ゆうさん、島田正吾さんなど個性豊かな俳優陣に囲まれ、古風で義理堅く、どこか憎めない中年男の揺れる思いを、誠実に、そして軽妙に演じました。

本物のやくざが訪ねて来た

「同じ町内会の住民役で、新劇の俳優さんたちが出演してるんだけど、いままで僕が経験してきた芝居とはトーンが違ったね。按摩役の大滝さんも、声を高いところから出すだろ。役作りが細かいんだよ。滝田さんは、芝居がどうとかじゃなくて、地のまま。ゆったりしてる感じが、ドラマ全体を穏やかにしてていいよね」

思わぬ形で共演が実現した女優さんもいました。

「吉田日出子さんが露店でアクセサリーを売ってるシーンで出てらして、後で聞いたら、

『お願いだから、健さんと一緒の画面に出たい』って仰ってくれたらしい。これまたふしーぎな雰囲気で、今まで一緒に仕事をしたことのないタイプの女優さん。テレビに出なかったら共演することはなかっただろうね。

それと、僕が局のスタジオ入りしてる時間が知られてるから、収録の合間に、テレビ局のディレクターやプロデューサーの人たちが、入れ替わり立ち替わり挨拶に来てくれてた。（演出家の）久世（光彦）さんもスタジオに顔を出してくれて、『是非、仕事を一緒にしたいんです』って、わざわざ伝えに来てくれて。ヤクザものを随分観てくれてたらしいんだ。残念ながら、実現しなかったね。みんな僕のこと、とっても大事にしてくれて。でも何かね……、テレビの収録に、最後までからだが馴染んでいかなかった」

大山プロデューサーが、のちにユニークなエピソードを明かしています。

「面白かったのは、収録中に本物のやくざがテレビ局に訪ねて来たことです。（中略）断わりきれなくてスタジオに通す。すると連中がゾロゾロと一人ずつ健さんと握手していくんだけど、あれもテレビ局ではなかなか見られない光景でしたな。彼らは、健さんが自分たちのやりたいことを代行してくれるアイドルだと思ってるんでしょうね」（「週刊文春」一九八三年二月二十四日号）

テレビスタジオの収録開始のブザー音がどうしても気になるという高倉のために、スタッフが特別に用意してくれたのは、映画用のカチンコでした。録音部からの要請で、限りなく静かに打たれたカチンコの音が消えた数秒後から、収録開始。

テレビ収録に不慣れな高倉を迎える、スタッフの気遣いが伝わってくるエピソードでした。

『あにき』は高倉にとって、独立後、唯一の連続ドラマ出演作となりました。

不器用ですから……　――初めて明かされるＣＭの舞台裏

「長く生きてると、否が応でも時代の潮目をまともに受ける時期がある。これからの伸びしろがたっぷりある業界に、優秀な人材が集まるのは、自然の流れなんだよね。これまでだって食えないスタッフが映画からＴＶに流れたように、次に人材が集まったのは広告業界。面白いなと思うのが、そこ（ＴＶ業界や広告業界）を経験してから、映画の世界に挑戦する人が少なくないこと。リドリー（・スコット）は、ＢＢＣからコマーシャル制作に移って、映画だった。

僕がやったＪＲＡ（一九九二～九四年）のＣＭディレクターの一人だった市川準も、映画監督やるようになった。突き詰めれば、発信したものが感動させられるかどうかだけなんだと思う。

僕だって、『映画俳優です』って言ってみたところで、何年も映画の新作がないんじゃ、『コマーシャル俳優です』ってことだね。久しぶりだった『鉄道員』の取材で、『最近、高倉さんを見るにはコマーシャルしかありません』って言われたけど、あれはホントの話。

だからって『鉄道員』がどうやら引退作品になるようだとか、もう〝引退しろ〟みたいに書かれると、『コノヤロー！　絶対に引退なんかしねえぞ』ってね。

コマーシャルと映画では、撮り上げるまでの時間が圧倒的に違う。使う筋肉が違うっていうのかな。だからコマーシャルやったあと、僕は僕で、大きな筋肉つけるためにまた映画に帰っていく。その繰り返しだね」

高倉の映画俳優の生業を実質面で支えたコマーシャルの仕事。五十代以降、高倉の代名詞ともなった「不器用ですから……」も、ＣＭのコピーでした。

高倉健＝不器用とイメージが固まったことを自虐して、こんな風に話していました。

「『不器用ですから』というのは、コマーシャルでライターが考えた文句。とっても器用に生きてきたつもりです」（「読売新聞西部版」一九九九年五月二十七日）

時代の香りを醸し出すコマーシャル。一五秒あるいは三〇秒の企業のメッセンジャーという〝役割〟の中にも、高倉は個性を薫らせていました。

朝日麦酒（アサヒビール）「いっしょに、飲んで貰います！」一九七一・四〜七三・四

高倉のコマーシャル初出演は、東映所属時代の、朝日麦酒（現・アサヒビール）でした。

「コマーシャルをやる最初はやっぱりちょっと考えました。多少、懸念はありましたですね。最初はアサヒビールです。あのときはとくに、とてもお世話になった方があいだにいらして、あまり乗っていないのに出てしまったみたいなところがありましたから。実は、自分ではビール飲まないんです。自分でビール飲もうが飲むまいが別に宣伝してもかまわないのではないかとも思うんですが、そういうときは、やっぱり、乗れないんですね」（「広告批評」一九八〇年一月号）

俳優として仕事を始めたとき、アルコール飲料を口にすることはなくなっていた高倉の生真面目な性格が現われたエピソードです。

商品のイメージを気楽に背負わない性格の持ち主が、高倉健、その人です。

この頃、お茶の間に浸透していたテレビＣＭには、知名度が高く、且つ好感度の良い俳優が、次々起用されていましたが……。

「きらっていたわけじゃあないんです。自分にあったものがなかったのかな。それにＣＭぎらいと世間にいわれると、一人ぐらいいたっていいじゃないか、という気になって……」（「読売新聞」一九七一年五月二十五日）

ＣＭ童貞とまで書かれた高倉が断り続けた理由は、まさに天邪鬼の本領発揮です。

ＣＭ初回の撮影は、一九七一（昭和四十六）年四月二十九日。東映京都撮影所のスタジオで、高倉主演映画を十本以上監督した小沢茂弘氏がディレクションを担いました。

当時、市場のシェアはキリンビールがトップ、二位がサッポロで、アサヒは三位。サッポロビールは、国際俳優として知名度の高い三船敏郎さんを起用し、「男は黙ってサッポロビール」というインパクトあるコピーでした。対するアサヒビールは、任俠映画の決め台詞「死んで貰います」をもじった「飲んで貰います！」という台詞を高倉に用意しました。

「僕がコマーシャルを仕事として真剣に考え始めたのは、『八甲田山』をやったから。なんてったって、三年がかりだったんだから。最初から三年だったら考えは変わってたかもしれないけど、冬のシーンが思うように撮れなくて延びてったんだ。

会社やめて二本目、よし！　この一本ってこだわってたら、途中で金がショートした。慌てて、持ってる不動産を処分したんだけど……」

独立後、映画出演を慎重に選んでいきたい高倉にとって、CM出演も、俳優活動の一翼を成すものになっていったのです。

三菱自動車／ギャランΣ「行く先に何があるのか……」一九八〇・三〜八五・二

CM二本目としてレナウンに出た二年後、一九八〇（昭和五十五）年三月にスタートしたのが、三菱自動車の「ギャランΣ」でした。

「三菱のコマーシャルのとき、特別仕様車の開発にかかわらせてもらえたのは、今までなかった特別な経験だった。〝三菱スペシャルアドバイザー〟っていう名刺もつくってもらって。だから、この仕事はただ写真撮られたりするのとは、意識も違ったね。

僕は車の運転が好きで、中でもヨーロッパ車が比較的多かったから、個人的な立場で何か考えられると思って、お引き受けしたんだ。それまでまったく出逢ったことのない職種の人達との話に、本当に刺激を受けたね。（三菱の技術を採用した）ポルシェの研究所にも行かせてもらって、働いてる人の顔みたら、みんな、自分の仕事にプライドもってる、いい顔してるんだ。『僕らがポルシェを作っています。しかも、ただ速く走るためじゃなく、いかに美しく走れるかってことを考えています』って言われたときは、すげーこと言うなぁって、ボディにパンチもらった感じだった」

高倉の言葉にあるように、この時は被写体としての仕事だけでなく、一九八五（昭和六十）年にCM契約が終了した後、翌年九月から一九九三（平成五）年八月まで、商品開発などに携わる委嘱契約が結ばれました。

三菱自動車のCMについては、高倉らしいこんなエピソードもあります。

「寒い日で、屋外の撮影だった。芝生の上に、外人のモデルさんたちが五、六人いて、天気待ちだったんだろうと思うけど、薄着のまま待たされてたんだよ。

僕が一緒のシーンじゃなかったんだけど、それ見てたら何だかムカムカしてきた。気遣いがない！　上着かけてあげるとか、温かい場所を用意してあげるとか、どうしてしないんだって。放ったらかしだったのが急に許せなくなって、このスタッフとは仕事できない！　って思ったんだね。女性に優しくないのが許せなかった。

僕だけ気をつかわれても、みんな仕事する仲間だろ？　そういう嫌な雰囲気って、画に出るからね。僕の撮影終わってないのに、現場から帰ったことがあった」

日本生命／ロングラン「自分、不器用ですから……（どうか幸せで）」一九八四・九〜八九・八

ＣＭ出演四社目が、日本生命〝はたらく男の保険〟「ニッセイ・ロングラン」でした。高倉の代名詞となりました「自分、不器用ですから……（どうか幸せで）」のコピーで知られています。

現物を商品として見せないため、〝人の想い〟や〝さりげない優しさ〟を心に響かせる、よりストーリー性のある画作りとなっています。

「ニッセイ（・ロングラン）のコマーシャルはストーリーがしっかりしてて、ちょっとしたショートムービー。このシリーズみんな好きだよ。僕が不器用っていわれはじめたのは、このコマーシャルから。それだけインパクトがあったってことなんだろうね。自分じゃ、全然不器用って思ってないけど（笑）。

そういえば昔、錦ちゃん（萬屋錦之介）たちと仲間何人かで水上スキーに行ったことがあってね。もちろん最初から出来るヤツは誰もいなかったけど、何回か挑戦してるうちにコツを摑んで、ひとり、またひとりって、できるようになった。でも、いつまでたっても僕だけできなかった。

何度もやってるうちにいい加減疲れてきて、最後のほうはボートに引っ張られるっていうより、引きずられるだけ。とにかく上半身が水上に出ていかない。

水の抵抗ってものすごいんだよ。口から下が全部水面下で、途中で苦しくて摑んでた

バーを放しては沈んでく、その繰り返し。まわりがこうしろ、ああしろって言ってくるけど、あぁまたダメだって、笑われっぱなし。まったくいいとこなし。それ以来、水上スキーだけは二度とやらなかった！」

不器用というより、運動神経（？）にかかわる笑い話で盛り上がりました。

一九八七（昭和六十二）年四月、日本生命と次のネッスル日本（現・ネスレ日本）契約中に、〝高倉健エイズ死亡説〟が報道されました。当然のことながら、コマーシャルの契約スポンサーにも衝撃が走りましたが、日本生命さんは「ご本人が元気なんだからいいじゃないですか」と、そのままCMを流してくれたのでした。

日本中央競馬会（JRA）「あなたと話したい競馬があります。」一九九二・一～九四・十二

JRAの一作目から三作目のCMコピーを、高倉はとても気に入っていました。いつものように書き留めておくよう申し付かった言葉です。

〈新しい気持ちにさせてくれるもの／それが出逢いだと思います／出逢いがあるから人は頑張れる／そんな気がします／あなたと話したい競馬があります〉

〈心が渇いてくると／美しく生きる命に触れたくなります／サラブレッドの命は／美しいと思います〉

〈人は夢を見るために生まれてきたんでしょうか／中ブルのトラクターでも買って／荒

れた土地を切り開いて／何年かかるかわからないけど／つよい馬を育てていく／美しい夢があるのではなく／夢を見ることが美しい／そう思います〉

高倉のモノローグは、馬を見つめつつ人生の機微を味わえるものでした。

高倉がこのCMを見直しながら、こんな風に話していました。

「最初の年、馬と一緒に映ってるの、これ、いいよね。このときは、北海道安平町（あびらちょう）の吉田牧場ってところに世話になってね。牧場の人たちに優しくされたからだと思うけど、自分の馬を育てながら牧場に住めたらなって気になった。

牧場が欲しいなぁとか、馬ってのは可愛いですねとか言ってたら、実際に候補地がいくつか出て来て、最有力候補のジオラマまで作った。スタジオルームに置いてあるでしょ、とんでもなく場所くってるやつ。あれ！　もう買う寸前までいったんだよ。ジオラマ見ながら家はどんなのにしようとか、馬を飼ったら鞍はどういうのがいいかとか、考えてるだけで何年も過ごせちゃった。

馬の高さを測るために使うステッキはパリに行ったとき思わず買っちゃったけど、肝心な牧場は未だにジオラマのなかだけ。それで、ある時期充分楽しめた。ほんとに僕、変わってるよね（笑）」

フィリップモリス／LARK（ラーク）「言葉より語るもの。」一九九五・十一〜九七・十二

「ラークは、最初は受けるつもりじゃなかった。『八甲田山』が、あまりにもきつくて、無事終わりますようにって願かけて、煙草止めた。だから、煙草のCM受けたら、それこそ自分に嘘つくことになるって思えて。ビール飲まないのにアサヒビールのCMに出たのと同じような、何となく後味が悪くなるのは嫌だなって。

でも、ちょうどラークの返事をしなきゃいけないって頃に、別の件で弁護士と話してたら、『高倉さん、それだって役じゃないですか。受けられたらいいんじゃないですか。高倉さんのお仕事、是非見たいですよ』って言われてね。それもそうかって、何か吹っ切れたんだね。

自宅のローンの返済は続いてたから、あの仕事で一息つけたのは確かだったし。（弁護士の）先生からのひとことは、絶妙なタイミングだった。

ラークの撮影はニューヨークとニューオーリンズで行われたんだけど、人手も予算も映画級だった。金かけてたね。夜間撮影なんか、非番警官がばっちりガードしてくれてて、いい画撮れてる。

ただ、二本目を撮ったニューオーリンズは、宿泊先のホテルが、なんかねぇ……不気味だった。

僕は普段、見えるものしか信じないけど、スタッフの中には、（霊みたいなものが）見

えるっていうのがいたね。日本でも、地方の足場の悪い宿に行くだろ、そうすると『僕の部屋、怖いんです』っていうヤツ。『じゃあ、代わってやるよ』ってなって。朝になると『大丈夫でしたか？』って宿の人にも心配されたりして。

実際に訳アリだったってこともあったけど、僕は平気。感じたことなかった。『あぁ、そうだったの？』って。疲れ切って寝てたからだと思うけど（笑）。

だけど、ラークのとき僕に用意された部屋にいると、どんどん気が滅入っていくのがはっきりわかってね。だから、撮影が全部終わった晩、制作側が街一番の御馳走を用意してくれてたらしいけど、『移ろう移ろう』って飯も食わないで街を離れたことがあった。僕にしちゃ、本当に珍しい体験（笑）」

後日、ディスカバリーチャンネルで、ニューオーリンズを取り上げた番組を偶然見たことがありました。ミシシッピ川流域の廃屋となっている元ホテルやバーに伝えられる、心霊現象を取材したもので、ラークの撮影で彼の地を訪れたときの思い出が蘇ったようでした。

「あるんだね、きっと。それにしても、あの時は何ていうか、ほんとうに不気味だった……」

健康家族／にんにく卵黄「土との出会い」二〇一四・二～一五・三

「いい場所だったね。ちょっとやそっとじゃ、人が入って来られない。北海道の牧場の隅っこに小さな家を建てるって夢もあったけど、今回ロケしたところは、宮崎と鹿児島の県境。僕が住めそうな土地があったら教えて下さいって地元の人に聞いたら、『お好きなところをどこでもどうぞ』だって（笑）」

撮影を終えて、帰宅した高倉が、楽しそうに話してくれました。

東京を離れた撮影では、高倉はいつも心地よさそうな土地との出会いをを求めていて、〝人里離れた〟が必須条件なのは、自宅の敷地内への不法侵入に悩まされた経験があるからでした。

高倉の最後のCM契約は、鹿児島県に本社を置く健康家族の「にんにく卵黄」となりました。コマーシャルの映像には、井上陽水さんの「少年時代」が流れ、高倉の静かなモノローグが響きます。

〈土は無口だ／土は怒り（いか）もしなければ不平も不満も言わない／土は正直だ／土は育てた作物で／人間に答えを出す〉

「間に入ってた代理店が、〝スタッフ以外は、撮影現場に来られるのはご遠慮ください〟って伝えてたみたいで、スポンサーの会社の人には挨拶できなかった。だから撮影が終わってから、突然だったけど、本社にご挨拶に伺ってきた。エレベーターで偶然一緒になった社員さんが、目をパチクリさせてたよ（笑）。注文の電話を受けるオペレーターの人たちのフロア（コールセンター）にも、顔出して挨拶して……」

後日、高倉の誕生日にいただいた全社員の方々の寄せ書きから、電撃訪問の様子をつぶさに知ることができました。

このCMは物語形式で展開する企画でしたが、二作目を撮り終えたところで高倉が亡くなりました。

その後、多くの方から、高倉との別れを惜しむ声を頂いたとのことで、健康家族様のご要望により、画面に高倉が亡くなった告知を入れ、二〇一五（平成二十七）年三月期末まで、コマーシャルは放送されたのです。

第4章

Takakura's Favorite Movies

1本の映画が世に送りだされるまでの軌跡、
命を削るように取り組んでいる俳優の想いを酌みながら、
高倉自身も惹かれた映画の数々を、
その感想を添えてご紹介します。

『モロッコ』Morocco

（1930　アメリカ）
監督：ジョセフ・フォン・スタンバーグ
出演：マレーネ・ディートリッヒ、ゲイリー・クーパー

**「(マレーネ・) デートリッヒが、最後にハイヒールを脱いで
砂漠に向かって男を追う姿。忘れられないね」**

『哀愁』Waterloo Bridge

（1940　アメリカ）
監督：マーヴィン・ルロイ
出演：ヴィヴィアン・リー、ロバート・テイラー

**「高校の時、英語を勉強したくて、
意識して初めて観た洋画が『哀愁』。
対訳本を買って、映画を何度も観てるうち台詞もほぼ暗記。
戦時下に置かれた身分違いの恋愛を、
高校生でどこまで理解できてたか思い出せないけど、
『哀愁』ほど、繰り返し観たのはなかった」**

『ローマの休日』Roman Holiday

（1953　アメリカ）
監督：ウィリアム・ワイラー　出演：オードリー・ヘプバーン、グレゴリー・ペック

**「これは、リメイクして欲しくない。
というか、できないだろうな。
オードリー・ヘプバーンの魅力を語れる一本。
俳優の魅力で役の人物が実在になっちゃう。映画の醍醐味だね」**

『波止場』On the Waterfront

（1954　アメリカ）
監督：エリア・カザン　出演：マーロン・ブランド

「このマーロン・ブランドには圧倒された」

『長い灰色の線』The Long Gray Line

（1954　アメリカ）
監督：ジョン・フォード　出演：タイロン・パワー、モーリン・オハラ

「ジョン・フォード監督の
『怒りの葡萄』（1940）とか『荒野の決闘』（1946）を観たけど、
僕は、この映画の最後に、
陸軍士官学校の生徒たちが長い灰色の線になって、
教官のタイロン・パワーを送り出す場面に感動した！
奥さん役のモーリン・オハラが
凛として美しかったね」

『エデンの東』East of Eden

（1955　アメリカ）
監督：エリア・カザン　出演：ジェームス・ディーン

「ちょうどこれ（映画）でメシを食おうと決めたときだったから、
『エデンの東』のジェームス・ディーンが、
やっぱり鮮烈だった。
こんな人がいるんだったら、
ボクなんかやっぱり俳優になれないという感じで、
鮮烈というよりも、なにかブン殴られたような感じだった」

『ヘッドライト』Des Gens Sans Importance

（1956　フランス）
監督：アンリ・ヴェルヌイユ　出演：ジャン・ギャバン

**「これが僕にとっての古典かな。
家族持ちのさえない長距離トラックの運転手と
若い女の不幸せな話。
ギャバンが演るとこうなるんだって、
時々振り返りたくなる映画」**

『めぐり逢い』An Affair to Remember

（1957　アメリカ）
監督：レオ・マッケリー　出演：ケーリー・グラント、デボラ・カー

**「デボラ・カーの品の良さ。ロマンスの手本だね。
1994年にウォーレン・ベイティとアネット・ベニングで、
まったく同じタイトルでもう一度作られたけど、こっちも裏切られなかった」**

『お熱いのがお好き』Some Like It Hot

（1959　アメリカ）
監督：ビリー・ワイルダー
出演：トニー・カーティス、ジャック・レモン、マリリン・モンロー

**「ジャック・レモンに尽きるね。
力のある映画って、たとえ途中からでも一度映像観たら、
目が離せなくなる。
ビリー・ワイルダーって監督のすごさだね」**

『アパートの鍵貸します』The Apartment

（1960　アメリカ）
監督：ビリー・ワイルダー　出演：ジャック・レモン、シャーリー・マクレーン

**「ジャック・レモンって、笑顔が泣かせる。
何気ないドラマのなかに、喜劇と悲劇を同時に生み出せる。
本当に上手い俳優って、懐が深い。だから、決して相手を食う芝居をしないんだよ。
ジャック・レモンとシャーリー・マクレーンが
お互い引き立てあってて、見事だよ」**

『太陽がいっぱい』Plein Soleil

（1960　フランス・イタリア）
監督：ルネ・クレマン　出演：アラン・ドロン

**「心の闇っていうのかな、
アラン・ドロンの目つき、表情は演技じゃない。天性。
結局、役者自身にないものは、画に焼き付かないからね。時代もドロンに味方した」**

『アラビアのロレンス』Lawrence of Arabia

（1962　イギリス）
監督：デヴィッド・リーン　出演：ピーター・オトゥール、アレック・ギネス

**「3時間以上あるのに、長さを感じない。テーマもスケールも骨太。
このあと、『ドクトル・ジバゴ』（1965）も公開になってね。
東映のころだけど、このデヴィッド・リーン監督の作品に
出演する話があったんだよ。
監督にもお目にかからせて頂いたけど、
企画自体がなくなってすごく残念だったなぁ」**

『地下室のメロディー』Mélodie en Sous-sol

(1963　フランス)
監督：アンリ・ヴェルヌイユ　出演：アラン・ドロン、ジャン・ギャバン

**「ドロンとギャバンが、高級ホテルのプールに強奪した金を隠すんだけど、
最後の最後に紙幣がプールに浮かび上がってくる。
為すすべなしの状況をギャバンはサングラスをかけて目の演技をあえて殺してる。
俳優は存在感で魅せるものっていう僕の手本」**

『冒険者たち』Les Aventuriers

(1967　フランス)
※高倉出演作『無宿』(1974) 物語のモデル
監督：ロベール・アンリコ　出演：アラン・ドロン

**「この映画は、バッターボックスに立ちたいっていう気分にさせてくれる。
僕にとって、色褪せない傑作。何度観てるのかなあ」**

『ブリット』Bullitt

(1968　アメリカ)
監督：ピーター・イエーツ　出演：スティーヴ・マックイーン

「マックイーンで、一番惹きつけられた作品」

『ひまわり』I Girasoli

(1970　イタリア・フランス・ソ連)
監督：ヴィットリオ・デ・シーカ
出演：マルチェロ・マストロヤンニ、ソフィア・ローレン

**「映画音楽の醍醐味。
ヘンリー・マンシーニの曲聞くと、ソフィア・ローレンのあの強烈なアップを思い出す。
あの黄色のひまわり畑がね……、なんて悲しいんだろう」**

『ジョニーは戦場へ行った』Johnny Got His Gun

（1971　アメリカ）
監督：ダルトン・トランボ　出演：ティモシー・ボトムズ

**「日本の公開当時（1973年）は、
僕が一番忙しく仕事してたから観られなくて、
ずい分後になってからだったけど、
これは一度は観なきゃいけない作品だと思った」**

『フレンチ・コネクション』The French Connection

（1971　アメリカ）
監督：ウイリアム・フリードキン　出演：ジーン・ハックマン

**「もう夢中。今と違ってすべてがアナログで、
何ていったって俳優がよく走らされてる。
これ観ると、自分も走らなきゃって、燃えてくる。
ハックマンの当り役、〝ポパイ〟ね」**

『ゴッドファーザー』The Godfather

（1972　アメリカ）
監督：フランシス・フォード・コッポラ　出演：マーロン・ブランド、アル・パチーノ

『ゴッドファーザー PART Ⅱ』The Godfather PART Ⅱ

（1974　アメリカ）
監督：フランシス・フォード・コッポラ　出演：アル・パチーノ、ロバート・デ・ニーロ

**「命がけで親や子を守っていくドラマで、社会悲劇という見方もできる。
一番〝組織〟に批判的だった三男マイケルが
親子の情愛から後継者になるあたりに、男の悲しさがにじむ」**

『追想』Le Vieux Fusil

（1975　フランス）

監督：ロベール・アンリコ　出演：フィリップ・ノワレ、ロミー・シュナイダー

「ロミー・シュナイダーが美しいだけに、
あまりにも残酷な物語。
このフィリップ・ノワレの役は憧れる！」

『タクシードライバー』Taxi Driver

（1976　アメリカ）

監督：マーティン・スコセッシ　出演：ロバート・デ・ニーロ

「『ゴッドファーザー PART Ⅱ』演ったあとのデ・ニーロ。
まさに、ノッてる時期。ニューヨークを舞台に、
スコセッシと組んで、シャープだね」

『ロッキー』Rocky

（1976　アメリカ）

監督：ジョン・G・アヴィルドセン　出演：シルヴェスター・スタローン

「『ロッキー』はよかったなあ。
『アイ・ラブ・ユー』と呼び掛けられる人がいる、
そんな〝ロッキー〟が、幸せな男にみえたね。
オレのほうが不幸だな、と思ったよ」

『ディア・ハンター』The Deer Hunter

（1978　アメリカ）

監督：マイケル・チミノ　出演：ロバート・デ・ニーロ

「打ちのめされたという感じです。
さりげない日常から、戦争という異常な世界へあっという間に引きずり込み
意表をつく展開で、圧倒的な迫力の3時間でした。
全編に流れるマイケル・チミノ監督の人間に対する優しい思いやりが、
見終ったあといつまでも身体の中を熱くしてくれました」（推薦コメント）
「こんな映画に出られるのは、俳優として一生に一度あるかないか。
デ・ニーロが羨ましい。移民国家アメリカが物語の背景にあって
映画の最後に、アメリカの国歌を謳い上げて切なさを際立たせてる」

『レイジング・ブル』Raging Bull

（1980　アメリカ）

監督：マーティン・スコセッシ　出演：ロバート・デ・ニーロ

「ニューヨークのジャパン・ソサエティで、僕の映画の特集を組んでくれたとき、
スコセッシがコンドミニアムに招待してくれた。
その時、『ザ・ヤクザ』は、僕がやりたかったんだって言ってくれて、
スコセッシ監督だったら、
また違ってただろうなぁと思ったりしたね。
デ・ニーロに連絡してくれて、
ロング・アイランドからニューヨークに向かうって言われたけど、
僕にそのあと予定が入ってて待てなくて、会えなかった。
そのあと、ロスで『レイジング・ブル』を10回くらいは観て、
感動しましたって、スコセッシに手紙を送ったら、
映画で使ったグローブに、
デ・ニーロとスコセッシがサインを入れて送ってくれたよ」

『黄昏』On Golden Pond

(1981　アメリカ)
監督：マーク・ライデル
出演：キャサリン・ヘプバーン、ヘンリー・フォンダ、ジェーン・フォンダ

**「俳優のプライベートは仕事と切り離すべきって思うけど、
この時のジェーン・フォンダは、
娘として共演できたことを、生涯誇りに思うんじゃないか。
アカデミー（賞）の主演男優賞の初受賞も含めて。
ヘプバーンとベテラン（俳優）同士のそれこそ、あ・うんの呼吸。
晩年、こんなしみじみした映画に出てみたいと思う」**

『ギャルソン』Garçon!

(1983　フランス)
監督：クロード・ソーテ　出演：イヴ・モンタン

「イヴ・モンタンの色気が、ちっとも褪せてない」

『愛と宿命の泉 Part1, Part2』Jean de Florette, Manon des Sources

(1986　フランス)
監督：クロード・ベリ　出演：イヴ・モンタン

**「うまくいえないんだけど、こういうのがいわゆるフランス的？
プロヴァンスが美しいだけに、人間の業が際立つ。4時間は長いけどね」**

『スタンド・バイ・ミー』Stand by Me

（1986　アメリカ）
監督：ロブ・ライナー　出演：ウィル・ウィートン

「自分の子供時代が重なるね。
僕はよく友達と近くの皿倉山に登りに行ってた。
それが、ちょっとした冒険でね。後から気付くんだよ。
あぁいう思い出は二度と作れないってことを。
東京出てきてから、同窓会にも一度も出たことないし」

『トップガン』Top Gun

（1986　アメリカ）
監督：トニー・スコット　出演：トム・クルーズ

「この映画での音楽センスに驚かされた。
トニー・スコットって監督のイメージがはっきり印象付けられた。
リドリー（兄）とトニー（弟）、映画監督として、
まったく違う持ち味を発揮して活躍し続けてるって、すごいよね」

『薔薇の名前』Le Nom de la Rose

（1986　フランス・イタリア・西ドイツ）
監督：ジャン＝ジャック・アノー　出演：ショーン・コネリー

「ショーン・コネリーは、００７シリーズのジェームス・ボンド役を辞めてから、
役柄の幅を広げることに最も成功した俳優じゃないかと思う」

『紅いコーリャン』紅高粱

（1987　中国）
監督：張芸謀　出演：コン・リー、チアン・ウェン

「張芸謀とコン・リーが組んだ１作目。
撮影監督の経験と、個性が際立って生かされていて、色と光が巧み。
中国から世界に打って出る監督がいよいよ現れたなって感じ」

『グラン・ブルー』Le Grand Bleu

（1988　フランス・イタリア）
監督：リュック・ベッソン　出演：ロザンナ・アークエット

「海の美しさが、清涼剤。最後、ジャック・マイヨール（ジャン＝マルク・バール）が
海に潜っていくところは、ゾクッとさせられた。
あぁいう（人生の）終り方があるんだねぇって。
海の碧さを感じて、西表（島）で潜った時のこと思い出した。
大型のマンタが近寄ってきて、岩場のところにじっと動かないでいたら、
頭の上をゆったり行き過ぎてった。別世界。
このとき、地球上で最も傲慢なのは人間なんじゃないかって反省した」

『ニュー・シネマ・パラダイス』Nuovo Cinema Paradiso

（1989　イタリア・フランス）
監督：ジュゼッペ・トルナトーレ　出演：フィリップ・ノワレ

「フィリップ・ノワレは、僕とほぼ同年。
年を重ねるたび、いい顔になる。モリコーネの音楽が好きで、
ニッポン放送のラジオ番組（『旅の途中で…』）のテーマ曲で使わせていただいた」

『バード』Bird

（1988　アメリカ）
監督：クリント・イーストウッド　出演：フォレスト・ウィティカー

**「前もって何の情報もなしに映画館で観て、
主演のフォレスト・ウィティカー、一発で覚えたし、
制作・監督がクリント・イーストウッドってわかってまた驚いた。
派手さはないけど、僕は好き」**

『髪結いの亭主』Le Mari de la coiffeuse

（1990　フランス）
監督：パトリス・ルコント　出演：ジャン・ロシュフォール、アンナ・ガリエナ

**「まさに、フランス映画。〝愛〟のいろいろ。
このロシュフォールのもってるのを俳優の色気っていうんだろうけど、
真似したくても真似できない。
ロシュフォールの少年時代、赤の毛糸で編まれた海水パンツ穿いて、
もぞもぞするだろ。あれが、思春期のむず痒さなんだよ。
いつか声がかからないかなぁって思える監督なんだ、ルコントって」**

『ニキータ』Nikita

（1990　フランス）
監督：リュック・ベッソン　出演：アンヌ・パリロー

「リュック・ベッソン監督はフランス映画の流れを変えた。ジャン・レノが印象的」

『リベンジ』Revenge

（1990　アメリカ）

監督：トニー・スコット　出演：ケヴィン・コスナー、アンソニー・クイン

「アンソニー・クインのキャスティングが魅せるね。
それまでは『革命児サパタ』（1951）、『道』（1954）、『その男ゾルバ』（1964）でしょ。
あぁ、アンソニー・クインみたいな年のとりかた、
こんな風なキャリアの積み方ってあるんだなって。
自分がそういう年に近づいたんだね」

『ロシア・ハウス』The Russia House

（1990　アメリカ）

監督：フレッド・スケピシ　出演：ショーン・コネリー

「ショーン・コネリーが魅せる。音楽も好き。
僕はこの作品観たから、『（ミスター・）ベースボール』（1992　スケピシ監督）に
出たんだけどね……」

『ザ・シークレット・サービス』In the Line of Fire

（1993　アメリカ）

監督：ウォルフガング・ペーターセン　出演：クリント・イーストウッド

「おっ、この（イーストウッド）役、いいぞ！（演ってみたい）って思うけど、
日本だと置き換えられない。どうしたって嘘くさくなるし、
もし演れたとしても、
もう現役引退してる年齢だよね。残念ながら（笑）」

『シンドラーのリスト』Schindler's List

（1993　アメリカ）

監督：スティーヴン・スピルバーグ　出演：リーアム・ニーソン

「（スティーヴン・）スピルバーグ（監督）が作る宿命だったんだね」

『ショーシャンクの空に』The Shawshank Redemption

（1994　アメリカ）
監督：フランク・ダラボン
出演：ティム・ロビンス、モーガン・フリーマン

「ティム・ロビンスは、人生で何度もない俳優としてのチャンスを完全に勝ち取った。それに、モーガン・フリーマンが、いいねぇ。役者が揃った」

『スピード』Speed

（1994　アメリカ）
監督：ヤン・デ・ボン　出演：キアヌ・リーヴス

**「監督デビュー作が、大ヒット。
ヤン・デ・ボンは『ブラック・レイン』の撮影監督で、オランダ出身。
人柄が良くて。縁のあったスタッフが、
活躍の場を広げていくのは嬉しいもんだね」**

『レオン』Léon

（1994　フランス・アメリカ）
監督：リュック・ベッソン　出演：ジャン・レノ、ナタリー・ポートマン

**「フランス人監督がアメリカで撮って、大成功した作品だろうね。
主演のジャン・レノ、少女のナタリー・ポートマンの将来の可能性まで予感させる」**

『クリムゾン・タイド』Crimson Tide

（1995　アメリカ）
監督：トニー・スコット　出演：デンゼル・ワシントン、ジーン・ハックマン

**「デンゼル・ワシントンの目がいいね。
彼はこの作品で、トニー・スコットと出逢って、『マイ・ボディガード』（2004）につながった。役者と監督の相性ほど大切なものはない」**

『ヒート』Heat

（1995　アメリカ）
監督：マイケル・マン
出演：アル・パチーノ、ロバート・デ・ニーロ

**「犯罪集団としてアクションは派手だけれど、
受けの芝居を貫くデ・ニーロと、
アクションは少ないけど、派手に吠えまくる刑事アル・パチーノの芝居が、好対照。
僕だったら、どっちだろう。やっぱり、デ・ニーロ役かな」**

『マディソン郡の橋』The Bridges of Madison County

（1995　アメリカ）
監督：クリント・イーストウッド
出演：クリント・イーストウッド、メリル・ストリープ

**「メリル・ストリープが演ったからこそ成り立つ映画。
イーストウッドと食い合わず、引き立てあう。
こういう大人の映画、日本では難しい」**

『L.A. コンフィデンシャル』L.A.Confidential

（1997　アメリカ）
監督：カーティス・ハンソン
出演：ラッセル・クロウ、ガイ・ピアース、キム・ベイシンガー

**「この映画で、俳優ラッセル・クロウが意識された。
掃き溜めに鶴の高級娼婦（ベイシンガー）が
恋心を抱いた刑事（クロウ）に、
プライベートな寝室を見せたときの変化（へんげ）も抜群。
心は売り物にしていないっていうプライドと女心。うまかったね」**

『運動靴と赤い金魚』Children of Heaven

（1997　イラン）
監督：マジッド・マジディ　出演：アミル・ナージ

「『ゴルゴ13』（1973）の当時は、イランでスケールのあるロケができた。
今じゃ考えられないね。
ペルセポリスの遺跡（ユネスコ世界遺産）で
ドンパチの撮影したんだよ。
ペルシャ語は、まるでわからなかったけど、
ペルシャ、イスラム文化の香りは感じたな。
この映画は、兄と妹、お父さんとお母さんの物語。
妹のたった一足の靴を、お兄ちゃんが無くしたところから話がはじまる。
僕なんか、スニーカー何足あるんだろうって
映画の最初から猛省（笑）。
この映画は、人の温かさにほっとさせられるんだね」

『シティ・オブ・エンジェル』City of Angels

（1998　アメリカ）
監督：ブラッド・シルバーリング　出演：ニコラス・ケイジ

「病院で亡くなった人に、『君が一番好きなものは？』って天使が聞くよね。

僕の答えは決まったよ。

『ベルリン・天使の詩』（1987）のリメイクなんだっていうけど、僕はこっちが断然好き」

『シャンドライの恋』L'assedio

（1998　イタリア）
監督：ベルナルド・ベルトルッチ　出演：タンディ・ニュートン

「『ラストタンゴ・イン・パリ』（1973）、『ラストエンペラー』（1988）、

『１９００年』（1982）とかがベルトルッチ監督だったでしょ。

ここに至って、何か大きな心境の変化があったんだね。

今を衝いてるっていうか。ピアノの音色がやさしい」

『エントラップメント』Entrapment

（1999　アメリカ）
監督：ジョン・アミエル　出演：ショーン・コネリー

**「昔から、泥棒ものって興味あるんだけど、
こういう洒脱な作品が日本でなんでできないかなあ……」**

『初恋のきた道』我的父親母親

（2000　アメリカ・中国）
監督：張芸謀　出演：チャン・ツィイー、チョン・ハオ

**「―絆―　何もかも簡素化されてしまって
本当に伝えなければならない想いが見えなくなってしまった今の時代に
〝絆〟という言葉の意味の大切さを改めて思い知らされました」（推薦コメント）
「張芸謀の真骨頂。中国では古い話はやめてよって言われてしまうのかもしれないけど、
心を粗末にしてこなかった母国の文化を堂々と誇る張芸謀が好き。
張芸謀の文化とか歴史に対する造詣の深さ、
人に対する視線の温かさと制作に対する情熱は傑出してる」**

『ダブル・ジョパディー』Double Jeopardy

（1999　アメリカ）
監督：ブルース・ベレスフォード
出演：アシュレイ・ジャッド、トミー・リー・ジョーンズ

**「（主演の）アシュレイ・ジャッドは『ヒート』（1995）の時、
ヴァル・キルマーの奥さん役で、僅かな出演だったけど、その時からキラキラしてた。
保護観察官役のトミー・リー・ジョーンズが、主演の彼女を引き立てて、いいね」**

『トーマス・クラウン・アフェアー』The Thomas Crown Affair

(1999　アメリカ)
※マックイーンの『華麗なる賭け』(1968) のリメイク版
監督：ジョン・マクティアナン　出演：ピアース・ブロスナン

**「マックイーン版はソフィスティケイトから遠い。
はっきりいって大富豪の匂いがマックイーンにはだせなかったけど、
『007』のピアース・ブロスナンが、富豪の世界を軽くそして面白く見せてた」**

『グラディエーター』Gladiator

(2000　アメリカ)
監督：リドリー・スコット　出演：ラッセル・クロウ

**「俳優が監督と出逢って、監督が俳優と出会った映画だね。
マキシマス（クロウ）が皇帝に話す故郷の農家には、
日光で温まる石の壁があって、
門の横にポプラの大木、イチジクの木、リンゴ、梨……。
故郷を想うイメージシーンで、黄金色に輝く一面の麦畑の穂を、
指先でそっと触れながら歩いているシーンが頭から離れない」**

『エネミー・ライン』Behind Enemy Lines

(2001　アメリカ)
監督：ジョン・ムーア　出演：オーウェン・ウィルソン、ジーン・ハックマン

「ジーン・ハックマンがすべての責任を背負ってその任を辞する。この役は最高！」

『ブラックホーク・ダウン』Black Hawk Down

(2001　アメリカ)
監督：リドリー・スコット　出演：ジョシュ・ハートネット、ユアン・マクレガー

**「乱世に生きる男の誇りと哀しみ。
見終って感じる、言いようのない切なさは何だろう――」（推薦コメント）
「冒頭の画とハンス・ジマーの音楽。あっと言う間に〝ソマリア〟に引き込まれる。
リドリーの戦争映画は、一般人が決して立ち入れない領域を見せて、
観客に考えさせるのが見事」**

『ヘヴン』Heaven

(2002　フランス・ドイツ・イギリス・アメリカ)
監督：トム・ティクヴァ
出演：ケイト・ブランシェット、ジョヴァンニ・リビシ

**「(シドニー・) ポラックのプロデュースでイタリアのトリノが舞台。
ヨーロッパの根底に流れる信仰心と愛、出逢いの業……。
『何故、人間は最も大事な瞬間に無力なのだろう』ってセリフは強烈」**

『ボーン・アイデンティティー』The Bourne Identity

(2002　アメリカ)
監督：ダグ・リーマン
出演：マット・デイモン、フランカ・ポテンテ

**「『ジェロニモ』(1993) に出てた青年が、ここで一気に花開いた感じだね。
見てて性格の良さが滲み出てる。
ヒロイン (ポテンテ) の雰囲気が、
ヨーロッパのロケ場所に馴染んでる。女優女優してないところがいい」**

『ミスティック・リバー』Mystic River

(2003　アメリカ)
監督：クリント・イーストウッド　出演：ショーン・ペン

「今まで、ハリウッドが避けてきたんだろうっていうタブーを手掛けた、監督としての勇気が見事」

『ミリオンダラー・ベイビー』Million Dollar Baby

(2004　アメリカ)
監督・出演：クリント・イーストウッド

「互いに肉親との関係が捩れきってる世代の違う男と女が、ボクシングを通して心を通わせていく。境遇は仕方ない。精一杯生きて、後悔しないってことだよ！山本周五郎読みたくなるね」

『007　カジノ・ロワイヤル』Casino Royale

(2006　アメリカ・イギリス)
監督：マーティン・キャンベル　出演：ダニエル・クレイグ

「ボンド役が、初めて生身（の人間）に見えるようになったと思うんだけど。彼（クレイグ）の功績は大きいな」

『列車に乗った男』L'Homme du train

(2002　フランス)
監督：パトリス・ルコント　出演：ジャン・ロシュフォール、ジョニー・アリディ

「年齢が関係なければ、やっぱり銀行強盗の男（アリディ）を演りたいな。ロシュフォール（フランス語教師）の家に招かれてた時、男がルームシューズに目を留めるだろ。あれが、男が歩んできた別世界の象徴」

『HERO』英雄

(2002　中国)

監督：張芸謀　出演：リー・リンチェイ、チャン・ツィイー

「武侠物だから断っちゃったけど（出演依頼を）受けておけばよかったかな」

『マイ・ボディガード』Man on Fire

(2004　アメリカ)

監督：トニー・スコット　出演：デンゼル・ワシントン、ダコタ・ファニング

**「多くの方から、『燃える男』の日本版を製作したら面白いのでは、
という提案を受けていた。この作品には心惹かれるものがある」
「原作（A.J.クィネル著『燃える男』）読んでたからね。期待値が高い。
スコット・グレン主演で（1987年）一度映画化されたのが原作に近いけど、
僕は断然、こっちに軍配。特に子役（ファニング）は、天からの贈り物。
子役は撮影中だって顔が変わっちゃう、特に欧米人は残酷なくらい早いよー。
人殺しの任務を背負わされた男の贖罪と、救済の天使……。
リンダ・ロンシュタット『ブルー・バイユー』と
最後の『ウナ・パラブラ』は、〝トニー・スコット〟ならではの映画音楽センスだね。
本当にいい映画だった。僕はスコット監督の最高傑作だと思う」**

『エディット・ピアフ〜愛の讃歌〜』La Môme

(2007　フランス)

監督：オリヴィエ・ダアン　出演：マリオン・コティヤール

**「実在の人物をよく演りきってる。主演女優（コティヤール）は、
これで、オードリー（・ヘプバーンの『ローマの休日』）を手にしたんだ。
リドリー（・スコット）がいち早く、
『プロヴァンスの贈りもの』(2006) でキャスティングしたよね。
彼女は、これからどんどん活躍してくよ！」**

『最高の人生の見つけ方』The Bucket List

（2007　アメリカ）
監督：ロブ・ライナー　出演：ジャック・ニコルソン

**「魅せる脚本で、テンポがいい。どこの国でもリメイクできそうだね。
タイトルは、原題の方がより切なさが出る気がするけど」**

『ブレイブ ワン』The Brave One

（2007　アメリカ・オーストラリア）
監督：ニール・ジョーダン　出演：ジョディ・フォスター

**「子役から厳しい世界を生き抜いてきた
ジョディ・フォスターのエネルギーを感じる。
主人公の女性（フォスター）が追い込まれながら、生き抜くために身につけた勁さ。
フォスターのラジオ DJ っていう設定が、
音の世界を広げるのに効果的」**

『グラン・トリノ』Gran Torino

（2008　アメリカ）
監督・出演：クリント・イーストウッド

「日本版ができるんだったら、やってみたい。これはやられた！」

『扉をたたく人』The Visitor

（2007　アメリカ）
監督：トム・マッカーシー　出演：リチャード・ジェンキンス

**「2001 年 9.11 以降のアメリカで何が起きているか。
静かに、強く感情が揺さぶられる。
大学教授（ジェンキンス）役、こういう役やりたいね」**

『インビクタス / 負けざる者たち』Invictus

（2009　アメリカ）

監督：クリント・イーストウッド　出演：モーガン・フリーマン

「〝我が運命を決めるのは我なり〟。〝我が魂を征するのは我なり〟。
不屈の人、ネルソン・マンデラ。これ現代だよ。知るべきだね」

『ヤコブへの手紙』Postia Pappi Jaakobille

（2009　フィンランド）

監督：クラウス・ハロ　出演：カーリナ・ハザード

「この映画が作られたこと、観られたことに感謝するね。
いつか牧師役をやってみたい。
『俺たちは天使じゃない』（1989）で、
デ・ニーロが似非神父演った時も思ったんだけど、
僕にも、似合いそうな気がしない？」

『最強のふたり』Intouchables

（2011　フランス）

監督：エリック・トレダノ、オリヴィエ・ナカシュ　出演：フランソワ・クリュゼ

「物語としては粗いところが沢山あるけど、
生きてるっていいな！　捨てたもんじゃない！　だね。
日本でのリメイクが可能だろうか……。
役は、どっちともいえないけど、大富豪（役）いいね。
こんな役、演ったことがないからね、面白いかも」

『ドライヴ』Drive

(2011　アメリカ)
監督：ニコラス・ウィンディング・レフン
出演：ライアン・ゴズリング

**「この映画を観た人から、主人公（ゴズリング）は、
昔の健さんみたいですねって言われた。
映画紹介記事によると、
監督は僕の（やくざ）映画を観て研究したんだって。
反省しなきゃね（笑）」**

『ゼロ・ダーク・サーティ』Zero Dark Thirty

(2012　アメリカ)
監督：キャスリン・ビグロー
出演：ジェシカ・チャスティン

**「僕は、『ハート・ロッカー』（2008）と同じ
女性監督が撮ったっていうことに驚く。タフでシャープ。
『ピースメーカー』（1997）、『ディープ・インパクト』（1998）の
ミミ・レダー監督に続いて、
時代が変わってきたぞって感じる作品だね」**

『ローン・サバイバー』Lone Survivor

(2013　アメリカ)
監督：ピーター・バーグ
出演：マーク・ウォールバーグ、テイラー・キッチュ

「観てるだけで身体が痛くなる臨場感はすごい」

あとがきにかえて

樹影澹

「僕のこと、書き残してね」

この本は、高倉との約束から生まれました。

心の拠りどころとなったのは、生前、高倉と共に読んだ、詩人・長田弘さんの『すべてきみに宛てた手紙』（晶文社）でした。

〈書くことは、そこにいない人に向かって書くという行為です。文字をつかって書くことは、目の前にいない人を、じぶんにとって無くてはならぬ存在に変えてゆくことです〉

そして〝勇気を出せ！〟と背中を押し続けたのが、亡くなる二か月前に高倉が書き遺してくれた言葉、

〈僕の人生で一番嬉れ（ママ）しかったのは貴と出逢ったこと　小田剛一〉でした。

私の知る高倉は、撮影のない日々を、四季の移ろいを愛でながら自然とふれあい、穏やかに暮らす人でした。そんな日常と対照的な「自宅全焼」「離婚」「『南極物語』撮影

中の遭難」「エイズ死」などの記事に、高倉が時折見せていた瞳の暗澹を重ねました。〝自ら知る者は人を怨まず〟とは申せ、突発的で理不尽な出来事や報道を消化するには、どれほどの心のしなやかさが求められたことか……。

——高倉健——
人見知りで、人前に出るのは苦手。
表現者には不向きな性格を自覚しながら、
内に秘めた、自分でも御し難いほど激しい反骨心が化学反応を起こし、
時代の風雪を乗り越えてきた映画俳優。

身長一八〇センチ、痩軀、端整な面立ち。

見る人を惹きつける恵まれた容姿と就職難が幸いし、まるで時代に誘われるように映画俳優への道が開かれました。

しかし、甘くはありませんでした。デビューからしばらくは人気が上向く気配はなく、デビュー六年目（一九六一年）、ある映画雑誌で〈東映現代劇の中では高倉健はトップスターだが、中途半端で一向にパッとしない〉と酷評されています。当時の俳優人気ランキング一位は大川橋蔵、四位石原裕次郎、高倉は十六位でした。

「主演デビューしたことなんか、現場じゃなんの役にも立たない。大事なのはお客さん

に観に来てもらえる映画かどうかだけ。その点、現場スタッフは良くも悪くも一番分かりやすいよ。

はっきり覚えてるのは、小道具（のスタッフ）。大御所なら付人にでも両手で差し出すけど、僕みたいな新人には『おっ』とかって投げて寄こす。

それが、僕の映画が当たるようになってきたら『どうぞ』って。手のひら返すっていうだろ、それ。あんまり可笑しくて、『○○ちゃん、これからは、新人にも同じようにお願いしますね』って思わず笑ったことがあった」

ＤＶＤ化された東映作品が届けられるたび、タイトルを観ながら、懐かしい記憶を辿っていました。

「初めまして、高倉です。よろしくお願いします」——

相手が新人や子役であっても、またロケ先の市井の方々に対しても、高倉は態度を変えることはありません。その原点は、この下積み時代にあるようです。

生涯の出演作は二百五本ですが、デビュー後、『網走番外地』『日本侠客伝』『昭和残侠伝』などの任侠シリーズが当たるまで、およそ十年の歳月が流れました。

任侠シリーズのヒットは、一九六八（昭和四十三）年十一月の東大駒場祭で、

〈とめてくれるな　おっかさん　背中のいちょうが　泣いている〉

と、東大闘争のシンボルとして使われるほど世に影響を与え、高倉健は「健さん」と

して愛されていきました。

その一方で、高倉自身は人気シリーズの長期化や、仁侠ものから実録ものへ舵をきった東映への違和感を募らせ、一九七六（昭和五十一）年に四十五歳で独立。

個人事務所立ち上げのとき、手帳に書き留めた訓十五ヵ条の一つには、〈何時も笑って死ねる様に！〉とありました。

独立後、一作ごとに悔いを残さぬよう向き合った姿勢に、この言葉が重なります。

「涙がでたね……。南極での撮影で顔の一部が凍傷になって、治す間もなくそのまま最後まで撮り終えて、いよいよ帰れるぞって、ニュージーランドに向かった機内から、陸地の緑（樹木）が目に入ったとき、〝あぁ、色のある世界に生きて帰ってこられた〟って。『南極（物語）』は、ドキュメンタリー。人生の価値観を完全に変えられた。あの体験をしたヤツじゃなきゃわからない！　説明しようがない」

遭難や凍傷など『南極物語』の極地ロケでの経験は、自然への畏怖を抱かせ、そして死生観を大きく変えたといいます。

例えば、『ザ・ヤクザ』の撮影時に出逢ったロバート・フロストの詩集にある〝STOPPING BY WOODS ON A SNOWY EVENING　雪降る宵　森に佇みて〟は、晩年になるに従い、噛みしめるように声に出して読み上げることが増えました。また、映画『ネイビーシールズ』に引用されていたアメリカ先住民ティカムサの言葉を、ロバート・フロストの詩と同じように、タイプアップして飾りました。

〈死の恐怖に侵されず人生を生きろ／人の宗教を貶めるな／他人の考えを尊重し　私見にも尊重を求めよ／人生を愛し、満たすべく努め　自分の周りを彩れ／長く生き、大切な人に尽くせ／臨終に際しては死の恐怖に囚われた者になるな／まだ時間が欲しいと後悔に嘆く者になるな／賛歌を口ずさみ英雄の帰還するが如く逝け〉

　高倉は、華やかな場や群れから身を遠ざけ、折り目正しく自分の時間を守り通そうとしました。その背景には、このような話もありました。

「（家では）わからないかもしれないけど、僕はね、こうみえて、撮影所に行ったら、ちょっとは大事にしてもらえる俳優なんだよ（笑）。チヤホヤしてくれるところがどこだか知ってるし、誘ってもくれる。でも、行かない！

　大昔、いろんなことが苦しく思えて、比叡山で過ごさせてもらったことがあるんだ。酒井（雄哉）大阿闍梨さんの先代、箱崎（文応、大阿闍梨）さんが御前様のとき。僕は掃除をしたり、お滝をうけさせていただいたりしてたんだけど、箱崎さんは最初、僕のことをちらっと見るだけで、口も利いてくれなかった。

　三週間くらい過ぎた頃かな、『お前、俳優だそうだな、こんなところに何しにきてる？』って聞かれて、『目障りですみません、ここにいるとほっとするんです』って答えたら、『お前の悩みが何だか知らないが、物でも人でも、こだわりを捨てると心が急に楽になるぞ』って言われた。

箱崎さんは酒が好きでね。信徒さんがいつだって飲ませてくれる。寺は刑務所じゃないから行くのは自由。暮れなずんできて、山の上から都の灯がチラチラ見えるだろ。その灯を遠くに眺めながら、欲を抑えるほうが、檻のなかにいるより辛いんだ』って。荒行をおさめた大阿闍梨でさえそうなんだから、生きてるうちはいろんな煩悩があって当然ってことだね」

高倉を支えたもう一つが、反骨心でした。

「僕はスタージャない。スターっていうのは、そうだね……、三船（敏郎）さんとか、裕ちゃん（石原裕次郎）とかだね。僕は月給もらうために次々に仕事をさせられて、必死だっただけ。

新人の頃、九州ロケのとき実家に寄ったら、親戚から『あーた、いつまでそんな仕事ばしとるとですか？　ハッハッハー』って面と向かって言われたんだよ。そのときのこと、忘れたことないよ！　俳優になるって親父に言ったとき『大学まで出て、役者か？　もう家に帰ってこんでいい』って勘当されたような土地柄だから、俳優って、まともな仕事じゃないって笑われて……。

まぁ、確かにそのころは、映画には出てたけど、俳優としてはまだまだ。反論もできない。そりゃ、不愉快だよ。物凄く、悔しかった。ただ、そんな風に言われたから〝コノヤロー！　負けねえぞ〟って思って、続けられたんだろうね」

雑誌のインタビューでも、このように話していました。

「ある日、社長室で大川社長に挨拶をしていると、当時、人気絶頂の中村錦之助さんがはいってきた。とたんに社長は立ちあがり、自ら歩いていって、握手を求めた。その時、僕は決意した。

『よし、オレも必ず社長を立たせて挨拶させるような役者になってみせる』」（「サンデー毎日」一九七二年十二月一日号）

〝健さん〟として知名度が確立した高倉は、

「少し会社にものが言えるようになって、こだわったのはギャラ。それがもっともストレートな評価だと思えてね」

と、日本一のギャランティーを取る俳優になることにこだわりました。

独立後、出演作が評価を受けるようになると、主演俳優としての自覚を、「アサヒグラフ」（一九九四年八月五日号）でこのように語っていました。

「『夜叉』の時にも（中略）敦賀の海の夜間ロケで、撮影を見ている人が何人かいた。（中略）ひとりのおじいちゃんと話をしました。万蔵じいちゃんと言ってましたね。その万蔵じいちゃんに『僕を知っていますか』って聞くと（中略）『知っとるよ。あんたは日本の顔じゃけん』って言われました。体に電気が走りましたね。そういう人に節目節目に出会って励まされて。今日までやってこれたと思います」

これ以降、俳優という生業をさらに引き上げようとする責任感が、出演作を慎重に絞り込む姿勢に顕(あらわ)れていきました。

高倉は旅立つ一年前、文化勲章を受章しました。映画俳優として、日本映画界の発展に貢献したことを評価されてのものでした。感謝の言葉を、このように綴りました。

〈映画俳優として五十八年、二〇五本の映画に出演させて頂きました。

大学卒業後、生きるために出会った職業でしたが、俳優養成所では「他の人の邪魔になるから見学していて下さい」と云われる落ちこぼれでした。それでも「辛抱ばい」という母からの言葉を胸に、国内外の多くの監督から刺激を受け、それぞれの役の人物の生き様を通して社会を知り世界を観ました。

映画は国境を越え言葉を越えて、〝生きる悲しみ〟を希望や勇気に変えることができる力を秘めていることを知りました。

今後も、この国に生まれて良かったと思える人物像を演じられるよう、人生を愛する心、感動する心を養い続けたいと思います。

映画俳優・高倉健を支えて下さった多くの方々に、深謝申し上げます。どうもありがとうございました。

平成二十五年十月吉日

高倉　健〉

「僕が今日まで仕事ができたのは、ファンの方々が長いあいだ、僕の映画を観続けてくださったからだよ。いつか……、何がいいか今は思い浮かばないけど、恩返しをしなくちゃね。何か考えてみてよ」

文化勲章受章後に、高倉から申し付かった言葉です。

本来ならば、その恩返しは新作映画を生み出すことであったと思いますが、二〇一四（平成二十六）年十一月十日、高倉は永眠しました。

ほどなく、毎日新聞社から、高倉健の追悼展開催への協力の申し入れをいただきましたが、私が体調を崩しておりましたため、担当の方にはすぐにお目にかかることができませんでした。その間、〝恩返しをしなくちゃね〟という高倉の言葉が思い出されたのです。

高倉の遺志によりお別れ会は開きませんでしたが、同時代を歩み、支えて下さいましたファンの皆さまに、追悼展開催がお別れの機会になることを願いました。会場は、静謐な時を共有していただける全国の美術館は如何でしょうかとご提案したところ、二百五全作品の映像を抜粋し、映画俳優の軌跡を辿る案がまとめられました。追悼特別展は、二〇一六（平成二十八）年十一月、東京ステーションギャラリーから始まりました。

会場に設置された三十台以上のモニターやプロジェクターには、デビューから遺作までの高倉の映像が流され、それぞれの時代の息吹とともに、顔貌の移りゆくさまを感じて頂けたかと思います。

以降、福岡県北九州市立美術館分館、北海道立釧路芸術館、北海道立帯広美術館、北海道立近代美術館、北海道立函館美術館、兵庫県西宮市大谷記念美術館、福島県いわき市立美術館、岡山県高梁市成羽美術館、長崎歴史文化博物館と、お陰様で、二年にわたり全国十会場を滞りなく巡回できました。

映画俳優の追悼展が、美術館で行われたのは日本初。ご尽力下さいました関係者の皆さま、会場に足を運んで下さいましたお一人おひとりに、心から感謝申し上げます。

会場に置かれた感想ノートには、〈（巡回展が）近くにくるのを待ってました〉〈同じ時代に生まれて幸せです〉〈健さんは、今も心のなかに生きています〉などのありがたいお言葉が記されていました。

〈ありがとう　健さん〉は、最も多くの方々がお書きくださった高倉へのメッセージでした。

近隣のアジア諸国からお越しいただいた方々のお名前も、みられました。

高倉が、心の灯明とした言葉のひとつに「四耐四不」（王陽明）があります。

思うところあるたびに、言葉を刻んだペンダントヘッドを、首にかけていました。

〈冷に耐え苦に耐え煩に耐え閑に耐え／激せず躁がず競わず随わず／以って大事を成すべし〉

高倉は、さらに〈驕らず〉の言葉を加え、日々を送っていたように思います。

職業、高倉健。長く生身と一体となっていた〈高倉健〉という鎧は、映画俳優は見せる＝魅せる生業であるという美学、プロフェッショナル精神でした。この世の修行を終えたかのように、解き放たれて、逝きました。

高倉はリビングの革のソファに寝そべり、死んだふりをするのが得意でした。両手両足を無理な方向に捻ったまま、物凄い形相で息まで止めているのです。

あまりに無邪気で面白く、気づかぬふりをして掃除を続けていると「いい加減に気づけよ！　あぁ、疲れた」と、大声で笑い出すような、お茶目な一面をのぞかせる。その反面、亡くなる三年ほど前からでしょうか、「僕がいなくなると、さみしくなるよ」と、神妙に繰り返していました。

東映時代に、こんな思い出がありました。

「催眠術、得意だったんだよ。丹哲（丹波哲郎）からロケの合間に教わってね、一緒にいたスタッフで練習したの。『朝起きたら、目が開かない』とか、『初めて会う女優さんに抱きついて離れられなくなる』とか。

『監督にキスする』っていうのは可笑しかった。監督が気持ち悪がって、一生懸命突き飛ばすんだけど、それでもほんとうにしつこく迫るわけ。習ってすぐだったんだけど、面白いようにかかったね。終いには『健さん、もう勘弁してください。お願いですから、見つめないでください』って（笑）。催眠術って、かけるほうもすごく疲れることがわかって、いい加減で止めたけどね」

「僕がいなくなると、さみしくなるよ」が、高倉渾身の催眠術であってもなくても、旅立つその時の記憶は鮮やかで、さみしさに虚を衝かれることは今でさえ、日常の一部です。

そんなとき私は、空を見上げます。そして、「ひまわりの約束」（秦基博）を、口ずさみます。

〈そばにいたいよ　君のために出来ることが　僕にあるかな／いつも君に　ずっと君に笑っていてほしくて／ひまわりのような　まっすぐなその優しさを　温もりを　全部／（中略）返したいけれど　君のことだから　もう充分だよって　きっと言うかな〉

晴れた日の夕暮れに自宅の室内に柔らかに差しこんでくる陽は、白壁をたおやかな黄金色に染めました。高倉はその陽のなかで、葉影が風にそよぐ様子に、何か想いを重ね合わせるように穏やかな眼差しで佇んでいました。

つかの間に消えゆくそのさまは、私には影向（ようごう）（仏や神が仮の姿で人々の眼前に現れること）のように思え、高倉の心をそっと温めてくれるひとときへの感謝をこめて、「樹影（じゅえい）

澹（たん）」と名付けました。

澹は、風や波によってゆったり動くさま。今、独り見つめる樹影澹に、高倉の気配や笑顔を重ねています。

高倉亡き後、時間軸の歪みに引き込まれたまま、悲しみすらこぼすことができないでいた私に、ご縁を紡いで下さいました方から、たくさんの優しさや思いやりをいただきました。温かな励ましの言葉が生きる勇気となり、体に染み込んでいきました。感謝いたします。

いつもそっと見守ってくれた母の存在も、とても大きかったです。

文藝春秋ノンフィクション出版部長の向坊健さんには、原稿が整うまでの数年間、辛抱強くおつき合いいただきました。

文藝春秋デザイン部の大久保明子さんには、細かなご配慮ある装幀に仕上げていただきました。心よりお礼申し上げます。

そして、最後まで高倉の面影に寄り添っていただきました読者の皆様、本当にありがとうございました。

二〇一九年初秋　小田貴月

高倉健 年譜

❖1931年 (昭和6) 2月16日

福岡県中間市生まれ

❖1954年 (昭和29) 23歳

3月　明治大学商学部商学科卒業

❖1955年 (昭和30) 24歳

東映ニューフェイス第2期生

■1956年 (昭和31) 25歳

1)　電光空手打ち
2)　流星空手打ち
3)　無敵の空手！　チョップ先生
4)　大学の石松
5)　にっぽんGメン　特別武装班出動
6)　大学の石松　ぐれん隊征伐
7)　大学の石松　太陽族に挑戦す
8)　夕日と拳銃　日本篇　大陸篇
9)　母孔雀
10)　拳銃を捨てろ
11)　恐怖の空中殺人
📺 KR（現：TBS）「ぼんぼん頑張る」
第1回エランドール賞　新人賞

■1957年 (昭和32) 26歳

12)　喧嘩社員
13)　無敵社員
14)　第十三号桟橋
15)　大学の石松　女群突破
16)　多情佛心
17)　日清戦争風雲秘話　霧の街
18)　鯨と斗う男
19)　青い海原
20)　血まみれの決闘
21)　ジェット機出動　第一〇一航空基地

■1958年 (昭和33) 27歳

22)　娘十八御意見無用
23)　多羅尾伴内　十三の魔王
24)　台風息子　修学旅行の巻
25)　台風息子　最高殊勲の巻
26)　非常線
27)　恋愛自由型
28)　季節風の彼方に
29)　奴の拳銃は地獄だぜ
30)　ひばりの花形探偵合戦
31)　空中サーカス　嵐を呼ぶ猛獣
32)　希望の乙女
33)　森と湖のまつり
34)　娘の中の娘
🎤 その灯を消すな

■1959年 (昭和34) 28歳　2/16 結婚

35)　無法街の野郎ども
36)　旋風家族
37)　黒い指の男
38)　獣の通る道
39)　漂流死体
40)　地獄の底までつき合うぜ
41)　疑惑の夜
42)　静かなる兇弾
43)　高度七〇〇〇米　恐怖の四時間
44)　空港の魔女
🎤 野暮は言うなよ / 愛のブルース

■1960年 (昭和35) 29歳

45)　天下の快男児　万年太郎
46)　二発目は地獄行きだぜ
47)　続べらんめぇ芸者
48)　大いなる旅路

■1963年（昭和38）32歳

79）　暗黒街の顔役　十一人のギャング
80）　第八空挺部隊　壮烈鬼隊長
81）　暴力街
82）　人生劇場　飛車角
83）　東京アンタッチャブル　脱走
84）　最後の顔役
85）　親分を倒せ
86）　暗黒街最大の決斗
87）　宮本武蔵　二刀流開眼
88）　恐喝
89）　ギャング忠臣蔵
90）　鬼検事

■1964年（昭和39）33歳

91）　宮本武蔵　一乗寺の決斗
92）　東京ギャング対香港ギャング
93）　ジャコ萬と鉄
94）　ならず者
95）　暗黒街大通り
96）　日本俠客伝
97）　狼と豚と人間
98）　いれずみ突撃隊

■1965年（昭和40）34歳

99）　顔役
100）　飢餓海峡
101）　日本俠客伝　浪花篇
102）　網走番外地
103）　続網走番外地
104）　日本俠客伝　関東篇
105）　宮本武蔵　巌流島の決斗
106）　昭和残俠伝
107）　網走番外地　望郷篇
108）　網走番外地　北海篇

網走番外地 / 男の裏町 / 横顔 / 唐獅子牡丹 / 男涙の雨が降る / 男の誓い / 未練じゃないか / 俺が選んだ道

49）　ずべ公天使
50）　大空の無法者
51）　天下の快男児　突進太郎
52）　続々べらんめぇ芸者
53）　砂漠を渡る太陽
54）　殴り込み艦隊
55）　男ならやってみろ

■1961年（昭和36）30歳

56）　べらんめぇ芸者罷り通る
57）　俺が地獄の手品師だ
58）　天下の快男児　旋風太郎
59）　男の血潮がこだまする
60）　魚河岸の女石松
61）　花と嵐とギャング
62）　ひばり民謡の旅
　　　べらんめぇ芸者佐渡へ行く
63）　万年太郎と姐御社員
64）　ひばり民謡の旅
　　　べらんめぇ中乗りさん
65）　悪魔の手毬唄

文化放送
錦之助アワー連続放送劇「宮本武蔵」佐々木小次郎役

■1962年（昭和37）31歳

66）　南太平洋波高し
67）　べらんめぇ芸者と大阪娘
68）　二・二六事件　脱出
69）　恋と太陽とギャング
70）　千姫と秀頼
71）　黄門社長漫遊記
72）　民謡の旅　桜島　おてもやん
73）　東京丸の内
74）　三百六十五夜
75）　暗黒街最後の日
76）　東京アンタッチャブル
77）　遊民街の銃弾
78）　裏切者は地獄だぜ

■1966年（昭和41）35歳

109） 昭和残侠伝　唐獅子牡丹
110） 日本侠客伝　決斗神田祭り
111） 網走番外地　荒野の対決
112） カミカゼ野郎　真昼の決斗
113） 男の勝負
114） 昭和残侠伝　一匹狼
115） 網走番外地　南国の対決
116） 日本侠客伝　雷門の決斗
117） 地獄の掟に明日はない
118） 網走番外地　大雪原の対決
🎤 霧の波止場 / 網走番外地 / 男なら / 泣かせるぜ

■1967年（昭和42）36歳

119） 日本侠客伝　白刃の盃
120） 網走番外地　決斗零下30度
121） あゝ同期の桜
122） 昭和残侠伝　血染の唐獅子
123） 網走番外地　悪への挑戦
124） 日本侠客伝　斬り込み
125） 侠客の掟
126） 侠骨一代
127） 網走番外地　吹雪の斗争

■1968年（昭和43）37歳

128） 日本侠客伝　絶縁状
129） 獄中の顔役
130） 荒野の渡世人
131） 侠客列伝
132） 緋牡丹博徒
133） ごろつき
134） 人生劇場　飛車角と吉良常
135） 祇園祭
136） 新網走番外地
137） 博徒列伝
🎤 男ごころ / おとこ無情

■1969年（昭和44）38歳

138） 緋牡丹博徒　花札勝負
139） 昭和残侠伝　唐獅子仁義
140） 緋牡丹博徒　二代目襲名
141） 戦後最大の賭場
142） 懲役三兄弟
143） 日本侠客伝　花と龍
144） 日本女侠伝　侠客芸者
145） 新網走番外地　流人岬の血斗
146） 日本暗殺秘録
147） 昭和残侠伝　人斬り唐獅子
148） 渡世人列伝
149） 新網走番外地　さいはての流れ者

■1970年（昭和45）39歳
1/21自宅火事

150） 日本女侠伝　真赤な度胸花
151） 博徒一家
152） 捨て身のならず者
153） 日本ダービー　勝負
154） 遊侠列伝
155） 新網走番外地　大森林の決斗
156） 昭和残侠伝　死んで貰います
157） 燃える戦場
158） 最後の特攻隊
159） 日本侠客伝　昇り龍
160） 新網走番外地　吹雪のはぐれ狼

■1971年（昭和46）40歳　2/14離婚

161） 日本やくざ伝　総長への道
162） 日本女侠伝　血斗乱れ花
163） 日本侠客伝　刃
164） ごろつき無宿
165） 新網走番外地　嵐呼ぶ知床岬
166） 昭和残侠伝　吼えろ唐獅子
167） 任侠列伝　男
168） 新網走番外地　吹雪の大脱走
📺 東京12チャンネル（現:テレビ東京）

言葉はいらない / 三十路坂 / さすらい / 砂漠 / リスボン亭 / 北の旅人
第 22 回アジア太平洋映画祭　主演男優賞

■1977 年（昭和52）46歳

185）　八甲田山
186）　幸福の黄色いハンカチ
TBS ドラマ「あにき」
東京 12 チャンネル「われらの主役」

■1978 年（昭和53）47歳

187）　冬の華
188）　野性の証明
NHK「高倉健・北帰行～さらば道産馬」/「北海道 7:30 北帰行」
NHK 特集「馬狩りの島高倉健根室ユルリ島」
CM レナウン
第 1 回日本アカデミー賞　最優秀主演男優賞
第 22 回エランドール賞　特別賞
第 20 回ブルーリボン賞　主演男優賞
第 2 回報知映画賞　主演男優賞
第 24 回アジア太平洋映画祭　主演男優賞
第 51 回キネマ旬報ベスト・テン 個人賞主演男優賞
第 32 回毎日映画コンクール　男優演技賞
（対象作品　「幸福の黄色いハンカチ」）
第 2 回シネフロント賞　男優賞
第 15 回ゴールデン・アロー賞　大賞 / 映画賞
第 23 回エランドール賞　特別賞
1977 年度
日本映画テレビプロデューサー協会　特別賞

「決定版　これが高倉健だ！」
横尾忠則編「憂魂、高倉健」（都市出版社）
望郷子守唄 / 花と龍
CM 朝日麦酒（現：アサヒビール）

■1972 年（昭和47）41歳

169）　関東緋桜一家
170）　望郷子守唄
171）　博奕打ち外伝
172）　新網走番外地　嵐呼ぶダンプ仁義
173）　昭和残侠伝　破れ傘
CM 朝日麦酒（現：アサヒビール）

■1973 年（昭和48）42歳

174）　山口組三代目
175）　現代任侠史
176）　ゴルゴ 13
CM 朝日麦酒

■1974 年（昭和49）43歳

高倉プロモーション設立
177）　三代目襲名
178）　無宿
179）　ザ・ヤクザ

■1975 年（昭和50）44歳

180）　日本仁侠道　激突篇
181）　大脱獄
182）　新幹線大爆破
183）　神戸国際ギャング
はぐれ旅 / 孤独よ

■1976 年（昭和51）45歳　東映退社

184）　君よ憤怒の河を渉れ
朝顔の詩 / 一人の部屋 / 手紙 /

写真集「独白」（学習研究社）
写真集「影像25」（学習研究社）
時代おくれの酒場／幸せという奴は
CM レナウン／三菱自動車

■1984年（昭和59）53歳

RKB毎日放送「むかし男ありけり」
インディアナポリス500
CM 三菱自動車／日本生命

■1985年（昭和60）54歳

196） 夜叉
フィルモグラフィー　高倉健（東映ビデオ）
CM 三菱自動車／日本生命
キネマ旬報読者選出スターベスト・テン男優1位

■1986年（昭和61）55歳

6/16～23　中国初訪問
CM ネスレ日本／日本生命

■1987年（昭和62）56歳

CM 日本生命

■1988年（昭和63）57歳

197） 海へ　See You
CM 日本生命

■1989年（昭和64・平成元）58歳

198） ブラック・レイン
199） あ・うん
CM 日本生命
第35回アジア太平洋映画祭　主演男優賞

■1979年（昭和54）48歳

アメリカ・ニューヨーク Japan Society主催　高倉健映画展開催
男の忘れもの／ひとり静かの花言葉／日本海
CM レナウン

■1980年（昭和55）49歳

189） 動乱
190） 遙かなる山の呼び声
TBSラジオドラマスペシャル「羆嵐」
CM レナウン／三菱自動車
「動乱」「遙かなる山の呼び声」に対して第4回日本アカデミー賞　最優秀主演男優賞
第3回ヨコハマ映画祭　日本映画個人賞特別大賞

■1981年（昭和56）50歳

191） 駅　STATION
CM レナウン／三菱自動車
東大生が選ぶ東大なんでもNo.1「理想の男性」第1位

■1982年（昭和57）51歳

192） 刑事物語
193） 海峡
CM レナウン／三菱自動車
第5回日本アカデミー賞　最優秀主演男優賞
第28回アジア太平洋映画祭　主演男優賞

■1983年（昭和58）52歳

194） 南極物語
195） 居酒屋兆治

■**1990年**（平成2）59歳

日本映画祭'90
（於・中国内モンゴル自治区呼和浩特市）

■**1991年**（平成3）60歳

「あなたに褒められたくて」（林泉舎）
第13回日本文芸大賞エッセイ賞（1993）

■**1992年**（平成4）61歳

NHK総合土曜ドラマ「チロルの挽歌」
CM JRA（日本中央競馬会）

■**1993年**（平成5）62歳

200）　ミスター・ベースボール
第2回中国金鶏百花映画祭
フジテレビ2時間ドラマ
「これから〜海辺の旅人たち」
CM JRA（日本中央競馬会）

■**1994年**（平成6）63歳

201）　四十七人の刺客
各駅停車
CM 富士通 / JRA（日本中央競馬会）

■**1995年**（平成7）64歳

NHK 土曜ドラマ「刑事　蛇に裏切られる」
約束（NHK「刑事　蛇に裏切られる」主題歌）
CM 富士通 / LARK
読売新聞 好きな日本の男優　第1位

■**1996年**（平成8）65歳

ニッポン放送「旅の途中で」
約束 / 旅人 / ハノイの雨
CM 富士通 / LARK

■**1997年**（平成9）66歳

ニッポン放送「旅の途中で」②
テレビ東京
「北海道キネマ図鑑　高倉健　冬の旅」
CM LARK / ポッカコーポレーション

■**1998年**（平成10）67歳　紫綬褒章

ニッポン放送「旅の途中で」③
第25回放送文化基金賞　企画賞

■**1999年**（平成11）68歳

202）　鉄道員（ぽっぽや）
ニッポン放送「旅の途中で」④
CM「北海道キャンペーン」
第23回モントリオール世界映画祭　主演男優賞

■**2000年**（平成12）69歳

ニッポン放送「旅の途中で」⑤
CM キリンビバレッジ
第44回アジア太平洋映画祭　主演男優賞
第44回映画の日　特別功労賞
第41回毎日芸術賞
第23回日本アカデミー賞　最優秀主演男優賞
第42回ブルーリボン賞　主演男優賞
第73回キネマ旬報ベスト・テン　個人賞主演男優賞
第21回ヨコハマ映画祭　日本映画個人賞主演男優賞

■2001年（平成13）70歳

203）　ホタル
🖥 NHK総合クローズアップ現代
「高倉 健　素顔のメッセージ」
📖『南極のペンギン』（集英社）
CM キリンビバレッジ
第21回藤本賞　特別賞（「ホタル」製作貢献）

■2002年（平成14）71歳

CM キリンビール

■2003年（平成15）72歳

📖『旅の途中で』（新潮社）
CM キリンビール

■2004年（平成16）73歳

CM キリンビール

■2005年（平成17）74歳

🖥 NHKスペシャル
「高倉健が出会った中国」
NHKBSハイビジョン特集
「高倉健　千里を走る」
CM キリンビール

■2006年（平成18）75歳　文化功労者

204）　単騎、千里を走る。
🖥 TBS「世界遺産」10周年
スペシャル　ナレーション
📖 写真集『想　SOU』（集英社）
CM キリンビール

■2007年（平成19）76歳

🖥 テレビ朝日「高倉健・新たなる旅立ち」
第11回サンディエゴ映画批評家協会
主演男優賞
第51回映画の日　特別功労大章

■2009年（平成21）78歳

📖『憂魂、高倉健』（国書刊行会）

■2012年（平成24）81歳

205）　あなたへ
🖥 テレビ朝日「高倉健一期一会の旅」
🖥 NHK総合プロフェッショナル　仕事の流儀「高倉健スペシャル」
CM 永谷園

■2013年（平成25）82歳　文化勲章

第37回日本アカデミー賞　協会栄誉賞
CM 永谷園
第37回報知映画賞　主演男優賞
第25回日刊スポーツ映画大賞　主演男優賞
第60回菊池寛賞

■2014年（平成26）83歳

11月10日永眠
CM 健康家族
第39回報知映画賞　特別賞
第27回日刊スポーツ映画大賞　特別賞

受賞歴は個人賞のみ
📻 ＝　ラジオ
🖥 ＝　テレビ
📖 ＝　出版物
🎤 ＝　レコード
（但し、デュエット曲を除く）

人生の喜びわ
なにかを得る事
ではない。
得てから大事に
していく事.
「めぐり逢い」
KEN TAKAKURA

単行本　二〇一九年十月　文藝春秋刊

ＤＴＰ制作　エヴリ・シンク

本書の無断複写は著作権法上での例外を除き禁じられています。
また、私的使用以外のいかなる電子的複製行為も一切認められておりません。

文春文庫

高倉健(たかくらけん)、その愛(あい)。

定価はカバーに
表示してあります

2021年11月10日　第1刷

著　者　小田貴月(おだたか)
発行者　花田朋子
発行所　株式会社 文藝春秋

東京都千代田区紀尾井町 3-23　〒102-8008
TEL 03・3265・1211(代)
文藝春秋ホームページ　http://www.bunshun.co.jp
落丁、乱丁本は、お手数ですが小社製作部宛お送り下さい。送料小社負担でお取替致します。

印刷製本・凸版印刷

Printed in Japan
ISBN978-4-16-791785-2

（　）内は解説者。品切の節はご容赦下さい。

阿川佐和子・大石　静
オンナの奥義
無敵のオバサンになるための33の扉
こんなことまで話しちゃう？　還暦婚のアガワと背徳愛のオオイシが、結婚・仕事・不倫から下着選び・更年期対処法・理想の最期まで、とことん語り尽くす。赤裸々本音トーク！
あ-23-26

今井　彰
プロジェクトX リーダーたちの言葉
戦後日本のエポックメイキングな出来事の舞台裏にはどんな人がいたのか？　数々の障害は、どんな秘策で乗り越えられたのか？　リーダーたちの珠玉の名言と感動的ストーリー。
い-54-1

岩下尚史（ひさふみ）
芸者論
花柳界の記憶
新橋演舞場に身を置き、名妓たちと親交のあった著者が、芸者の成り立ちから戦前、戦後の花柳界全盛の時代までを細やかに描写。和辻哲郎文化賞を受賞した、画期的日本文化論。（平岩弓枝）
い-75-1

岩下尚史
直面（ヒタメン）　三島由紀夫若き日の恋
昭和三十年頃、「金閣寺」執筆前後の三島由紀夫と恋愛関係にあった女性が、半世紀の封印を破り、著者に初めて語った三島との恋の顛末。三島由紀夫像が一新される歴史的証言。（中江有里）
い-75-4

内田　樹
ひとりでは生きられないのも芸のうち
ウチダ先生と一緒に考える結婚のこと、家族のこと、仕事のこと。現代社会を生きのびるための示唆にあふれたエッセイ集。特別座談会「お見合いは地球を救う」を併録。（鹿島　茂）
う-19-9

内田　樹
街場の憂国論
壊れゆく国民国家、自民党改憲案の危うさ、とまりつつある経済成長、ポスト・グローバリズムの世界――この国はどうなるのか？　現代日本の抱える問題を解きほぐす内田流憂国論。
う-19-24

内田　樹
街場の天皇論
ぼくはなぜ天皇主義者となったのか――。天皇制と立憲デモクラシーの共生はいかにあるべきか等、現上皇陛下の「おことば」から思索を深めた、ウチダ流・画期的天皇論！（永田和宏）
う-19-25

（　）内は解説者。品切の節はご容赦下さい。

上橋菜穂子・津田篤太郎
ほの暗い永久（とわ）から出でて
生と死を巡る対話

母の肺癌判明を機に出会った世界的物語作家と聖路加国際病院の気鋭の医師が、文学から医学の未来まで語り合う往復書簡。未曾有のコロナ禍という難局に向き合う思いを綴る新章増補版。

う-38-1

大矢博子
歴史・時代小説 縦横無尽の読みくらべガイド

書店の店頭にあふれる歴史・時代小説。でも次に何を読めばいい？　そんなあなたに人気書評家が名作・傑作を楽しくオススメ。作家176人、488作を紹介する空前絶後のブックガイド。

お-72-1

オギリマサホ
斜め下からカープ論

プロ野球選手とパンチパーマ、菊池涼介の帽子のつば真っ平ら問題、歴代ユニフォームの勝率や選手の改名事情など。独自の視点で分析したカープ愛溢れる文章&イラスト。（西川美和）

お-77-1

春日太一
仲代達矢が語る日本映画黄金時代
完全版

80歳を超えてなお活躍する役者・仲代達矢。岡本喜八、黒澤明ら名監督との出会いから夏目雅子、勝新太郎ら伝説の俳優との仕事、現在の映画界に至るまで語り尽くした濃密な一冊。

か-71-3

司馬遼太郎
八人との対話

山本七平、大江健三郎、安岡章太郎、丸谷才一、永井路子、立花隆、西澤潤一、A・デーケンといった各界の錚々たる人びとと文化、教育、戦争、歴史等々を語りあう奥深い内容の対談集。

し-1-63

井上　靖・司馬遼太郎
西域をゆく

少年の頃からの憧れの地へ同行した二大作家が、興奮も覚めやらぬままに語った、それぞれの「西域」。東洋の古い歴史から民族、そしてその運命へと熱論ははてしなく続く。（平山郁夫）

し-1-66

司馬遼太郎
日本人を考える
司馬遼太郎対談集

梅棹忠夫、梅原猛、陳舜臣、富士正晴、桑原武夫、山口瞳、今西錦司ほか各界識者と司馬が語り合う諸問題は、21世紀になっても続いている。貴重な示唆に富んだ対談集。（岡崎満義）

し-1-138

（　）内は解説者。品切の節はご容赦下さい。

司馬遼太郎
対談集
歴史を考える

日本人を貫く原理とは何か？　対談の名手が、歴史に造詣の深い萩原延壽、山崎正和、綱淵謙錠と自由自在に語り合う。歴史を俯瞰し、日本の〝現在〟を予言する対談集。（関川夏央）

し-1-140

澁澤龍彦
快楽主義の哲学

人生に目的などありはしない。信ずべきは曖昧な幸福にあらず、ただ具体的な快楽のみ……。時を隔ててますます新しい、澁澤龍彦の煽動的人生論。三島由紀夫絶賛の幻の書。（浅羽通明）

し-21-2

「特攻　最後のインタビュー」制作委員会
特攻　最後のインタビュー

多くの〝神話〟と〝誤解〟を生んだ特攻。特攻に生き残った者たちが証言するその真実とは。航空特攻から人間機雷、海上挺進特攻まで網羅する貴重な証言集。写真・図版多数。

と-27-2

半藤一利
指揮官と参謀
コンビの研究

陸海軍の統率者と補佐役の組み合わせ十三例の功罪を分析し、個人に重きを置く英雄史観から離れて、現代の組織における真のリーダーシップ像を探り、新しい経営者の条件を洗い出す。

は-8-2

安部龍太郎・伊東　潤・佐藤賢一
葉室　麟・山本兼一
合戦の日本史

当代きっての歴史小説家五人が、日本史を大きく変えた、桶狭間の戦いから幕末維新の戦いまでを徹底的に分析した大座談会をここに収録！

は-36-51

文藝春秋　編
藤沢周平のこころ

没後二十年を機に編まれたムックに「オール讀物」掲載のインタビュー記事・座談会等を追加。佐伯泰英・あさのあつこ・江夏豊・北大路欣也らが、藤沢作品の魅力を語りつくす。

ふ-1-96

宮本　輝
メイン・テーマ
対談集

悠々とたくましく、自らが選んだ道をゆく人々と、あるときは軽妙に、あるときは神妙に、人の生き方と幸せを語る心ゆたかなひととき。宮本氏の小説世界を深く知るための絶好の一冊。

み-3-5

（　）内は解説者。品切の節はご容赦下さい。

安野光雅
絵のある自伝
昭和を生きた著者が出会い、別れていった人々との思い出をユーモア溢れる文章と柔らかな水彩画で綴る初の自伝。心温まる追憶は時代の空気を浮かび上がらせ、読む者の胸に迫る。

あ-9-7

赤塚不二夫
これでいいのだ　赤塚不二夫自叙伝
「これでいいのだ！」の人生観で波瀾万丈の生涯を楽しんだ不世出の漫画家・赤塚不二夫。この自叙伝から、赤塚ギャグに息づく〝家族〟という真のテーマが見えてくるのだ！　（武居俊樹）
あ-50-1

明石家さんま　原作
Ｊｉｍｍｙ
一九八〇年代の大阪。幼い頃から失敗ばかりの大西秀明は、高校卒業後なんば花月の舞台進行見習いに。人気絶頂の明石家さんまに出会い、孤独や劣等感を抱きながら芸人として成長していく。

あ-75-1

井上ひさし
四十一番の少年
辛い境遇から這い上がろうと焦る少年が恐ろしい事件を招く表題作ほか、養護施設で暮らす子供の切ない夢と残酷な現実が胸に迫る珠玉の三篇。自伝的名作。　（百目鬼恭三郎・長部日出雄）
い-3-30

磯田道史
無私の日本人
貧しい宿場町の商人・穀田屋十三郎、日本一の儒者でありながら栄達を望まない中根東里、絶世の美女で歌人の大田垣蓮月――無名でも清らかに生きた三人の日本人を描く。　（藤原正彦）
い-87-3

内田春菊
ファザーファッカー
十五歳のとき、私は娼婦だったのだ。売春宿のおかみは私の実母で、ただ一人の客は私の育ての父……養父との関係に苦しむ少女の怒りと哀しみと性を淡々と綴る自伝的小説。　（斎藤　学）
う-6-16

海老沢泰久
美味礼讃
彼以前は西洋料理だった。彼がほんもののフランス料理をもたらした。その男、辻静雄の半生を描く伝記小説――世界的な料理研究家辻静雄は平成五年惜しまれて逝った。　（向井　敏）
え-4-4

（　）内は解説者。品切の節はご容赦下さい。

小川三夫・塩野米松　聞き書き
棟梁
技を伝え、人を育てる
法隆寺最後の宮大工の後を継ぎ、共同生活と徒弟制度で多くの弟子を育て上げてきた鵤(いかるが)工舎の小川三夫棟梁。後世に語り伝える技と心。数々の金言と共に、全てを語り尽くした一冊。
お-55-1

大竹昭子
須賀敦子の旅路
ミラノ・ヴェネツィア・ローマ、そして東京
旅するように生きた須賀敦子の足跡を生前親交の深かった著者がたどり、その作品の核心に迫る。そして、初めて解き明かされる作家・須賀敦子を育んだ「空白の20年」。（福岡伸一）
お-74-1

大杉漣
現場者(げんばもん)
300の顔をもつ男
若き日に全てをかけた劇団・転形劇場の解散から、ピンク映画で初めて知った映像の世界、北野武監督との出会いまで――。現場で生ききった唯一無二の俳優の軌跡がここに。（大杉弘美）
お-75-1

海音寺潮五郎
明智光秀をめぐる武将列伝
日本史上の武将たちの史実の姿に迫った大人気シリーズから、明智光秀とともに天下を競った武将たち、道三、信長、秀吉、家康らの評伝を集めた愛蔵版。
か-2-62

鹿島茂
渋沢栄一　上　算盤(そろばん)篇
生涯で五百を数える事業に関わり、日本の資本主義の礎を築き、ドラッカーも絶賛した近代日本最高の経済人。彼の土台となったのは、論語と算盤、そしてパリ仕込みの経済思想だった！
か-15-8

鹿島茂
渋沢栄一　下　論語篇
明治から昭和の間、日本の近代産業の発展に深く関わりながら、九十まで生きた後半生を、福祉や社会貢献、対外親善に捧げた渋沢栄一。現代日本人に資本主義のあり方を問い直す一冊。
か-15-9

かこさとし
未来のだるまちゃんへ
『だるまちゃんとてんぐちゃん』などの絵本を世に送り出してきた著者。戦後のセツルメント活動で子供達と出会った事が、絵本創作の原点だった。全ての親子への応援歌！（中川李枝子）
か-72-1

（　）内は解説者。品切の節はご容赦下さい。

清原和博
清原和博 告白
栄光と転落。薬物依存、鬱病との闘いの日々。怪物の名をほしいままにした甲子園の英雄はなぜ覚醒剤という悪魔の手に堕ちたのか。執行猶予中1年間に亘り全てを明かした魂の「告白」。
き-48-1

佐野眞一
旅する巨人
宮本常一と渋沢敬三
柳田国男以降、最大の業績を上げたといわれる民俗学者・宮本常一の生涯を、パトロンとして支えた財界人・渋沢敬三との対比を通して描いた傑作評伝。第二十八回大宅賞受賞作。（稲泉　連）
さ-11-8

佐々木健一
辞書になった男
ケンボー先生と山田先生
一冊の辞書を共に作っていた二人の男、見坊豪紀と山田忠雄はやがて決別、二冊の国民的辞書が生まれた。「三国」と「新明解」に秘められた衝撃の真相。日本エッセイスト・クラブ賞受賞。
さ-69-1

佐々木健一
Mr.トルネード
藤田哲也 航空事故を激減させた男
1975年NYで起きた航空機墜落事故。誰も解明できなかった事故原因を突き止めたのが天才科学者・藤田哲也。敗戦からアメリカへわたった彼の数奇な運命とは？（元村有希子）
さ-69-2

城山三郎
「粗にして野だが卑ではない」
石田禮助の生涯
三井物産に三十五年間在職、華々しい業績をあげた後、七十八歳で財界人から初めて国鉄総裁になった〝ヤング・ソルジャー〟の堂々たる人生を描く大ベストセラー長篇。（佐高　信）
し-2-17

城山三郎
もう、きみには頼まない
石坂泰三の世界
第一生命、東芝社長を歴任、高度成長期に長年、経団連会長を務め、大阪万国博覧会では協会会長を務めるなど、〝日本の陰の総理〟〝財界総理〟と謳われた石坂泰三の生涯を描く長篇。
し-2-23

田辺聖子
古今盛衰抄
古き代に生まれ、恋し、苦しみ、戦い、死んでいった14人の歴史のスターたち。そんな愛すべき人びとは、歴史の中で何を思い、いかに生き、死んでいったのか。古典&歴史文学散歩。（大和和紀）
た-3-55

（　）内は解説者。品切の節はご容赦下さい。

夏目鏡子 述・松岡 譲 筆録
漱石の思い出
見合いから二十年間を漱石と共に生きた鏡子夫人でなければ語り得ない、人間漱石の数々のエピソードを松岡譲が筆録。漱石研究に欠かせない古典的価値を持つ貴重な文献。（半藤末利子）
な-28-1

中原一歩
小林カツ代伝
私が死んでもレシピは残る
戦後を代表する料理研究家・小林カツ代。「家庭料理のカリスマ」と称された天性の舌はどのように培われたのか。時代を超えて愛される伝説のレシピと共に描く傑作評伝。（山本益博）
な-81-1

新田次郎・藤原正彦
孤愁〈サウダーデ〉
新田次郎の絶筆を息子・藤原正彦が書き継いだポルトガルの外交官モラエスの評伝。新田の精緻な自然描写に、藤原が描く男女の機微。モラエスが見た明治の日本人の誇りと美とは。（縄田一男）
に-1-44

蜷川実花
蜷川実花になるまで
好きな言葉は「信号無視」！　自由に生きるためには何が必要なのか。様々な分野を横断的に活躍する稀代のカリスマ写真家が語る、人生と仕事について。初の自叙伝的エッセイ。
に-24-1

羽生善治
羽生善治　闘う頭脳
ビジネスに役立つ発想のヒントが満載！　棋士生活30年を越え、常にトップを走り続ける天才の卓越した思考力、持続力、発想力はどこから湧き出るのか。自身の言葉で明らかにする。
は-50-1

福田和也
乃木希典
旅順で数万の兵を死なせた「愚将」か、自らの存在をもって帝国陸軍の名誉を支えた「聖人」か？　幼年期から殉死までをつぶさに追い、乃木希典の実像に迫る傑作評伝。（兵頭二十八）
ふ-12-6

三好 徹
チェ・ゲバラ伝　増補版
世界記憶遺産として南米だけでなく全世界で人気を誇る英雄・ゲバラ。裕福な一族に生まれた男は、なぜ医者の道を捨て、革命に身を投じたのか？　不朽の傑作評伝。新章追加。
み-8-13

（　）内は解説者。品切の節はご容赦下さい。

みうらじゅん 編
清張地獄八景
松本清張を敬愛するみうらじゅんの原稿を中心に、作家や映像化に携わった役者、夫人や元同僚による清張に関する記事、清張自身が書いた手紙や漫画などたっぷり収録。入門書に最適。
み-23-9

向田和子
向田邦子の遺言
どこで命を終るのも運です——死の予感と家族への愛。茶封筒の中から偶然発見した原稿用紙の走り書きは、姉邦子の遺言だった。没後二十年、その詳細を、実妹が初めて明らかにする。
む-9-3

村上世彰
生涯投資家
二〇〇六年、ライブドア事件に絡んでインサイダー取引容疑で逮捕された風雲児が、ニッポン放送株取得の裏側や、投資家としての理念と思いを書き上げた半生記。（池上　彰）
む-17-1

森本俊司
ディック・ブルーナ
ミッフィーと歩いた60年
小さなうさぎの女の子ミッフィーの絵本は、多くの国で翻訳され、世界中の子どもたちに愛されてきた。作者ブルーナに取材をしてきた著者がその生涯をたどった本格評伝。（酒井駒子）
も-31-1

山川静夫
私の「紅白歌合戦」物語
令和元年暮れに七十回目を迎えた紅白歌合戦。昭和四十九年より九年連続で白組司会を務めた元NHKアナウンサーだから書ける舞台の裏側。誌上での再現放送や、当時の日記も公開。
や-13-6

文藝春秋 編
吉村昭が伝えたかったこと
3・11後に多く読まれた『三陸海岸大津波』『関東大震災』の検証、吉村昭の史実へのこだわりと姿勢を各界識者が解説、全作品ガイドと年譜も収録。今こそ知りたい誠実な箴言。
よ-1-90

文藝春秋 編
高倉健
Ken Takakura 1956–2014
2014年11月10日、83歳で亡くなられた高倉健さん。日本映画の黄金時代そのものだった健さんの、清廉高潔な生き方と魅力を余すことなく伝える追悼本の決定版。
編-2-56

文春文庫　最新刊

雪見酒 新・酔いどれ小籐次（二十一）　佐伯泰英
名刀・井上真改はどこに？　累計900万部突破人気シリーズ！

レフトハンド・ブラザーフッド 上下　知念実希人
死んだ兄が左手に宿った俺は殺人犯として追われる身に

異郷のぞみし 空也十番勝負（四）決定版　佐伯泰英
高麗をのぞむ対馬の地で、空也が対峙する相手とは……

帰還　堂場瞬一
四日市支局長が溺死。新聞社の同期三人が真相に迫る！

中野のお父さんは謎を解くか　北村薫
お父さん、入院！　だが病床でも推理の冴えは衰えない

出世商人（四）　千野隆司
父の遺した借財を完済した文吉。次なる商いは黒砂糖!?

きみの正義は 社労士のヒナコ　水生大海
セクハラ、バイトテロ、不払い。社労士のヒナコが挑む

殺し屋、続けてます。　石持浅海
ビジネスライクな殺し屋・富澤に、商売敵が現れて——

ゆるキャラの恐怖 桑潟幸一准教授のスタイリッシュな生活3　奥泉光
帰ってきたクワコー。次なるミッションは「ゆるキャラ」

高倉健、その愛。　小田貴月
最後の十七年間を支えた養女が明かす、健さんの素顔

知性は死なない 平成の鬱をこえて 増補版　與那覇潤
歴史学者がうつに倒れて——魂の闘病記にして同時代史

モンテレッジォ 小さな村の旅する本屋の物語　内田洋子
本を担ぎ、イタリア国中で売ってきた村人たちの暮らし

あたいと他の愛　もちぎ
「ゲイ風俗のもちぎさん」になるまでのハードな人生と愛

炉辺荘のアン 第六巻　L・M・モンゴメリ 松本侑子訳
母アンの喜び、子らの冒険。初の全文訳、約530の訳註付

ブラック・スクリーム 上下　ジェフリー・ディーヴァー 池田真紀子訳
リンカーン・ライムが大西洋を股にかける猟奇犯に挑む